湖北省学术著作
Hubei Special Funds for
Academic Publications 出版专项资金

司法改革背景下我国民事诉讼运行机制完善研究丛书／总主编　占善刚

民事诉讼主张制度研究

刘丹　著

WUHAN UNIVERSITY PRESS
武汉大学出版社

图书在版编目(CIP)数据

民事诉讼主张制度研究/刘丹著．—武汉：武汉大学出版社，2021.6
(2022.2 重印)
司法改革背景下我国民事诉讼运行机制完善研究丛书/占善刚总主编
湖北省学术著作出版专项资金资助项目
ISBN 978-7-307-22207-6

Ⅰ.民…　Ⅱ.刘…　Ⅲ.民事诉讼—司法制度—研究—中国
Ⅳ.D925.104

中国版本图书馆 CIP 数据核字(2021)第 062113 号

责任编辑:林　莉　　　责任校对:李孟潇　　　版式设计:马　佳

出版发行：**武汉大学出版社**　　(430072　武昌　珞珈山)
(电子邮箱：cbs22@ whu.edu.cn　网址：www.wdp.com.cn)
印刷：武汉中远印务有限公司
开本:720×1000　1/16　印张:14.25　字数:203 千字　插页:2
版次:2021 年 6 月第 1 版　　2022 年 2 月第 2 次印刷
ISBN 978-7-307-22207-6　　定价:88.00 元

　　本书是 2017 年司法部国家法治与法学理论研究中青年项目"民事诉讼中当事人虚假陈述的法律规制研究"研究成果（项目编号：17SFB3026）；并受武汉学院科研创新团队"新型权利的民事司法保障研究团队"计划资助（项目编号：KYT201801）

总　序

　　民事诉讼乃为解决民事纠纷而设的司法程序。为妥当地解决民事纠纷，在民事诉讼运行的不同阶段，除应恪守各自固有的程序规范外，更应自觉遵循民事诉讼的基本原理。各国民事诉讼立法虽然具有各自不同的具体程序设计，但蕴含的基本法理是共通的。譬如，各国民事诉讼立法殆皆将处分权主义、辩论主义奉为民事诉讼运行的圭臬，将直接原则、言辞原则立为民事诉讼程序展开的基石。

　　自 1999 年最高人民法院颁行第一个司法改革五年纲要迄今，中国的司法改革已推行二十余载。从最初的民事审判方式改进、举证责任的落实到近来的互联网法院、诉讼电子化，我国民事诉讼总体上已由职权主义转向当事人主义。在民事诉讼运行中，体认并遵守处分权主义、辩论主义的本旨，明了并贯彻直接原则、言辞原则的要义已成为我国民事诉讼学者与法律职业共同体的共同鹄的。在当前司法改革的大背景下，立足于立法论及解释论，进一步探究民事诉讼运行的基本法理，并就我国民事诉讼运行机制的完善提出科学的学术方案是吾人责无旁贷之职责。受湖北省学术著作出版专项资金项目资助，笔者主持完成的《司法改革背景下我国民事诉讼运行机制完善研究丛书》正是因循这一思路的学术成果。

　　《司法改革背景下我国民事诉讼运行机制完善研究丛书》以民事诉讼运行原理与我国民事诉讼运行机制的完善为立论基点，分别研究了民事诉讼运行的内在机理及各具体制度良性运作应有的逻辑起点与妥当路径。本丛书共计九册，具体如下：

　　1. 占善刚博士的《民事诉讼运行的内在机理研究》以程序的整体推进为视角，对民事诉讼运行应遵循的基本法理做了深入的比较法研究；

2. 刘显鹏博士的《民事证明制度改革的架构与径路研究》宏观分析了我国民事诉讼证明制度存在的问题，指出了我国民事证明制度应有的改革方向；

3. 朱建敏博士的《民事诉讼请求研究》厘定了我国民事诉讼请求的特有意涵，探讨了诉讼请求与诉讼标的在规范层面与实务中的不同功能；

4. 杨瑜娴博士的《民事诉讼鉴定费用制度研究》阐释了民事诉讼鉴定费用的性质、构成及给付路径，提出了完善我国民事诉讼鉴定费用制度的建议；

5. 刘丹博士的《民事诉讼主张制度研究》以主张内涵的界定为逻辑起点，缕析了民事诉讼中主张的类型及机能，提出了完善我国主张制度的建议；

6. 郝晶晶博士的《民事诉讼身份关系案件审理程序研究》立足于身份关系诉讼与财产关系诉讼之二元论，讨论了如何科学设计民事诉讼身份关系案件审理程序；

7. 刘芳博士的《民事诉讼担保制度研究》全面梳理了诉讼担保的性质、特征、类型，指出了完善我国民事诉讼担保制度的建议；

8. 黄鑫淼博士的《民事诉讼发回重审制度研究》以发回重审与程序违法之关系为主线，探讨了构成发回重审事由的条件，界分了发回重审事由的类型；

9. 倪培根博士的《民事诉讼听审请求权研究》阐明了听审请求权在民事诉讼中的确立依据，在我国民事诉讼规范中的体现以及未来的改进方向。

需要特别提及的是，《司法改革背景下我国民事诉讼运行机制完善研究丛书》从最初的项目策划到最后的顺利付梓都倾注了武汉大学出版社张欣老师的心血，没有他的辛苦付出，丛书的面世断无可能。在此对张欣老师表示最真挚的谢意！

占善刚

2020 年 1 月 1 日

于武汉大学珞珈山

前　言

从最宽泛的意义上来说，民事诉讼主张，是指民事诉讼当事人提出的能够产生诉讼法律效果并形成法院实体裁判基础的陈述。在各国程序法所普遍认同的基本理念和原则中，无一不包含着承认当事人有一种"主张"权利的内容。"正当程序"（due process）或"程序正义"（procedural justice）原则最基本的内容便是，与程序的结果有利害关系的人有权参加该程序，并得到提出有利于自己的主张和证据的机会。在大陆法系传统国家，民事程序主体性原则是普遍承认的一项宪法原则和诉讼法原则。程序主体性，即程序的当事人及利害关系人，在与其地位、利益、责任或权利义务有关的纠纷解决程序中，享有参与该程序以影响纠纷解决结果的程序上的基本权利。此项原则意在明确"当事人不应沦为法院审理活动的客体"这样一个基本理念。承认当事人具有这种更高层次的主体性，才有可能从根本上支持现代型司法所要的灵活性，获得根据具体情况来追求更合乎实际的解决时必要的正当性。因此，在民事诉讼中，处于程序主体地位的当事人可以自主地提出诉讼主张即是民事程序主体性原则的集中体现。

在我国的民事立法和民事审判实务中，自20世纪80年代末就一直在为推进以落实当事人举证责任为核心的争讼处理方式而作不懈的努力。最高人民法院于不同时期先后出台的各种司法解释都重申和强调了当事人主张在举证和诉讼中的作用和地位。在保障当事人行使诉讼权利，完善当事人主义的审判方式，完善民事诉讼的程序公正的大背景下，对民事诉讼中当事人主张进行系统研究，对于进一步强化诉权意识，切实保障当事人诉讼权利都有重要的意义，也是顺应立法和司法实践发展的必然趋势。出于上述原因，有必要

在我国民事诉讼制度框架内，对民事诉讼主张的适时提出、主张具
体化义务、主张真实性义务以及审前程序制度的设计在内的体系进
行建构，从理论到制度对民事诉讼主张的规制进行充实。

法律文件缩略语

法律文件的全称	缩略语
中华人民共和国民法典（2020 年 5 月 28 日公布，2021 年 1 月 1 日施行）	《民法典》
中华人民共和国民事诉讼法（1991 年 4 月 9 日公布，2007 年 10 月 28 日第一次修正，2012 年 8 月 31 日第二次修正，2017 年 6 月 27 日第三次修正，2017 年 7 月 1 日施行）	《民事诉讼法》
中华人民共和国民事诉讼法（试行）（1982 年 3 月 8 日公布，1982 年 10 月 1 日施行。已废止。）	《民事诉讼法》（试行）
中华人民共和国证券法（1998 年 12 月 29 日公布，2004 年 8 月 28 日第一次修正，2013 年 6 月 29 日第二次修正，2014 年 8 月 31 日第三次修正，2019 年 12 月 28 日第四次修正，2020 年 3 月 1 日施行）	《证券法》
中华人民共和国仲裁法（1994 年 8 月 31 日公布，2009 年 8 月 27 日第一次修正，2017 年 9 月 1 日第二次修正，2018 年 1 月 1 日施行）	《仲裁法》
最高人民法院关于适用《中华人民共和国民事诉讼法》的解释（2014 年 12 月 18 日公布，2015 年 1 月 1 日施行）	《民诉法解释》

最高人民法院关于民事诉讼证据的若干规定（2001 年 12 月 21 日公布，2019 年 10 月 14 日修正，2020 年 5 月 1 日施行）	《民事证据规定》
最高人民法院关于人民法院登记立案若干问题的规定（2015 年 4 月 15 日公布，自 2015 年 5 月 1 日施行）	《登记立案规定》
最高人民法院《关于案例指导工作的规定》实施细则（2015 年 6 月 2 日公布并施行）	《案例指导实施细则》
关于人民法院推行立案登记制改革的意见（2015 年 4 月 1 日公布并施行）	《立案登记制改革意见》

目　　录

第一章 民事诉讼主张概述

第一节 民事诉讼主张的概念

"主张"是民事诉讼理论研究和司法实践中经常使用的概念，我国现行《民事诉讼法》和司法解释中都出现过"主张"一词，但"主张"的概念究竟为何，内涵和外延又是什么，在理论上认识并不明晰，在立法上，"主张"一词的使用语境以及指涉对象也未统一。因此，在展开民事诉讼主张制度的研究之前，有必要对"主张"的内涵及外延进行分析，来明确其基本概念、范畴以及与相关制度之间的关系。

一、主张的含义

根据《现代汉语词典》的解释，"主张"有两种含义：1. ［动］对于如何行动持有某种见解。2. ［名］对于如何行动所持有的见解。① 根据《法律大辞书》的解释，为维持自己之意见所为之意思表示，谓之主张。② 在法律语境下，"主张"除包含主张者的意见和见解之外，还用来强调表达见解的可能性（权利）及行为。

"主张"作为专有术语在诉讼法中使用的历史可以追溯到罗马法时期，古谚有云："宣判必须依照供词和证据"（secundum allegata et probata），其中"allegata et probata"直译即为"有证据

---

① 《现代汉语词典》，商务印书馆 2005 年版，第 1781 页。
② 郑競毅编著：《法律大辞书》，商务印书馆 2012 年版，第 211 页。

可资证明之主张"，意思是诉讼当事人提出主张，并提出证据来支持其主张。① 罗马法中举证责任分配的原则之一即是"主张者负担举证的义务，否认者不负担举证的义务"。与现代民事诉讼相对应，此处的"主张"指向的是诉讼请求，"主张者"则为提出诉讼请求者即原告。学者将这一原则解释为"提出主张的人有证明的义务，而对此否定的人则无此种义务"（ei incumbit probation, quidicit, non qui negat）的规则。② 罗马法在对举证责任和证明进行论述时，就赋予"主张"以特定的诉讼法含义，即事实的提出和声明，这也是"主张"最初的内涵。

"主张"一词在英美法系中的渊源同样深远，在对不同的争端开始的方式、进化的模式和转型进行回顾时，美国学者威廉·菲尔斯蒂拉认为，争端在初始阶段经历了认定（naming）——指责（blaming）——主张（claiming）这三个发展时期。在实际生活中，三段式的模式又会发生复杂、不稳定的变化和反复。主张（claiming）则是受害者一方向过错方指责该错误行为并要求补救，如受害人一方向被认为负责的另一方提出起诉并要求某种法律救济的行为。③ 可见，在纠纷发展的最初阶段，主张就成为法律主体维护私法权利，开启法律救济（诉讼）的关键环节。

"主张"的含义是什么，我国学术界目前主要存在以下观点：

1. 我国大陆对"主张"的理论研究相对来说比较匮乏。在民事诉讼法的教科书中，鲜见对"主张"进行专门介绍，也没有相应的概念界定。在学术著作和论文中，关于"主张"的含义也未统一。有观点认为：当事人的诉讼主张，即陈述法律效果或事实的

---

① 夏登峻主编：《英汉法律辞典》（第三版），法律出版社 2008 年版，第 45 页。

② 骆永家：《民事举证责任论》，台湾商务印书馆股份有限公司 1981 年版，第 69 页。

③ 参见 ［美］约翰·M. 康利、威廉·M. 欧巴尔：《法律、语言与权利》，法律出版社 2007 年版，第 102~105 页。

行为。① 并进一步认为民事诉讼主张是民事诉讼当事人提出的能够产生诉讼法律效果并形成法院实体裁判基础的陈述。② 有观点认为：主张，是诉讼主体在特定诉讼程序中所提出的请求、意见、声明、见解、看法等的统称，反映的是诉讼主体的立场、对待诉讼的态度和主观目的预期。③ 有观点认为：主张是指提出或主张利己事实。在原告方多表现为：提出或主张支持其诉讼请求的权利产生事实。在被告方表现为：提出或主张推翻原告诉讼请求的抗辩事实。④ 有观点认为：主张，在民事诉讼法上有陈述、提出事实之意。广义上讲，原告、被告都可以提出主张。原告提出主张，被告可以否认和抗辩，被告的否认和抗辩也属于主张。⑤

从上述表述来看，关于主张的含义主要存在以下疑问：第一，主张是否限于对主张者有利的陈述？第二，主张是否包括否认、抗辩等防御行为？第三，主张是否包括当事人在诉讼中的一切陈述？

2. 在我国台湾地区，理论研究的关注点主要放在主张具体制度的研究上，在含义的表述上较为一致。教科书中一般认为，主张，即将一定之法律意见或事实之状态，陈述其存否。⑥ 当事人为维持其声明，将一定之法律上意见或事实之状态，供述其存否，以

① 参见闫庆霞：《民事诉讼证明对象的界定》，载《法治论坛》，2007年第 2 期。

② 参见闫庆霞：《当事人民事诉讼主张研究》，法律出版社 2013 年版，第 17~18 页。

③ 参见梁玉霞：《刑事诉讼主张及其证明理论》，法律出版社 2007 年版，第 5 页。

④ 参见邵明：《正当程序中的实现真实——民事诉讼证明法理之现代阐释》，法律出版社 2009 年版，第 336 页。

⑤ 参见肖建国、谢俊：《主张与抗辩在举证责任分配中的适用》，载《人民法院报》2007 年 1 月 1 日第 5 版。

⑥ 参见李木贵：《民事诉讼法（上）》，台湾元照出版有限公司 2010 年版，第 6~18 页。

充实声明之理由，谓之主张。① 有学者从主张责任的角度出发，认为主张是在言词辩论时，当事人就诉讼关系为事实上及法律上之陈述。②

关于"主张"的含义，域外主要存在以下学说：

1. 在日本，"主张"一词的书写和含义与中文都非常相近，在日本权威的《日语新辞林》中，对"主张"的概念界定为：坚持自己意见和见解的行为，以及意见本身。③ 日本的法学辞典中一般认为：主张（Behauptung），是指在民事诉讼中，当事人就于自己有利的法律效果或者事实进行陈述的行为；与之相区分的另一个概念——陈述，则是指普通当事人对法院作出的关于某种法律效果或者就事实存否的知识作出表白之诉讼行为的意思表示；主张应与陈述中一种特别的形式：自白——对自己不利的事实作出坦白区分开来，不过主张与自白在向法院提供的诉讼资料中发挥的作用是相同的。主张是对知识的表明，所以主张如果附条件就没有意义，但假定的主张是允许的。关于法律效果的主张叫做法律上的主张，关于事实存在与否的主张叫做事实上的主张，在法律上的主张中，原告实施的有关诉讼标的的法律效果存否的主张称为请求。当事人对主张进行撤回一般没有时间限制，但是就对自己不利的事实进行的陈述，且被对方当事人援引，生成裁判上的自白效力时，应满足必要要件方可撤回。④ 日本的教科书中，通说观点认为，主张者，总称事实之主张及权利义务有无之主张，即申立及辩论也。⑤

---

① 参见王甲乙、杨建华、郑健才：《民事诉讼法新论》，台湾三民书局2002年版，第110页。

② 参见姚瑞光：《民事诉讼法论》，中国政法大学出版社2011年版，第288页。

③ 参见［日］松村明主编：《日语新辞林》，北京出版社2002年版，第890页。

④ 参见［日］《新法律学辞典》，有斐阁1983年版，第584页；［日］《全订法学辞典》，日本评论社1983年版，第485页。

⑤ 参见［日］高木丰三：《日本民事诉讼法论纲》，中国政法大学出版社2006年版，第201页。

2. 在德国，理论界关于主张的含义多放在主张责任的理论背景下进行阐述。罗森贝克认为：主张是指由原告以诉讼请求提出的权利主张或被告提出的该请求不合法或不正当的权利主张，以及由负有证明责任的当事人提出的事实主张的总称。① 又如穆泽拉克认为：如果当事人没有就对自己有利的要件事实加以主张，则法院不会使用相应的法律规范，当事人会因此受到不利裁判，这称为主张责任，而在这个过程中，为了当事人自己的利益，应当由当事人自己对某法律规范的事实构成要件的实现加以陈述，并适用该项法律的行为就是主张。② 再如普维庭认为：主张是指，当事人必须提出确切具体的事实主张，以此来说服法官承认当事人所期待的法律后果的小前提（要件事实）。③

3. 在英美法系中，一般以"allegation"来表示起诉书中的主张，这种主张多以事实主张为主。根据《英汉法律辞典》的解释，"allegation"是指诉讼一方对提不出证明的事项所作的声张、主张、事实陈述、断言。当"allegation"指代主张、宣称、断言时，通常是当事人在诉状中对事实的肯定性陈述。④ 英美法特点的对抗式辩论原则（adversary system）的体现之一就是"当事人主张"法理（the principle of party-presentation），"主张"的常见使用语境包括："allegation of fact"（事实陈述、事实主张）、"alleged cause"（陈述的理由，引证的理由）、"alleged claim"（所主张的请求权）。权利主张则通常以"claim"来表示，根据《英汉法律辞典》的解释，"claim"有三层意思：（权利）主张、权利要求、债权、请求权、索赔；要求、断定、认领、索取、民事诉讼请求；权利请求诉状/

---

① 参见［德］罗森贝克：《德国民事诉讼法（上）》，李大雪译，中国法制出版社，第432~433页。

② 参见［德］汉斯-约阿希姆·穆泽拉克：《德国民事诉讼法基础教程》，周翠译，中国政法大学出版社2005年版，第242页。

③ 参见［德］汉斯·普维庭：《现代证明责任问题》，吴越译，法律出版社2006年版，第67页。

④ 参见《元照英美法词典》，法律出版社2003年版，第61页。

要求、请求、声称、主张、认领。① 该词多用在表示权利主张的场合，如"claim right（主张权利）""claim of privilege（特权的权力主张）"，某些场合可与"请求权"交替使用，如"claim-splitting（请求权分离）""claim to immunity（豁免请求权）"。在英美法系中，对法律术语的概念和辨析没有那么严格，但在使用中可以发现其代表的功能和用意，也能通过对不同词语的选用明确区分权利主张与事实主张。

笔者认为，把握"主张"的含义应该明确以下几点：

1. 主张的使用语境有三层：第一层，在广义的社会语言背景下，"主张"一词用法广泛，多指主体对认识客体的见解以及坚持意见的行为等意思；第二层，在法学语境下，"主张"可以表示法律主体所持有的某种意思表示，也可以作为其向特定主体和对象作出意思表示的法律行为；第三层，在诉讼法语境下，"主张"特指某项诉讼行为和诉讼制度，它有特定的内容和具体的制度构建，能发生一定的法律效力。在实践中，"主张"常与"陈述"混同使用，但在诉讼法理论上，"主张"与"陈述"仍是有区别的两个制度。本书所探讨的对象限于第三层含义下，以民事诉讼理论和实践为研究背景的当事人主张。

2. 民事诉讼主张的主体是当事人。在民事诉讼中，能依法享有诉讼权利、诉讼权力和承担诉讼义务的主体包括法院、检察院、当事人及其诉讼代理人、其他诉讼参与人。尽管这些主体在各种场合都可以表达意愿和见解，但并非都能成为主张的主体。有观点认为，法院也能成为主张的主体，理由是，法院的主张就是法官通过判决或裁定所表达的对案件的看法和观点，是对当事人主张的一种回应，法院不仅有主张，也需要对主张进行"证明"，即裁判书的理由部分。② 笔者认为这种观点不可取。原因在于，主张之所以有

---

① 夏登峻主编：《英汉法律辞典》（第三版），法律出版社2008年版，第155页。

② 参见梁玉霞：《刑事诉讼主张及其证明理论》，法律出版社2007年版，第18页。

研究价值，在于其有特定的内涵，能够成为独立的诉讼制度。因此，能够称为"主张"的各种行为和对象应当具有共通的理论背景和运作机制，能产生一致的法律效果，而法院的见解并不具备这种共性。无论是理论研究还是裁判文书中，法院的见解常表述为"法院认为"或"法院采纳第一种观点"，而不会用"法院主张"这种表述。仅因为法院的"见解"和"判决理由"与"主张"和"证明"在逻辑关系上相似就将法院的见解也纳入主张的范畴，这种观点有欠妥当。检察院不能成为主张主体的原因同上。至于其他诉讼参与人如证人、鉴定人等，其在诉讼中所持的"见解"并非基于争议产生的诉求，而是基于公法证据协力义务的"见证"行为，这种"见解"所产生的法律效果，也不能与当事人的纯粹私权利衍生的"主张"相提并论，因此证人、鉴定人等诉讼参与人不能成为主张的主体。法定代理人和指定代理人在诉讼法上全权代理诉讼行为能力欠缺的当事人，且承担实体上的法律效果，理应成为主张的主体。至于诉讼代理人是受当事人委托进行诉讼行为，是当事人权限的延伸，可以比照当事人作为"主张"的准主体。根据主张提出主体及其在诉讼中所处的立场不同，主张可分为原告的主张和被告的主张。原告的主张是指原告为实现诉讼请求所为的主张，包括原告的事实主张（由此产生原告的主张责任）和原告的法律主张。这里的原告包括共同诉讼中的原告，反诉中的原告和第三人之诉的原告。因上述几种主体在诉讼地位上处于积极追求诉的一方，也都有诉的行为，其作出的主张均属于原告的主张。被告的主张是指被告为防止其受不利判决的危险，就排除原告诉讼请求的实现而作的主张，包括被告的事实主张（产生被告的主张责任）和被告的法律主张。一般来说，被告在诉讼中处于消极和防御地位，因此被告主要是对原告的主张进行否认或抗辩。从行为本质上来看，抗辩是在承认对方主张事实的基础上提出新的事实来阻碍对方诉讼请求的实现，是被告为排斥原告之请求（主张或申请），就自己所应负举证责任之主要事实，所做的他项事实主张，因此，抗辩也是一种主张。从立论的角度来看，抗辩是当事人就对造所主张的请求原因事实所作出的积极陈述，当事人为了最终达到否定对造主张的法律效果，在肯定对造所主张的事实的前提下，又附加地提出自己负担证明责任的能够排斥主张事实所发生的法律效果的新事实主张，新提出的事实即被称为抗辩事实。被告的主张不仅包括抗辩，特殊情况下被告也需要就于自己有利的事实进行主张和证明。比如，在环境侵权责任中，侵权行为与损害后果之间因果关系的证明责任转换，由被告（侵权方）就因果关系的不存在进行主张，这也属于被告的主张。又如在原告在高度危险性的作业中受伤属于故意，被告就免责事由进行的主张。此外，被告的主张还包括针对原告再抗辩的否认或再再抗辩。

3. 民事诉讼主张的对象包括事实、权利、法的观点。其中事实主张和权利主张为学界所普遍认可，但当事人对观点的陈述并不会引起相应的证明责任，对法院也没有拘束效力，那么，法律观点能否成为主张的对象？笔者持肯定态度，理由有三点：第一，从当事人的诉讼行为以及法院对诉讼行为的回应来看，法的观点与事实、权利无法割裂。当事人在对事实主张和权利主张进行陈述时往往会夹杂法的观点。法的观点作为主张的理由和论据，当事人若不能准确、全面地表达，必然会影响法院对事实、权利的认定。第二，当事人主张的事实本身并非纯粹的自然事实，而是经过法律评价的事实，其中必然包含了部分法的观点。第三，法的观点的主张虽然对法院没有拘束力，却具有提醒作用，能够加强法院对该法律观点的斟酌，并非没有意义。

4. 民事诉讼主张指向的是对主张者有利的事实。负主张责任的当事人和不负主张责任的当事人在对案情进行陈述时所处的地位不同，负主张责任的当事人所主张的事实是对实现其诉讼请求具有重要意义的事实，是与胜诉利益直接相关的事实。不负主张责任的当事人就不利于自己的事实没有陈述义务，虽然，新近也有观点认为，不负主张责任的当事人负有"事证开示义务"，即知悉事实、持有证据的当事人在经请求时，必须说明事实、提出证据的义务，① 但这一观点并未被主流学说接受，无论是从传统辩论主义关于主张责任的分配理论来看，还是从司法实践来看，不负主张责任的当事人对于不利于己的事实没有义务陈述。

综上所述，笔者认为，民事诉讼主张是指在民事诉讼过程中，当事人就与胜诉理由有关，可能影响裁判结果的各项事实、权利的存在与否及法的观点，向法院表达，要求其采用并产生诉讼上的法律效果的行为，也指该行为表述的内容和观点。

二、主张的界定

1. 从诉或诉的内容的角度来界定主张

在我国民事诉讼理论中，有相当一部分的教科书和著作认为诉就是一种主张，在很多场合，主张也以诉的形式出现。比如，江伟教授认为：诉是指特定原告针对特定被告，向法院提出的审判特定的实体法主张的请求。特定的实体法主张，即原告获得实体法上的具体法律地位或效果的主张，这构成诉的实体内容。②

也有学者将诉讼主张与诉讼标的联系起来，认为诉讼标的即原告为获得实体法上的具体法律地位或具体法律效果的诉讼主张。③这种学说的基础是诉讼标的理论。在对诉讼标的进行界定时存在三种学说，其中"权利主张说"认为，诉讼标的是原告要求判决当否之"一定的具体实体权利或实体法律关系存否之主张"。④ 也有人将此说翻译为"法主张说"，持此观点的学者进一步认为：诉讼

---

① 黄国昌：《民事诉讼理论之新开展》，北京大学出版社 2008 年版，第 191~192 页。

② 参见江伟：《民事诉讼法专论》，中国人民大学出版社 2005 年版，第 164~165 页。

③ 参见江伟、邵明、陈刚：《民事诉权研究》，法律出版社 2002 年版，第 75 页。

④ 李木贵：《民事诉讼法（上）》，台湾元照出版有限公司 2010 年版，第 4~87 页。

标的是原告通过诉之声明所表明的具体权利主张，原告与被告之间的纠纷，实际上是原告主张其对被告的权利或法律关系存在或不存在，而被告则以原告的这种权利主张为反驳对象。特定的实体（法）主张，构成诉、诉权和诉讼标的（或诉讼请求）的实体内容。① 笔者认为，不论是诉还是诉讼标的，在特定的案件中只有一个，这是区分此诉与彼诉的界限和标准——尽管这也是学界颇有争议的理论问题。但是特定的诉讼中，各种"主张"却不止一个，当事人要对事实提出主张，不仅是就实体权利和诉讼权利提出主张，还需要对权利的基础——事实和法律问题进行主张。而围绕唯一的诉讼标的所进行的诉，须有赖于当事人提出多个"主张"才能实现。

2. 从攻击防御方法的角度来界定主张

从域外民事诉讼立法和理论研究来看，大陆法系对诉讼主张的规定多置于攻击防御手段的相关章节中。如《德国民事诉讼法》第282条中将主张、否认、声明、异议、抗辩、证据方法和证据抗辩等作为当事人的攻击和防御方法；第283条规定对方当事人就主张作出陈述的期间；② 《日本民事诉讼法》第161条中规定主张作出的时间，主张的记载等。③ 通说认为，攻击方法是原告为赋予自己所提本案之声明有利基础，所提出之一切诉讼资料。防御方法，

---

① 参见江伟：《民事诉讼法专论》，中国人民大学出版社2005年版，第165页。

② 《德国民事诉讼法》第282条："（1）当事人各方都应当在言词辩论中，按照诉讼的程度和程序上的要求，在进行诉讼所必要的与适当的时候，提出他的攻击和防御方法，特别是各种主张、否认、异议、抗辩、证据方法和证据抗辩。（2）声明以及攻击和防御方法，如果对方当事人不预先了解就无从对其有所陈述时，应当在言词辩论前，以准备书状通知对方当事人，使对方当事人能得到必要的了解。……"

③ 《日本民事诉讼法》第161条第二款："准备书状应当记载下列事项：（一）攻击或防御的方法；（二）对于对方当事人的请求及攻击或防御的方法的陈述。"参见白绿铉编译：《日本新民事诉讼法》，中国法制出版社2000年版，第74页。

是被告为赋予反对原告声明有利基础，所提出之一切诉讼资料。①
攻击防御方法的理论基础是辩论主义，因此在民事诉讼法中对攻击
防御方法做明文规定的国家或者地区，均已经建立了成熟的辩论主
义模式。将主张作为攻击防御方法的学说是在程序保障论的理论背
景下，强调法院的诉讼过程与正当程序是判决正当性的关键，因此
主张及举证等均属于实现程序正当的攻防手段。将主张作为攻击防
御手段来研究，有助于深入辩论主义的核心对主张行为的性质、种
类和效果进行研究和把握。遗憾的是，目前我国对攻击防御手段的
研究多是概念的介绍和引进，未被立法和实务接纳。另外，由于我
国民事诉讼法中规定的是"非约束性辩论原则"，而非真正意义上
的"辩论主义"，讨论攻击防御手段尚缺乏理论基础。

3. 在主张责任和证明责任的理论背景下界定主张

在我国的教科书中，没有专门的章节介绍主张。但是在研究证
明责任和主张责任时不可避免地会提到"主张"，这源于主张与证
明之间无法割裂，但这种研究模式的问题在于会弱化主张与主张责
任的独立价值，主张作为诉讼行为及诉讼制度，其独立的构成要件
和法律效果被忽视，这些理论价值是无法被证明责任的研究取代
的。笔者认为，研究主张理论应当将主张责任的内容和要求一并纳
入主张理论的研究视域内，以避免主张理论体系内可能存在的冲
突。主张责任的理论主要是解决两个重要命题："当事人没有向法
官提供足够的事实主张，法官应该如何判案？""一方当事人至少
应当主张多少，才能避免不利后果？"这两个命题对主张理论的充
实至少包括：主张的对象有哪些？主张应当以什么样的方式提出？
主张应当在什么时期内提出？主张的法律效果为何？只有将上述问
题一并解决才能回答主张责任的两个命题。

除了以上几种界定的视角，还有的学者在对辩论主义研究时，
附带研究主张；或者针对主张的某一项内容如主张的具体化、不知

---

① [日] 三月章：《日本民事诉讼法》，汪一凡译，台湾五南图书出版
公司 1997 年版，第 321 页；李木贵：《民事诉讼法（上）》，台湾元照法律出
版社 2010 年版，第 6~22 页。

的陈述进行研究。从目前的研究现状来看，虽然关于民事诉讼主张的制度或内容的某一部分积累了一定的研究成果，但总体而言并不理想，主要表现在三方面。

第一，尽管"主张"一词在立法和实践中高频率地使用，但现有的理论研究对主张的内涵没有形成统一的认识，主张与陈述、声明等概念也是混淆使用，没有明确的界分。诉讼主张不仅决定了当事人能在多大范围内支配自己的诉讼权，还直接影响案件的审理范围和法官的司法行为，因此当"主张"的语义不明或所指向的对象存在分歧时，不同的主体在解读其适用范围和法律效果时就容易发生分歧。

第二，"主张"是一个独立的诉讼行为和制度，但现有的研究多是将诉讼主张放在证明责任的理论背景下，研究视角也多局限于对"谁主张、谁举证"准则的解读，缺乏独立的视角和理论体系。

第三，现有的研究缺乏对当事人主张的内部结构和外部环境的系统研究。表现为：现有的研究没有厘清"主张"与其他诉讼行为和诉讼制度之间的相互作用。也缺乏对"主张"的内部结构——主体、客体和内容的研究。主张的具体制度之间缺乏关联的逻辑性，不成体系的研究为立法能提供的理论支持也极为有限。

第四，现有的研究缺乏对主张制度进行本土化移植的研究。在德国、日本等传统大陆法系国家，主张制度的理论研究已经相当成熟，司法判例的积累也相当丰富。我国已有一些学者对这些先进的理论进行过介绍，但是如何将这些理论置于我国现行的立法制度下，将主张与民事诉讼法的其他制度和原则的关系理顺，并实现"无缝对接"，还有很多问题需要解决。

三、主张与相关概念之间的区别

1. 主张与陈述

陈述分为广义的陈述与狭义的陈述。广义的陈述，是指当事人为了给诉讼请求奠定基础，或者排斥对方的诉讼请求，就自己对事实上或法律上问题的认识和判断，向法院报告的行为。陈述与证据的提出均属于攻击防御方法。① 陈述权的保障是合法听审权理论中最核心的内容，具体是指法院须保障程序参与者能就对其权利伸张与防御具有重要性的事项进行陈述的权利。陈述权包括向法院得以主张、声请、说明、表达意见的权利，根据陈述内容的不同，又可分为事实上的陈述和法律上的陈述。② 德国法中，"主张"和"陈述"在表达上也有相通之处，在尧厄尼希编著的《民事诉讼法》教科书中，就将主张责任（Behauptungslast）与陈述责任（Darlegungslast）等同。③ 广义的陈述在外延上比主张范围更大，陈述权的客体不仅包括事实，还有证据结果及法律见解。因此当事人享有陈述权不仅可以衍生出主张事实的权利，还意味着当事人有权提出证据。

狭义的陈述，指的是证据意义上的当事人陈述。其与主张之间的区别在于：第一，主张是当事人作为诉讼主体地位参与言辞辩论所做的陈述。主张本身并非证据资料，只是以辩论全趣旨的一部分作为原因事实。④ 而证据意义上的陈述则是当事人作为事实经过的见证者向法院提供证据资料。当事人陈述也称为当事人讯问，是将其陈述内容作为证据资料使用的证据调查方法。第二，主张是当事

---

①　参见［日］《图解法律用语辞典》，自由国民社 1983 年版，第 439 页。

②　合法听审或听审请求权的理念来源于《德国基本法》第 103 条第一项规定，任何人在法院之前均有合法听审权。理论上通常认为，合法听审权的主要内容包括知悉权（受通知权）、陈述权、法院之审酌义务及突袭性裁判之禁止等内容。参见姜世明：《民事程序法之发展与宪法原则》，台湾元照出版社 2003 年版，第 29~30 页。

③　参见［德］奥特马·尧厄尼希：《民事诉讼法》（第 27 版），周翠译，法律出版社 2003 年版，第 267 页。

④　日本学者对辩论全趣旨界定为：呈现在口头辩论程序中除证据调查之外的一些诉讼资料和情报。德国学者一般认为，言词辩论全趣旨不仅包括当事人的事实陈述本身，而且也包括当事人在案件审理中的所有作为与不作为以及当事人及其诉讼代理人在言词辩论程序中留给法官的个人印象。参见占善刚：《言词辩论的全部意旨研究——德国、日本的判例、学说之考察及其启示》，载《现代法学》2012 年第 2 期。

人为产生诉讼上的法律效果而作的意思表示，主张行为的结果直接指向诉讼效果的发生，因此，当事人应具有完全的诉讼能力。而作为证据的陈述来源于当事人对事实的亲身经历和感知，是一种事实行为，不属于言辞辩论，不以意思表示为要素，因此只需要其所描述的事实与其年龄相应的感知能力符合即可。如对未成年人可以进行讯问，但未成年人却不能进行诉讼上的主张。第三，当事人的主张原则上可以撤回，但当事人讯问中的供述无法撤回，不具有更正权，因为该陈述一经作出，就对法官的心证形成影响。因此，在民事诉讼理论中，当事人主张与作为证据方法的当事人陈述（讯问）之间是有明确界分的。

2. 主张与声明

当事人对法院请求一定行为之意思表示，谓之声明，或谓之声请。声明或声请时，有时应以书状为之者，有时得以言词为之者，有时得以书状或言词为之者，均依法文之所定。① 声明与主张的区别在于，声明为当事人向法院（法官）提出的要求其为一定行为的意思表示，主张则是供声明之理由及依据为目的的陈述。② 诉讼法中的声明主要包括两种：诉的声明和证据的声明。

主张不同于诉的声明。诉是当事人在自己的权利受到侵害时，向法院作出的有利于自己的判决的声明。③ 在传统的诉讼标的学说中认为，诉的声明相同，但实体法上的基础权利不同，即为不同的诉，即"诉讼标的＝实体法权利＋诉的声明"。由此可见声明与主张不同，当事人基于实体法上的权利主张，向法院提出诉求解决纠纷，其中权利主张是诉讼的声明的基础，而诉的声明是实现实体权利主张的途径。同一个纠纷，当事人可以在一个诉的声明下，在多个可能获得支持的实体权利中选定一个作为依据；当事人也可以在

① 参见郑兢毅编著：《法律大辞书》，商务印书馆 2012 年版，第 1856 页。

② 参见王甲乙、杨建华、郑建才著：《新民事诉讼法（上）》，台湾三民书局 2005 年版，第 109 页。

③ 参见田平安：《民事诉讼法学研究》，高等教育出版社 2008 年版，第 31 页。

确定一个实体权利的基础上，用多个可能的声明（实现权利的方式）去进行诉讼，这取决于当事人认为什么样的模式胜诉的机会更大。

主张也不同于证据的声明。当事人为求调查证据之声明，谓之声明证据。① 当事人对事实进行主张以后，除免证事项外，即应对所主张的内容进行证据的声明，这是当事人在进行言辞辩论时所采取的诉讼行为的顺序。没有进行证据声明的，法官应当行使阐述权，提醒当事人进行声明。证据声明与主张，同为攻击防御方法，发生的时间不同，功能也不同。但是，主张与证据声明联系密切。当事人为证明其所主张的事实而申请法院调查证据，必须明示特定立证事实或证明主题，如果只是抽象地提示证明主题，法院则无从判断是否有对立证事实进行调查的必要。因此，证据声明的功能之一就在于使主张事实特定化。②

3. 主张与诉讼请求

民事诉讼法所使用的"请求"，原是基于民事诉讼类型的认识，最初仅有给付之诉，基于诉讼是实现实体法"请求权"的考虑，而直接借用，称为诉讼请求。但后来出现了确认诉讼、形成诉讼的类型，原告在诉讼中的主张，不再以请求权为限，为使支配权、形成权等法律关系均包含在内，原"诉讼请求"的语义便转化为"权利主张"或"诉讼主张"。③ 在法国民事诉讼法中诉讼请求的原词为"pr-étention"，罗结珍也意译为"诉讼请求"或"诉讼主张"。④ 在使用上，诉讼请求立足于法院的角度是关于纠纷的裁判，站在当事人角度看实质是一种权利主张。

---

① 参见姚瑞光：《民事诉讼法论》，中国政法大学出版社 2011 年版，第300 页。

② 参见占善刚：《证据协力义务之比较法研究》，中国社会科学出版社2009 年版，第 29~30 页。

③ ［日］中田淳一编：《民事诉讼法概说》改订二版，有斐阁 1995 年版，第 129 页。

④ 罗结珍译：《法国新民事诉讼法典》，中国法制出版社 1999 年版，第3 页。

诉讼请求与主张的区别在于：

第一，诉讼请求作为当事人维护权益的集中体现和最佳实现方式，指向的是特定的实体主张，即原告获得实体法上的具体法律地位或效果的主张，这在特定争议中也是唯一的；但是，除了支持诉讼请求基础的实体法的权利主张之外，当事人对事实问题和法律问题观点的表述所呈现的主张，可以多次行使和多次实现。

第二，主张比诉讼请求的范围更大。诉讼请求不包括单纯的程序性的请求，也不包括请求之外的观点和见解等，比如对调解、执行的意见。而主张的对象包括对程序性事项的事实和权利的提出，且广义的主张可以发生在调解、执行过程中。

第二节　民事诉讼主张的性质

"主张"一词在使用上有两层性质：第一，作为诉讼行为的主张，此时"主张"作为动词是指当事人表达自己某种见解的方式和行为；第二，作为内容的主张，此时"主张"作为名词是指当事人所希望表达的见解的内容本身，以及其在法律上所期望达到的效果。

一、作为诉讼行为的"主张"

在大陆法系国家和地区的法学理论中，把以意思表示为要素，可依其意思表示的内容引起民事法律关系设立、变更和终止的行为，界定为民事法律行为。在民事法律行为之外，还存在一种以意思表示和行为为要素，但法律效果的发生不是由行为人意思表示的内容决定，而是依法律的规定直接而当然发生的表意行为，称为准民事法律行为。[①] 民事诉讼中的主张，是为了产生一定的法律效果的而发出的意思表示，这种表意行为指向的对象是法院，但由于诉讼活动的公法性质，诉讼上的法律效果的产生不随当事人的意志转移，而是法官根据民事诉讼法的明确规定在职权范围内确定，因此

---

① 参见余延满：《民法原论》，法律出版社 2010 年版，第 183 页。

属于准民事法律行为的范畴。

诉讼行为，常被称为诉讼法上的法律行为，包括法院的诉讼行为和当事人的诉讼行为。当事人的诉讼行为与实体法上的法律行为之不同在于，法律行为依民法规定，可以附条件、期间，如有错误，可以撤销；而诉讼行为基于诉讼安定的考虑，不可附条件和附期间，因此法律行为的一般理论对于诉讼环境下的行为显得局促。诉讼行为理论从法律行为理论中独立出来后，发展成为大陆法系民事诉讼法理论研究的基本范畴。诉讼主张不论是作为攻击防御手段，或是作为辩论主义和主张责任的实现途径，从性质上来说都属于当事人的诉讼行为，其特征包括以下几方面：

第一，从法律效果的发生条件来说，主张属于取效诉讼行为。① 当事人的诉讼行为根据是否需要借助法院活动方能产生效果，可区分为取效诉讼行为和直效诉讼行为。取效诉讼行为是指该诉讼行为于诉讼程序并未有独立、直接的效果发生，须借由法官介入方能获取效果的诉讼行为。其行为目的主要是为取得法院针对特定行为做相应反应，如法院裁决。主张的效果是否能发生，必须由法官进行确认。就事实主张而言，不论是需要举证的还是免于举证的，都需要法院予以审查方能成为事实根据，作为审理的基础；至于法律主张，也需要法院衡量决定能否成为论证的基础。因此，主张属于取效诉讼行为。

第二，主张属于观念通知。根据行为的性质及效力不同，可以将诉讼行为区分为意思通知（意思之表现）、观念通知（事实之通知）、意思表示和事实行为。② 其中，观念通知是指以通知对方一

————————

① 取效诉讼行为也称为起因行为，指不是直接和单独达到预期效力，而是在其引起的——"获得的"——法院活动的帮助下发生效力，对起因行为应对其合法性和有理由性审查。直效行为是无需借助于法院活动的中介，就会发生诉讼效力并且创造特定的诉讼状态，对直效行为应审查其有效要件。参见［德］尧厄尼希：《民事诉讼法（第27版）》，周翠译，法律出版社2003年版，第164页。

② 参见李木贵：《民事诉讼法（上）》，台湾元照法律出版社2010年版，第6~20页。

定客观事实为表意内容的行为。① 民事诉讼中的主张是针对当事人诉讼请求的实现有利的事实和法的观点的提出，是当事人就有关事实上的知识和法的效果的认识，因此属于诉讼行为中的观念通知。

第三，主张属于单方诉讼行为。单方诉讼行为，相对于双方诉讼行为而言，是指不需要双方当事人相对应为之就能发生效力的诉讼行为。单方诉讼行为具有受领需要，且大多数指向法院。主张的生效无需对方当事人的合意或许可，主张作出的对象是法院，关于主张的内容和效力的认可也在于法院的审查，因此主张属于单方诉讼行为。

第四，主张原则上不允许附条件和附期限。原因在于：其一，当事人主张是关于法律关系或事实之存在或不存在，其性质为一种观点通知。如果须条件成就，方能认为主张真实或不真实，观念上自属矛盾。② 其二，当事人的主张建立在诉讼请求的基础之上，主张作成后，对方当事人在此基础上会采取相应的防御，或者提出新的主张。基于主张是建立在其他诉讼行为基础之上，且又会成为后续诉讼行为的前提，因此主张与在前的诉讼行为及后续的诉讼行为彼此之间的关系必须确实。如果主张附条件或附期限，使主张的效果不确定，那么对方当事人及法院就必须等待该主张生效后方能采取下一步诉讼措施，这在诉讼中是不允许的。因此，主张的效果之发生不能以诉讼外的事实成就或不成就为条件。

第五，主张原则上可以撤回。民事诉讼法是处理私法争端的法律，因此，当事人也享有相当一部分的诉讼权利和自由。在包括主张在内的大部分取效诉讼行为在当事人作出之后，法院确认之前并不具有约束力，可以自由撤回。

第六，主张在出现瑕疵时，视情况若仍有纠正的可能，不当然无效。如果主张的瑕疵属于明显的疏忽，比如书写错误或者计算错误，是可以被纠正的，则可通过补正其效力来完善。只有在主张的

---

① 参见余延满：《民法原论》，法律出版社 2010 年版，第 183 页。

② 参见王甲乙、杨建华、郑建才著：《新民事诉讼法（上）》，台湾三民书局 2005 年版，第 110 页。

缺陷是违反了重要程序性规则的情况下，才会由于法院不予确认或采纳而导致无效。但也有例外，如果该程序规则是有关人身行为要件的欠缺，如当事人能力、诉讼能力以及代理权等，若经得已成为有当事人能力人、法定代理人及代理人等的同意而获得补正，则其效力也可以溯及既往。

二、作为陈述内容的"主张"

作为陈述内容的"主张"一词在实践中很常见，如"提出主张""审查主张"等。作为对事实和法律问题的表达，主张的内容必须能够完整呈现当事人的意思。从最大程度实现当事人自身利益的角度来说，一个完善的主张内容在表达上应当注意以下几点：

第一，主张在语法上表现为一种描述性的、判断性的命题，通常为陈述句。在语言中，能够完整表达独立意思的最小单位是句子。主张者的任务就在于用最简练和深刻的句子进行清晰的表意，提出见解，确立观点以及推翻对方的命题。因此，当事人向法院提出的主张应该是明确的、非此即彼的判断。事实发生或者没发生，根据哪部法律的第几条，依此享有什么样的权利等，当事人应当就这些问题明确地进行陈述，避免含糊、不完整的表意。明确的表意能给法官留下深刻的印象，提醒法官在界限明确的主张范围内进行审理，当然，法官可以通过阐明权促使主张的进一步明确。

第二，主张应当同时表现出"正确性"和"可同意性"。主张的结构和提出的顺序体现主张者的逻辑，当事人应当向法官展示如何根据一个或几个假设的前提——主张推导出诉讼请求，因此主张必须体现法律推理和法律论证的过程。在这个过程中，"正确性"与"可同意性"同样重要。"正确性"是指主张的内容在事实上是客观的，在法律上是合规的，在法理上是合理的；"可同意性"是指主张在修辞方法和逻辑上应具备前后一致性、融贯性、可检验性，使主张能最大程度地说服"听众"——法官。

第三，主张与诉讼请求间应建立严密的论证关系。当事人在进行主张时应当强化主张与诉讼请求之间的关联性。比如在相邻权纠纷案件中，原告主张，被告新建的楼房遮挡了自己所居住的楼房原本可以眺望西山的景色。原告认为，根据《中华人民共和国城市居住区域规划设计规范》第5点0.2条规定，"住宅建筑侧面间距除考虑日照因素外，通风采光特别是视觉卫生以及管线埋设等要求往往是主要影响因素……北方一些城市对视觉卫生问题比较注重，要求高……一般认为不小于20米较合适"，被告侵犯了其眺望权和视觉卫生权。该主张中的实体权利及法律依据是两个层面的问题，相邻权在《民法典》第293条中确实存在，① 但是原告依据的《城市居住区域规划设计规范》属于非强制性的行政指导，引申出的所谓"眺望权""视觉卫生权"并不是法律意义上的权利，因此该项主张与请求的权利基础之间的关联就很弱，得不到法官的支持。

关于主张性质的定位，还涉及一个问题：主张是一种权利还是义务，抑或是一种责任？笔者认为，以主张为内容的权利属于诉讼权利的一种，是否要行使该权利是当事人的自由。主张责任则是一种趋利性的需求，是当事人赢得诉讼的必然选择，从法院的角度来看，当事人提出诉讼请求而没有进行相应必要的主张，并不会给法院带来任何的不便利，仅使当事人遭受诉讼上的不利益，这种不利益是由当事人的选择而生，属于一种诉讼负担，不同于强制性的法律责任。在这一点上，主张不同于当事人基于证据协力义务所进行的陈述，后者属于公法上的义务。

第三节　民事诉讼主张的功能

民事诉讼主张以辩论主义为根据，以诉讼请求为基础，以证明制度为保障。民事诉讼主张的功能就是围绕上述概念（原则），对实现当事人的诉讼权利、诉讼公正和效率有所助益的价值。

---

① 《民法典》第293条："建造建筑物，不得违反国家有关工程建设标准，不得妨碍相邻建筑物的通风、采光和日照。"

一、主张在当事人诉讼行为中的功能

（一）主张是声请的实现基础

为支持声请之原因所谓事实上或法律上的陈述即为主张。① 声请可分为本案声请和诉讼声请。本案声请是指以取得实体内容的裁判为目的的申请，如原告的诉的声明，此外还包括上诉声明等；诉讼声请则是要求法院对于诉讼程序的相关事项作出裁判的声请，如声请一方进行辩论、诉讼救助声明等。被告除非在反诉中，是没有本案声请可言的，其请求将原告之诉驳回的声明应属于诉讼声请。②

主张与本案声请之间的关系在于，主张构成本案声请的基础，主张须能够支撑和体现本案声请才有意义。本案声请是当事人要求法院就诉讼标的为事实裁判的声请，其核心包括要件事实，所依据的法律是实体法上的依据，这些关键事项，都需要当事人在合适的时间通过合适的方式进行主张。可以说，主张是诉讼阶段（实体问题审理阶段）中离诉讼请求"距离最近"的诉讼行为。

主张和诉讼声请的关系也同样密切，在本案声请的实现过程中，当事人对程序障碍也须通过主张诉讼法上的权利来排除，如管辖权异议和回避申请等。当然，针对程序性事项的主张与针对诉讼标的的主张不同，两者的证明责任和证明方法也不同，本案声请的主张需要严格证明，诉讼声明的主张只需自由证明，但主张作为彰显声明的诉讼行为其关键性并无二致。

（二）主张是诉讼证明的对象

民事诉讼中，法院在当事人双方辩论的基础上，对其所主张的事实存在与否进行判断，没有经过当事人证明的主张，法院不能将其采纳作为裁判的基础。确定事实存在与否的过程即为"事实的认定"，对于审判的法院和法官而言，"事实，只是就关于实际之事实为推测而已"，"事实，一旦成为意味着是引起争讼之原因行

---

① 参见王甲乙、杨建华、郑建才著：《新民事诉讼法（上）》，台湾三民书局 2005 年版，第 110 页。

② 参见姜世明：《民事诉讼法基础论》，台湾元照法律出版社 2010 年版，第 130 页。

为或者所发生之事，无论是法官、陪审员、律师，通常不会接触事实。诉讼，有如社会的死体解剖，不是在诊断活体之情况，而是就相关已死的过去所发生之事为判断之问题"。① 民事诉讼之审理本质上是以"事实之认定"为中心来展开的法律程序。②

在"主张"与"证明责任"之间还有一个无法回避的概念就是"主张责任"。主张责任，是指根据辩论主义，当事人对裁判的基础事实，通过主张使其成为判决基础，未主张的事实，不能够作为裁判基础，由当事人就未主张所负担的危险或利益的责任。根据主张责任的定义，主张是实现当事人主张责任和请求利益所必然要采取的诉讼行为。证明责任则是当事人承担主张责任后下一步要解决的问题，先有当事人的主张，之后才有主张责任的问题。

主张责任与证明责任的关系可以归纳为三点：第一，主张责任与证明责任同是当事人为避免败诉的不利益，围绕诉讼请求进行相关主张和举证而产生的诉讼负担。第二，主张责任的分配原则以证明责任的分配原则为基准，一般而言，证明责任在当事人之间的分配也直接决定了主张责任在当事人之间的分配。第三，特殊情况下主张责任与证明责任存在分离。主张责任在职权探知主义下不适用，而证明责任即使在职权探知主义的诉讼模式下，于事实真伪不明时，仍有适用的必要。因此，诉讼主张于证明的意义不仅在于是证明的对象，还在于规制和限定证明的范围，使主张与其他诉讼行为共同构成有机的诉讼体系。

二、主张在法院审判行为中的功能

（一）主张有利于明晰诉讼争点

争点是指当事人在诉讼中存在争议的问题。③ 争点是诉讼请求

① ［日］B. J. ジュージ等编：《经验法学入门》，东京大学出版会 1971年版，第 181、182、196 页。

② 李木贵：《民事诉讼法（上）》，台湾元照法律出版社 2010 年版，第 6~55 页。

③ 参见郭翔：《民事争点效力理论研究》，北京师范大学出版社 2010 年版，第 11 页。

的基础性争议问题。根据《布莱克法律词典》的解释，"在联邦民事诉讼中，争点是一个单一、确定和重要的东西，它源于当事人之间的争议和主张；它是一方肯定而另一方否定的东西，当起诉状中所主张的事实被答辩状所否定时，当事人之间就有了争点"。① 当事人提出的主张，对方当事人针对该主张作出相应防御，当其采用明示或默示（其内容和形式以法律认可为前提）的方式来表达自己的不同意见时，就形成了争点，可见争点是围绕主张产生的。当事人在诉讼中发生争议的对象包括案件事实的争议和法律适用的争议，因此争点可以分为事实争点和法律争点两类。②

当事人只有对主张进行充分和激烈的辩论以及证明时，争点才会更加明晰。法院在综合双方的主张和防御内容的基础上整理出争点，从而限定、缩小具有实体利益或程序利益的争议范围，明确事实认定和查找证据的方向，对事实争点以外的问题则可避免诉讼审查，节约诉讼资源，提高诉讼效率。在对法律问题进行审查时，为避免诉讼上的突袭，法院应充分考虑当事人提出的法律观点和主张，通过整理法律争点，在法院和当事人之间就法律适用形成某种关联和共识。需要注意的是，事实争点和法律争点虽然都具有争点效，对后来判决和相关问题具有约束效力，但在本诉中，当事人提出的事实主张和法律主张对法院的效力却有所不同。事实主张根据辩论原则的要义，对法院具有绝对约束效力，法院只被允许在当事人提出的事实主张范围内进行审查，不得逾越。但当事人的法律主张并不能具体约束法院认定的范围，只能起到提示和督促的作用，或者说只能抽象地指出裁判的方向。例如，原告认为其与被告之间因装修导致墙体漏水的赔偿纠纷，管辖法院应是房屋所在地法院，而被告则认为应由被告所在地管辖，法院将管辖依据的争议纳入法

---

① Bryan A. Garner, editor in chief. Black's Law Dictionary, p. 835. St. Paul, Minn. : West Group, 1999.

② 郭翔：《民事争点效力理论研究》，北京师范大学出版社 2010 年版，第 12 页。还有一种观点认为，争点可分为事实争点、证据争点和法律争点。相关观点参见赵泽君：《民事争点整理程序的合理性基础及其建构》，载《现代法学》2008 年第 2 期。

律争点中，但并不限于在原告与被告提出的两个法院中考量，而是全面检索该案可能涉及的所有管辖规定，最终确定管辖法院。

（二）规范主张有利于完善法院审理方式

1. 规范主张有利于实现当事人主义的诉讼模式

民事诉讼源于当事人私权益纠纷，基于私法（私权）自治，当事人对于诉讼的开始和终结、诉讼的对象、内容和范围等要素均有决定权，当事人主张的提出，包括但不限于上述内容。当事人的诉讼权利和程序自主权，需要程序保障，保障之一就是对主张的部分事项赋予约束力，该项约束力集中体现为辩论主义的三个命题，对于主张的非约束性事项当事人虽不负有责任，但也应充分保障其表达权。①

在民事诉讼中，主张责任与证明责任运作的诉讼背景有所不同，主张责任以辩论主义原则为基础，而证明责任在职权主义运行的环境下也发挥作用。当事人主义模式的表征之一就在于，法院和法官裁判所依赖的证据资料只能来源于当事人，审判者不能在当事人指明的范围外，主动收集事实和证据。② 可见，主张在辩论主义模式下对法院的约束效力或敦促效果，是实现当事人主义诉讼模式的重要程序保障。

当然，单纯将诉讼模式定位为对抗模式，将诉讼中的各项事务全权交付给当事人，法官职能全面退化的当事人主义并非理想的诉讼模式。为了避免诉讼程序异化为策略手段，避免形式正义对实质正义的掣肘，一种以"协同主义"为思想基础的"社会民事诉讼

---

① 辩论主义的三个命题：第一，直接决定法律效果发生或消灭的必要事实（要件事实、主要事实），只有在当事人的辩论中出现才能作为判决的基础，法院不得将当事人没有主张的事实作为判决的基础。第二，法院应当将当事人之间没有争议的主要事实（要件事实）作为判决的基础。第三，法院能够实施调查的证据只限于当事人提出（申请）的证据。参见［日］谷口安平：《程序的正义与诉讼》，王亚新、刘荣军译，中国政法大学出版社2002年版，第24页。

② 参见张卫平：《诉讼构架与程式——民事诉讼的法理分析》，清华大学出版社2000年版，第10页。

模式"产生了。在协同主义模式中，法官协助和指导当事人的诉讼活动，当事人不再独自操控诉讼资料，而是与法官进行有效的信息互通和合作。这种法官与当事人之间的积极互动体现为一种交往理性行为，能够促成双方共识的形成。① 协同主义是辩论主义的理想化修正，法官的协助不能替代当事人的主观意愿，在法官对相关问题作出解释后，当事人对于是否变更原主张或提出新主张仍有自主权，法官需在当事人提出的诉讼资料范围内进行裁判，其受拘束的效力依然存在。

主张的约束力并非在所有的民事诉讼环境下都能发挥作用，在涉及诉讼要件事项、家事诉讼、公益诉讼的案件中，法院实行职权主义进行审理。在这些辩论主义之外的场域，法院应依职权调查的事项不受当事人主张的限制，即使当事人没有主张，法院也应当斟酌，即使当事人间没有争执，法院认为有疑问时，也应以证据证明。

2. 规范主张有利于防止法官的突袭裁判

各方当事人在没有充分实现攻击或防御时，或者裁判者没有为当事人提供这种条件或可能时，就直接作出裁判，这称为"突袭裁判"。② 突袭裁判包括认定事实的突袭和推理过程的突袭。认定事实的突袭是指在当事人言辞辩论终结前，未能使当事人就对己不利的事实做充分的攻击及防御的情况下，受到法院的裁判。推理过程的突袭，指当事人没能充分提出诉讼资料或作必要陈述（包括

---

① 从理性交往行为的特征来看，现代民事诉讼体现一种交往理性。"交往合理性是通过交谈、论证、说服等过程达到的一种共识，这种共识只是暂时的、脆弱的，它本身是'可误性的'和'不完全性的'，因为主体之间的交往与讨论归根结底都须诉诸理由，但这种理由究竟是什么并非绝对的、不变的，而且其本身也可以讨论和批判。"相关的民事诉讼中的交往理性行为理论参见陈文曲：《民事诉讼当事人陈述理论重构》，法律出版社2010年版，第113页。

② ［日］梅吉彦：《突然袭击与诉讼法理论》，载《法学教室》第33号，1983年。转引自张卫平：《我国民事诉讼辩论原则重述》，载《法学研究》1996年第6期，第49页。

对证据的分析）时，受到法院的裁判。① 规范主张，是在明确证明对象的基础上，当事人通过主张对法官进行说服，与法官达成共识，促使法官心证的形成，也有学者将这一功能称为"催化心证功能"。② 影响心证形成的因素很复杂，除了案件事实，还有法官的经验法则、价值因素等，诉讼主张催化心证的作用是通过描述事实、提出权利、声明规范、说明法律观点以及说理来促成法官形成直观印象的。当事人进行充分、完全地主张，才能在最大程度上表达自己的诉求，论证自己的观点，从而排除裁判突袭。

3. 规范主张有利于实现审判精细化

审判精细化是指法院在审理和判决上提高质量和效率，在个案上实现裁判结果的公正性和准确性，在同类案件中达到统一性，以提高判决在当事人心目中的信服度。

第一，规范主张有助于提升审判的针对性和准确性。当事人是纠纷的亲历者，对于确定裁判对象和发现事实有着最明晰的判断，这些集中体现在当事人的主张中。但是主张必须满足具体、真实等形式规范和内容规范，当事人才能通过诉状、答辩等程序准确地向法院表达诉求和传递所掌握的诉讼资料，这也是诉讼主张所具备的基本功能——表明功能。

第二，规范主张有助于保证同类案件在司法裁判结果上的一致性。司法裁判结果的内部一致性是指从事实到法律适用过程中的推理和逻辑的一致性，集中体现在裁判文书中。外部一致性是指不同法院对于同类案件的诉讼标的的识别和在诉讼资料甄选上的认知基本一致。法官经过法律推理和论证得出的结论只有在综合各方当事人主张的基础上，在主张——抗辩——再抗辩的对话中达成共识，方能形成各方都能接受的结果，实现司法裁判结果的内部一致性和外部一致性。

第三，规范主张在我国实行非律师强制代理的法制背景下显得

---

① 参见杜丹：《诉讼诚信论》，法律出版社 2010 年版，第 238 页。

② 陈文曲：《民事诉讼当事人陈述理论重构》，法律出版社 2010 年版，第 134 页。

尤为重要。缺乏律师帮助的当事人无论是在诉讼资料的收集、事实的查明还是法律观点的表达上都是不专业的。在各种"不清楚""不知道""不记得"等不规范的陈述中，提取能对法官心证产生影响的信息有难度，如何确定其效力也标准不一，对法官来说，通过法律条文的规定或者在指导性案例中进行规定和明确就显得很重要。即使有律师协助，当事人对于诉讼的进退和取舍也有自己的见解，但囿于语言的局限性和对法律知识的认知差异，无论当事人与律师进行多么开放和充分的沟通，也避免不了信息误差。经过律师转述和再处理的主张与当事人本意间的误差如果不处理好，也会在诉讼中影响法官的判断。因此，规范主张的目的就是让当事人提出主张的方式和内容减少随意性，有规矩可循。

第二章 民事诉讼主张的客体

民事诉讼主张的客体主要包括三大类：一、事实；二、权利；三、法的观点。

首先，主张的客体包括事实。在经典的法律推理三段论："法律规范+本案事实=判决结论"中，本案事实是决定法官心证和判决结果的核心。在辩论主义的背景下，事实资料的提出主要依赖当事人，为防止当事人提出的主张内容不明确，或者没有实体利益，法院需运用阐明权，适时提醒当事人明确或撤回不当的事实主张。

其次，主张的客体包括权利。当事人对权利（包括民事实体权利和诉讼权利）的主张，是当事人确定和实现诉讼请求的根据。同一纠纷法律关系适用不同法律规范所衍生的权利不同，因此为明确请求基础，提出适配的声请，当事人需对具体的权利进行主张。

最后，主张的客体包括法的观点。法的观点包括法律规范的适用、申引和解释，以及在规范竞合时如何选择。法的观点属于广义的法律主张的范畴。广义的法律主张包括三类：第一类是当事人关于法规及经验法则的存在与否、内容及解释的陈述；第二类是当事人对于特定的事实是否符合特定法规构成要件之评价的表明；第三类则是当事人关于法的效果存在与否的陈述。[①] 上述分类中的第三类即是权利主张。第一类和第二类则属于法的观点的主张。

---

① ［日］高桥宏志：《民事诉讼法 制度与理论的深层分析》，林剑锋译，法律出版社 2003 年版，第 408~409 页。

第一节　事　实

一、事实与事实主张的内涵

(一) 事实

苏联哲学家、逻辑学家柯普宁将"事实"一词的含义概括为以下三种：第一，现象、事物和事件本身被称为事实；第二，我们对事物及其特性的感觉和知觉也被认为是事实；第三，事实也指我们想用它们来论证或反驳某种东西的不容置辩的理论原理。① 第一层意思可以理解为事实的本体，第二层意思可以理解为对事实的认知；第三层意思可以理解为事实的性质。哲学家罗素则认为："当我谈到一个'事实'时，我不是指世界上的一个简单的事物，而是指某物有某种性质或某些事物有某种关系。因此，例如我不把拿破仑叫做事实，而把他有野心或他娶约瑟芬叫做事实。"② 概括而言，事实不是单纯的事物本身，而是主体对事实进行认知把握得到的结论，是事实本体进入主体认识领域后在主观世界的一种映射。

通俗地说，事实是指已经发生、无法改变或现存状态的客观存在。法学论域的事实与哲学论域的事实不同，它不讨论事实的绝对客观性，也不讨论事实的不可知性，而是用规范和程序去构建一个法律框架的下的"真实"，所以法律真实与客观真实之间并不是一模一样。事实是一个"过去式"的存在，无论陈述者如何尽力还原，不同的人对同一件事情的认识都会存在差异。正如人不可能两次踏入同一条河流一样，没有两个人能在同时看到同一件事实。③ 因此，以下所说的作为主张对象的"事实"，指的是当事人依据自

① 彭漪涟：《事实论》，上海社会科学院出版社 1996 年版，第 101 页。
② ［英］罗素：《我们关于外间世界的知识——哲学上科学方法应用的一个领域》，陈启伟译，上海译文出版社 2006 年版，第 39 页。
③ 参见闫庆霞：《当事人民事诉讼主张研究》，法律出版社 2013 年版，第 165 页。

己的认知而提出的事实主张，而非事实的本体。就本体而言，事实真实与否，客观上已经确定，不存在争执的余地，但在诉讼上，当事人对该事实的状态的主张则是一个待证命题。

从自然事实到法律事实到最终成为能产生诉讼效果的事实，经历的阶段可以通过下图表示：

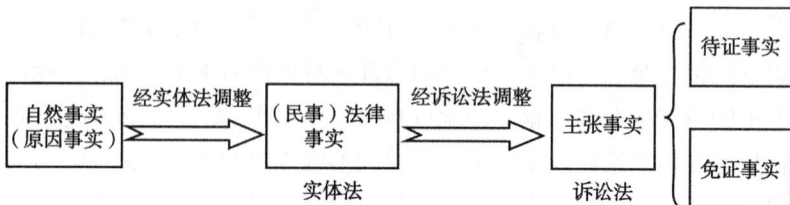

原因事实的概念，源自日本民事诉讼理论中的请求原因事实，包括三层含义：一是指当事人为支撑其提出的诉讼请求所必要的事实；二是指攻击防御方法存在的请求原因，是按照主张责任和证明责任原则的划分，原告必须首先进行主张和证明的事实；第三种用法则特指《日本民事诉讼法》第 245 条规定中的，与请求数额之外的其他所有和实体法请求权有关的事项。① 在我国，原因事实在使用上与前述第一种情形相同，即原告提出的作为诉讼上请求理由的生活事实和社会关系。是未经过法律调整和当事人拣选加工的基础事实。

所谓（民事）法律事实是指因法律的适用，足以发生权利得丧变更的事实。② 即能够使民事法律关系发生、变更、消灭的客观情况。原因事实在经过法律分拣和调整后成为法律事实。德国学者

① 参见 ［日］林屋礼二、小野寺规夫：《民事诉讼法辞典》，信山社 1999 年版，第 202 页。另参考日本《民事诉讼法》第 245 条："对于独立的攻击或防御方法或者其他中间的争执，如果作出裁判的时机成熟，则法院可以作出中间判决。如果对请求原因和数额存在争议，对请求原因作出裁判的时机成熟，法院同样可以作出中间判决。"
② 参见王泽鉴：《法律思维与民法实例》，中国政法大学出版社 2001 年版，第 76 页。

将事实与法律之间的动态思维过程描述为"眼光往返流转"。可见，法律事实并非现实生活中本来形态的事实，而是经过法律加工的"法的事实"。只有具有法律规范意义、并能够被法律规范表述的原因事实才具备实体法上的意义。将生活事实与法律规范之间建立关系的思维过程就是法官推理三段论中的"涵摄"过程。在法律条文规定的事项中，有些属于普通民众根据一般认知即可得出相同或类似的结论，这一类事项当事人直接举证即可。还有一些事项由于涉及法律专业知识，渗透了解释者的评价，需要通过立法者或司法者的解释加以明确。这一类事项，在成为主张事项后，当事人必须对其进行具体化才能让法官明确审理对象，如"不可抗力"。

所谓主张事实是指法律事实在进入到诉讼法视野之后，在主张责任分配的基础上，当事人须向法院提出的事实。根据认定的路径不同，主张事实可分为待证事实和免证事实。待证事实，是指作为证据对象的事实，该事实须证明并达到法定盖然性。根据当事人是否负有证明责任和提出的方式不同，待证事实可分为当事人证明的事实和法院应依职权调查的事实。待证事实应具备以下两个要件：第一，待证事实必须是关于具体法律关系发生、变更、消灭的特定事实，包括行为的客观要件（也称为外部事实）和主观状态（也称为内部事实）。第二，待证事实必须是有证明必要的事实。有证明必要的事实，是指对于诉讼标的能够产生实质影响，在实体法和诉讼法上能够产生法律效果的事实。其中，能够产生诉讼法律效果的事实主要包括：1. 关于诉讼成立要件的事实，如法院的主管与管辖权限；当事人是否具有诉讼能力；起诉是否符合"一事不再理"原则等。2. 关于权利保护要件的事实，如关于当事人适格的事实；关于法律上利益要件的事实；关于诉讼标的的法律关系要件的事实等。3. 关于证据力的事实，如证人或鉴定人因与当事人有利害关系足以影响证言的事实等。①

所谓免证事实，又称为不要证事实，是指在诉讼中，无需由当

---

① 参见王甲乙、杨建华、郑健才：《民事诉讼法新论（上）》，台湾三民书局 2002 年版，第 342～343 页。

事人提供证据进行证明，法院即可直接裁判予以确认的事实。具体包括诉讼上自认的事实、公知的事实、司法认知的事实和推定的事实。① 其中，司法认知的事实是司法者公知的事实，本质上属于公知事实的一种。很多国家都规定公知事实无需举证，但是否需要主张，则有不同的观点。② 笔者认为，当事人对于免证的事项，不负主张责任，但为避免导致法院因主观能动性的局限而使诉讼朝着不利于自己的方向发展，也应勤勉地提醒和督促。另外，在法律推定和事实推定中还存在"前提事实"和"推定事实"的概念。如果甲事实存在，根据法律规定或法官的经验法则，可以推导出乙事实存在。则甲事实可以称为前提事实或基础事实，乙事实则为推定事实。推定事实允许对方当事人提出证据进行推翻。不同于推定事实，一旦法律作出"如果甲存在，那么乙就存在"的设定，对方当事人无法通过举证推翻拟定事实。

（二）事实主张

1. 事实主张的概念

事实主张的理论基础来源于辩论主义，辩论主义的第一条定律指明，只有当事者陈述的事实才被认为是审判的基础。为了实现胜诉，当事人必须就事实进行陈述（即主张责任），该事实包括所有

---

① 参见占善刚：《民事证据法研究》，武汉大学出版社 2009 年版，第94~96 页。

② 《德国民事诉讼法》第 291 条规定："于法院已经显著的事实，不需要证据。"一种观点认为，显著事实如无证明的必要，也可以推定当事者没有主张的必要。反对观点认为，公知事实并非当事人主张不必要，只是证明不必要。该事实只对法院而言才是显著事实，当事人仍有主张该事实的必要，法院只有基于主张事实才可以斟酌其存否。也有折中观点认为，法院原则上可以自己主动考虑公知事实以及仅法院才知晓的事实，但依"法审问的原则（Grundsatz des rechtlichen Gehörs）"，法院就非当事者主张的，而是自己获知的事实，如要在裁判上予以使用时，应预先使当事者知晓，并给予当事人表达对该事实意见的机会。此举实际上是加重了法院的阐明义务，以更周全地保证当事人的辩论权能充分实现。参见吴杰：《论辩论主义在德国民事诉讼中的发展及应用》，民事诉讼法研究会 2012 年年会论文。

能产生法律效果的实体法上构成要件上的具体事实。① 申言之，事实主张是指有关具体事实存在与否的主张。② 事实主张包括实体法上事实的主张和诉讼法上事实的主张。实体法上事实的主张，又称为本案之辩论，是以实体法上要件事实为依据，以能够导致法律关系变更、消灭或妨碍其效力发生的事实为对象的主张。诉讼法上事实的主张是以说明程序性问题合法或不合法的事实为对象的主张，如原告主张承办法官应当回避。当事人有权同时也有责任进行事实上的主张，即主张责任，主张责任通常情况下导致主观的证明责任。当事人需要就事实上的主张进行证明，法官的心证也需要达到一定的证明标准才能予以认定，因此主张责任和证明责任只与事实主张有关，与法律上的主张无关。无论有证据调查必要的事实或无证据调查必要的事实，都应保障程序参与者的陈述权，即使法院认为某事实是公众周知的事实，也应当保障程序参与者有表示相关意见的机会。

2. 事实主张的特征

我国《民事诉讼法》第64条规定："当事人对自己提出的主张，有责任提供证据。"现有的理论研究也多从证明对象的角度来研究事实主张。但事实主张并非仅是依附于证明的诉讼行为，它具有自己的独立价值和特殊性，具体表现为：

第一，事实主张与主张责任的客体不尽相同。主张责任中的"事实"限定为要件事实，当事人对主张负有责任意味着如果当事人就某要件事实未能充分主张导致法院不认可，须承担相应的风险。主张责任的功能在于限定争点，引导案件的诉讼走向，但并非当事人之间发生争议的所有事实都是争点，仅仅是有争议的要件事实才是争点。③ 因此，主张责任关注的主要是支撑实体请求权的要

---

① ［日］《图解法律用语辞典》，自由国民社1983年版，第439~440页。

② ［日］新堂幸司：《新民事诉讼法》，林剑锋译，法律出版社2008年版，第299页。

③ 参见段文波：《要件事实理论下的主张责任》，载《法学评论》2006年第5期。

件事实。当事人主张的目的在于向法官展示诉讼请求的依据，就所有能影响法官心证的事实进行阐述，仅限于主要事实显然是不够的。法官的裁量是对事实进行主观加工的过程，当事人举出的每一个事实都有可能影响法官的判断。因此，事实主张中的"事实"是广义的事实，包括主要事实、间接事实和辅助事实等。

第二，事实主张的发生（提出）时间与主张责任的发生时间不同。作为主张责任对象的要件事实通常在当事人递交起诉状时就应载明，尤其是在实行适时提出主义的国家，主张的提出时期一旦经过，主张责任就发生，这往往是在诉讼的开始阶段（有的国家法律规定在审前阶段）。但是对主要事实以外的其他事实的主张，在提出时间上没有特定要求。如原告请求离婚，其主要事实在于家庭暴力，但是原告并不需要在起诉阶段就将每次实施家暴的程度和细节进行详细列明，具体的细节可以随着诉讼的进展和需要再适时加以补充。因此，当事人可以在辩论终结前的任一阶段就间接事实、辅助事实等提出主张。

二、事实的分类

（一）主要事实、间接事实、辅助事实

根据当事人主张的效力不同以及法院认定适用的规则不同，可以将当事人主张的实体法律事实分为主要事实、间接事实和辅助事实。

1. 主要事实

在介绍主要事实之前，首先要介绍与其相近的一个概念：要件事实。要件事实是在民法等实体法中判断权利发生、变更、消灭所依据的直接且必要的事实。主要事实又称为直接事实，是当事人根据实体法中对要件事实的规定，就具体诉讼中对应的事项应当进行主张的事实。因此，可以说主要事实是要件事实在诉讼案件中的投射。例如，原告主张被告在提供医疗服务的过程中没有采取消毒措施违反了《医疗质量管理办法》，这一事实就是与要件事实——"违反医疗规章制度"对应的主要事实。主要事实的确定直接影响案件争议焦点的确定，基于诉讼效率原则，案件的实质性争点在诉

讼程序之初就应当明确。因此，当事人在整理争点时就应当进行主要事实的主张。在英美法中，当事人在提出诉状时，虽然不需要在诉状中将每一项具体的证据都进行详尽的列明，但是如果仅表明"法律上的结论"也是不够的，还需要在诉状上记载"终极事实"（ultimate facts）。此处的终极事实，也有译做"基本事实"，与大陆法系中的主要事实的概念基本相似。但是，与大陆法系就主要事实与间接事实之区分存在较大争议一样，英美法系的诉讼法学者同样认为界定终极事实的概念非常困难，以至于为了避免由此带来的一系列法律解释上的麻烦，美国《联邦民事诉讼规则》的起草者直接绕开"基本事实"的概念，在规范起诉状中应记载的事项时，没有使用"事实"一词。①

　　主要事实中有一类是关于不确定概念的事实，是指在实体法中作为要件之一进行规定，但其具体概念和内涵需要做进一步解释的事实。在不确定概念中，要件事实与主要事实的对应性和关联性不是显而易见的，需要依靠法律解释来完成。因此有学者提出"主要事实"与"准主要事实"的概念，认为构成要件的法规条文中抽象的概念为"主要事实"，比如"不可抗力"；支撑抽象的构成要件的具体事实，称之为"准主要事实"，比如战争、地震等具体的事实。② 其中，关于主观状态的事实由于证明难度大，在实践中往往是从客观行为进行推理。比如，环境侵权案件中，原告主张被告对排污所造成的损害结果的主观状态是"明知而为"，被告则主张自己为过失。原告主张"故意"的依据在于"环保局曾经就被告的排污行为多次下达整改通知，但被告仍私下超标排污"，这一事实就是支持"故意"的间接事实。通过将当事人内心状态的判断转化为对其外在行为的把握，来降低主观动态这一类"主要事实"的证明难度。

---

　　① Edson R．Sunderland, The New Federal Rules, 45 W. Va. L. Q5, 12 (1938).

　　② 持此学说的有仓田卓次、山木克己。参见李木贵：《民事诉讼法（上）》，台湾元照法律出版社 2010 年版，第 1~83 页。

在判断不确定概念的事实时，当事人的主张究竟要具体到什么程度？一般认为，应当根据是否能"促进诉讼顺畅、迅速进行""限定案件主要争议""防止突然袭击""穷尽当事人攻防手段"等标准来判断。如果过于抽象，比如当事人仅在诉状或者辩论中提到被告"存在过失"，这样的具体程度显然无法使法官固定法庭调查的对象和范围，当事人也不能预计攻击防御的范围。但如果主张的事实过于具体，对当事人而言，又会增加主张和证明的难度；对法官而言，会使审理内容过于繁杂，形成"五月雨"式的拖沓审判。以医疗事故为例，原告因静脉注射后有不良反应起诉医院要求赔偿。原告主张被告在进行注射时存在过失，如果要求原告将"配药比例未遵循医嘱""患者注射部位消毒不完全""未做皮试"等如此具体的事实作为主要事实，对于不具有医学专业知识的当事人而言无论是主张还是举证都相当困难。另一方面，由于主要事实的主张过于具体，法院在调查过程中所得到的结论可能在当事人列举的具体情形之外，如此一来，法院如何认定就陷入两难，如果认定则有违辩论主义原则，如果不认定又显然于当事人利益保护不周。因此，将主要事实的甲、乙、丙、丁等各种情形穷尽列举并视为主要事实也不妥。也有观点认为，如果是对事实的由来或者发生、发展过程进行的主张，不受辩论主义的约束，法院可以根据证据调查得出的结论作出与当事人主张不同的认定。比如，在甲与丙关于房屋遗产的继承纠纷中，甲主张其所有权是基于共建时对房屋的原始取得；乙则主张房屋的原始取得是被继承人丙，之后丙通过赠与转让给乙。法院认定房屋基于共建由甲乙丙三人原始取得并共同共有，之后甲乙将自己的份额赠与丙，丙又通过赠与转让给乙。该案例中，"房屋基于共建由甲乙丙三人原始取得并共同共有，之后甲乙将自己的份额赠与丙"的主张虽然双方当事人都未主张，但是该事实是关于"丙取得房屋所有权"的过程，丙取得所有权又是乙主张的"丙通过赠与转让给乙"之前提，因此法院的认定并不违反辩论主义原则。也存在相反观点认为，上例中，法院认定的结论之过程与甲乙的主张事实均相悖，乙实际主张的"丙为房产原始取得者"与法院认定的基础"甲原始取得，但事后转让其份额"不能并存。因此，法院实际上是对乙应当主张但是没有主张的重要事实进行了认定，违反了辩论原则。该观点认为所有权由来经过的事实不能一概而论地认为不是主要事实，还要视具体案例的情况而定。

笔者认为，对于主要事实究竟要具体到什么程度，应当结合该法条中记载的要件事实的立法目的，以及认定的事实范围能否使审理过程获得整理等角度来综合考量。而这些因素要视具体案件类型而定，很难运用注释法学派的方法抽象出来。借鉴日本学者的观点，只能通过个案化判例及学说的累积来逐步确立明确的基准。①

在抽象的概念之要件事实中，还有一类属于公益性较强的要件，如"诚实信用原则""公序良俗"原则等，其具体事实是否适用辩论主义原则？一般认为，公益性强的要件不适用辩论主义原则，即便当事人没有主张，证据明确时，法院也应当斟酌考量上述原则，不受当事人主张之限制。

2. 间接事实

所谓间接事实，是指可以证明主要事实成立的事实。当事人无法直接证明主要事实时，可以运用经验法则或者逻辑推理对间接事实进行证明，进而证明主要事实。在诉讼中，法院事实认定的最终落脚点是主要事实，但是当主要事实的证明出现困难时，间接事实作为主要事实的证据成为实质上判断"主要事实是否成立"的凭证。在某种意义上，间接事实与证据有着类似的地位和功能，影响法官心证的过程也一样，法官在评价证据时运用的"自由心证主义"在评价间接事实与主要事实的关联时同样适用。因此在英美法中，间接事实也称为证据事实（evidentiary fact issue）。② 也有学

---

① 参见［日］石田穰：《举证责任的现状与未来》，载《法学协会杂志》，第 90 卷第 8 号，1973 年，第 1102 页以下。转引自［日］新堂幸司：《新民事诉讼法》，林剑锋译，法律出版社 2008 年版，第 311 页。

② The American Law Institute at Washington D. C. , Restatement of The Law Second, Judgement 2d, Volume 1, 253.

者将这种现象称为"间接事实与证据的同质性"。①

　　间接事实不适用证明责任理论。当事人就主要事实进行的证明没有达到法官内心确信的标准，基于不能拒绝裁判，法官必须在真伪难辨的情况下作出判断。可见，主要事实的目的在于论证权利主张的存否，因此立法者才能在当事人之间就客观的证明责任预先作出安排，申言之，证明责任是一种制度选择。间接事实则不同，其目的在于证明另一项事实，在全面摒弃法定证据制度的今天，法官的心证过程是法律或者制度无法预先进行设定的，因此间接事实不能成为证明责任的对象。当然在诉讼中，如果当事人对间接事实的证明达不到法官的心证程度，也会出现真伪不明的情况。法院只有无法经由"经验法则或间接事实推定出主要事实进而作出认定"的思路得出最终结论，才需要运用证明责任来确定该主要事实的法律效果。② 在实践中，尽管法官会对某一间接事实把握不定，但是通常会结合其他的间接事实或者综合考查辩论的全趣旨来对主要事实进行认定。通过这样方式作出的认定往往比单纯考查某一间接事实更为周全。因此，也有观点认为，在间接事实层面，根本没有必要对其存在还是不存在的效果作出假定，因为主要事实的真伪不明吸收了间接事实的真伪不明。③

　　值得注意的是，实践中在处理事实上的推定时，常常会使主要事实与间接事实的界限模糊。例如，在患者接受完割双眼皮的手术后，经过拆线恢复期，上下眼皮无法完全闭合。从该事实可以推断出医生在实施该手术时有未尽注意或者处理不当的过失。上述推定所依据的经验法则是，双眼皮整形手术并非高风险的疑难杂症手术，一般而言没有复杂的术后并发症。因此经过术后恢复，上下眼皮无法完全闭合，首先推断的就是医生在实施手术时有过失（前

---

　　① ［日］高桥宏志：《民事诉讼法　制度与理论的深层分析》，林剑锋译，法律出版社 2003 年版，第 341 页。

　　② 参见 ［日］池原季雄著：《国际私法（总论）》，有斐阁 1973 年版，第 230~248 页。

　　③ 参见 ［日］高桥宏志：《民事诉讼法　制度与理论的深层分析》，林剑锋译，法律出版社 2003 年版，第 425 页。

提是该医生具备实施此类手术的资质，能够胜任该手术；如果不具备相应资质，则是另外的要件事实）。这种推定也称为大致的推定，在大致的推定中，对方当事人就推翻推定负有证明责任，具体到本案中，医生如果不对已经尽了从医的注意义务作出证明，则法官应就过失事实进行认定。法律中规定的"过失"由于在表达上过于抽象，在个案中不能起到引导诉讼的作用，因此只有将能在辩论中作为攻击防御对象的具体事实作为特定情形下的主要事实。基于这个原因，被告所做的间接反证的证明对象——间接事实则成为了原告攻击的对象，实际上发挥了主要事实的作用，在审判中被当做主要事实来把握。在上例中，即表现为主要事实（过失）向间接事实（已经尽了足够的注意义务）的转化。①

3. 辅助事实

辅助事实，是有关于证据的事实，即对证据能力或证据的证明力有影响的事实。根据辅助事实对证据能力或证明力影响的方式不同，可以将其分为以下几种：第一，描述证据实质内容真伪的事实，如合同内容经过篡改的事实。第二，描述证据形式的事实，如文书是影印本而非原件的事实。第三，描述作证人品性、宗教信仰等主观偏好的事实，如证人有说谎习性、证人有种族歧视等。第四，描述作证人认知能力的事实，比如当事人主张证人是认知能力有缺陷的轻度自闭症患者，其智力状况和精神状况无法准确认知待证事实的事实。第五，描述证人与当事人一方有利害关系的事实，如原告主张证人因与被告一方有经济利益的关系，证言缺乏可信度等。要注意区分的是，关于"当事人陈述"的辅助事实，只能作为判断证据证明力大小的依据，不能直接将其对辅助事实证明对象

---

①　日本学者新堂幸司认为，应当从机能性和实质性的观点出发，通过利益衡量来区别主要事实和间接事实。即对裁判重要的事实就是主要事实，不重要的、能够推定主要事实的就是间接事实。根据这一理论，不法行为中的过失和因果关系是非常抽象的要件，是不加以法律评价就不能认定的要件事实。对于这样的极其抽象的事实，按照新堂说的观念，任何对适用法规重要的事实都可以确定为主要事实，则可以说是正确的。参见［日］吉野正三郎：《集中讲义民事诉讼法》，成文堂1998年版，第60页。转引自刘学在：《民事诉讼辩论原则研究》，武汉大学出版社2007年版，第117页。

之主张事实认定的依据。如在以家庭暴力为理由的离婚赔偿诉讼中，被告主张：原告手肘部的伤是骑车摔伤，而非其殴打所致。原告主张：被告的品性向来不诚实。如果这一辅助事实被法官采纳，法官只能就"原告手肘部的伤是骑车摔伤"的当事人陈述进行证明力较弱的判断，而不能直接就"被告对原告长期以来实施家暴"这一事实进行认定。

辅助事实与间接事实一样，只有在作为证明主要事实存在与否的证明手段这种必要的限度内，才构成证明的对象。① 除此之外，当事人对辅助事实只要进行释明即可，即当事人只要对辅助事实存在的合理性和可能性进行一般程度的解释说明，且让法官相信存在的可能性大于不存在的可能性即可。在一般情况下，辅助事实与请求权的基础要件事实之间不存在必然的因果关系，因此，不必严苛地要求主张者对其进行高度盖然性的完全证明。

在英美法系，相当一部分民事诉讼中承担认定事实职能的是陪审团，关于能左右陪审团判断的辅助事实的采纳，法律和判例设定了诸多限制以避免偏见和误判。根据事实推理的正常逻辑，对当事人品性判断的辅助事实不应直接影响到审判者对诉讼请求的认定，因此，即便有对方当事人主张，在判例中往往不被采纳。证人的品性事实则不同，证人的信誉直接影响到其证言的可信性，因此在同样的条件下，品性良好者的证言就理所当然的具有更高程度的可信性。在采取陪审团制度的英美法系，为获得胜诉，律师不仅将某些辅助事实如证人的品性事实作为攻击防御的杀手锏，在对辅助事实认定的"终端"——陪审团成员的遴选上，也颇费心思。②

另外，当事人实施某行为（主要是要件事实）的动机，不同

---

① 参见［日］新堂幸司：《新民事诉讼法》，林剑锋译，法律出版社2008年版，第375页。

② 电影《疯狂的陪审团》中，当事人为了遴选对自己有利的陪审团，聘用专业团队事先对陪审团人选的成长环境、教育背景、宗教背景、性格弱点进行全方位的调查和盘点，挑选出与己方诉求有共鸣、同情心、同理心的陪审团成员，而对方当事人为了回击，则打入陪审团内部，利用"纵横捭阖"的战术在陪审团内部为自己拉票。在证人不具有替代性的背景下，挑选有利于自己的陪审员不失为一种独特的战术。

于品性事实。如在家庭暴力的案件中，被告主张，其对原告非常关心和爱护，绝不可能动手打人；原告则主张被告在长期的家庭生活中苛刻地限制原告的个人生活，包括不许和异性进行正常的社交，经常检查原告的手机短信和通话等。① 原告试图运用这一系列事实来说明被告系大男子主义的个性，来推论家庭暴力的事实，这两者之间是缺乏足够关联性的。但是，如果该事实能够表明被告具有控制和支配被告的动机，那么则可以被采纳。② 可见，法律在对待动机的处理方式上与品性事实是有差异的。品性事实属于辅助事实是毫无疑问的，至于有关动机的事实，笔者认为，应当界定为证明要件事实中主观状态的间接事实。基于辅助事实与间接事实在诉讼中的运作机制不同，动机事实与品性事实应当加以区分。动机事实是建立在具体行为和实践推理的基础上，从主体在实施该行为时的心理状态出发，能解释其为何付诸实施这种具体行为，最后能够推理回到该心理状态的事实。这种设证推理在品性事实中有所不同，品性事实关注的并非某个节点的心理状态，而是相当长的一段时间内较为稳定的心理状态。

（二）积极事实和消极事实

1. 积极事实

积极事实在哲学意义上来讲是以"有"（being）为状态而存在的事实，能够对时间和空间造成"变形"和"改变"的存在。从哲学角度讲，事物的运动是绝对的，因此也可以说，积极事实表现为事物运动的各种形态。积极事实对应的是一个确定的点，每一个点代表着一个"事件"。一个"事件"起码包含了三项要素：时间、地点、状态。其中状态是对该事件的完整描述，而非片段描

---

① ［加］道格拉斯·沃尔顿：《品性证据——一种设证法理论》，张中译，中国政法大学出版社 2012 年版，第 9 页。

② 该案例参考自［美］艾伦、库恩：《证据法——文本、问题和案例（第三版）》，张宝生等译，高等教育出版社 2006 年版，第 658 页。在英美法系中，当事人的品性证据的相关性受到严格限制，在大多数刑事案件中，"因为该人品性不端，因此有罪"的论证对陪审团而言容易产生偏见和误判，因此一般也不允许作为相关性证据向法院提出。

述。这三个要素决定了积极事实的唯一性和确定性。法学意义上的积极事实是指能够引起实体法或程序法上法律效果的运动状态。具体而言，积极事实有以下三方面的特征：

第一，积极事实具有可知性。可知性是指人们发挥主观能动性可以认知积极事实，包括精神事实。被认知的积极事实是在现有证据和事实拼凑下对客观事实进行还原的"拼图"。积极事实描述了物质的运动样态，恒定的时间和空间因为积极事实的打破出现曲变，这就是因积极事实的存在和发生而留下痕迹，成为人们进行追溯的依据。尽管，人们对积极事实的可知性仍在一定程度上受主客观条件的限制，但与消极事实相比，积极事实因为有迹可循更容易被认知。

第二，积极事实具有可证性。积极事实的可证性以可知性为基础，但可证性的要求和难度高于可知性。积极事实的见证人是不可替代的，但是如何将见证人所了解的内容向不在场的第三人来进行证明，这就超越了认知的范畴，从哲学上的存在问题转为了思维问题。能否将所见所闻成功地向第三人证明，其影响因素至少包括：证人的品性、认知能力等主观因素，表述的逻辑性和说理性，是否有其他证据能证明同样的事实，是否有反证动摇这一事实等。从内容来看，积极事实包括物质事实和精神事实，物质事实是外化为物质实体的事实，精神事实则是概念化的、无形的事实。精神事实又分为有物质载体的事实和无物质载体的事实，前者如记录心理状态的日记、记载有智力成果的光盘等；后者是指纯粹观念化的事实，如心理、意识、思维等，精神事实有的可以通过间接事实和间接证据推论，比如动机。精神事实大多只有当事人本人掌握，外界很难感知，如人身侵权案件中的间接故意和过失有时就很难区分，在没有其他佐证时，单凭当事人的一面之词很难进行认定。随着临床心理学和心理测试技术的不断进步，测谎技术、微表情的识别这些能够帮助法官在一定程度上还原事实，但是由于心理测试的技术和专业人员的资质没有统一认证，法律对这些技术的鉴定结果的证明力也未作出明确规定，因此，对精神事实的认知在很多情况下转化为对物质事实的认知，如从当事人的行为来推断其动机和其他主观状态。

第三，关于积极事实的主张责任和证明责任的分配问题：对无推定的积极事实进行主张的当事人，承担举证责任；对有推定的积极事实进行主张的当事人，不承担举证责任。双方主张的相反的事实，都属于无推定的积极事实时，则由因该积极事实获得认定而享有诉讼利益的一方来承担举证责任。

2. 消极事实

消极事实是相对积极事实存在的概念。有观点认为积极事实和消极事实的区分标准界定为，是否对主张者有利。对当事人一方有利的事实为积极事实，积极事实主张者对该主张负举证责任；相应地，对当事人一方不利的事实为消极事实，消极事实主张者对该主张不负举证责任。① 这种界分实际上是"谁主张，谁举证"的另一种表述，其将当事人设置为"能准确了解和判断哪些事实对自己有利，并且积极地主张这些事实"的个体。笔者认为，在民事诉讼中，某一事实或某一证据是对原告有利还是对被告有利，这只是一个相对的问题。也常常存在这样的情况，基于同一事实，原告与被告依照不同的解释，对自己的主张进行论证，这就很难判断是否对特定的一方有利。例如：在一个基于借条的债务纠纷中，债权人主张"某日晚间，曾多次与债务人通电话"，且提交了移动公司打印的通话记录单，以此来说明双方之间此前就有密切的财务来往；债务人也同样主张该事实，但其就通话记录单上的通话时间和通话间隔作出不同的解释，声称电话的内容是赌球下注的内容，而赌债不受法律保护。在该案中，双方就通话的事实都进行了主张，但是对同一事实，有不同解释，这就很难说清对哪一方有利。在这种情况下，原告和被告的证明责任分配就很难依照上述标准来进行判断。

笔者认为，消极事实是存在状态为"无"的事实。与积极事实相对，消极事实是以虚无状态存在的事实，消极事实的存在不会引起时间和空间的"曲变"。法律上的消极事实分为三种：1. 隐蔽

---

① 参见叶自强：《举证责任》，法律出版社 2011 年版，第 7 页。

积极之消极事实（Negativa Praegnas）；2. 受场所及时间限定之消极事实（negativadeterminata）；3. 不受场所及时间限定之消极事实（Negativa Facti indeterminatea）。前两种消极事实，可以由间接证据进行证明，主张者负有证明责任，第三种消极事实由于在客观上举证不能，所以主张者不负举证责任。①

关于消极事实，应明确以下几点：

第一，判断消极事实的关键在于其是否为存在状态为"无"的事实，而不在于该事实是否以否定性的表达作出。"消极事实"中的"消极"不等于"否定性描述"。从语言学的角度看，任何一个肯定性的表达都可以通过"否定性词语+反义词"来进行同义置换，比如"虚假"可以被"不真实"置换，前者是肯定性的表达，后者是否定性的表达。因此，仅从语法表达上来判断是否属于消极事实是没有意义的。

第二，具有诉讼利益的消极事实需要主张。其一，在一些特定的案件中，对某些事实在法律上默认设定为"有"，当事人主张消极事实的目的在于推翻该立论，变"有"为"无"。比如特殊侵权案件中，被告需要对无因果关系进行主张，否则就要承担败诉风险。其二，消极事实能引起法律效果的消极变化。消极事实对法律关系的积极变化如权利的创设、生效无引发力，但是对消极的法律效果有引发力。此处的消极的法律效果包括法律上无效；法律关系解除、权利消失、权利受限等。因此，对消极事实的主张还出现在消极的确认之诉中原告对某类特定的事实不存在进行的主张。有观点认为：消极事实指的是不符合法律上价值判断的事实。② 笔者认为，此界定只是描述了消极事实可能导致的一种法律后果，非但不能定义消极事实本身，反而将一些适法的消极事实比如"无过失""不在场"等排除在外，有欠妥当。

---

① 参见杨建华：《民事诉讼法论文选辑（下）》，台湾五南图书出版公司1984年版，第633页。

② 参见赵敦华：《现代西方哲学新编》，北京大学出版社2000年版，第270页。

第三，需要主张的消极事实同样需要证明。消极事实既可以证存，也可以证伪。消极事实的证存具有被动性，要主动证明 A 事实的不存在是非常困难的，但是如果对方主张 A 事实存在并提出其依据——另一事实 B，则当事人则可通过推翻 B 来推翻 A。因此，A 事实不存在的证明进行了转化。因此，消极事实的证伪，实际上就是对相对应积极事实的证存。对消极事实的证明可以转化为积极事实的证明；但是对积极事实的证明不能转化为消极事实的证明。比如，要证明甲不在 B 现场，可以从这证明"甲在 A 现场"这一事实推理得来。但是要证明甲在 A 现场，就必须对这一确定的积极事实进行直接证明，想要通过穷尽证明甲不在"A 之外的所有现场"来证明"甲只能在 A 现场"是无法做到的，因为每一个积极事实都对应着无数的消极事实。在证明责任的分配上，对有反对推定的消极事实进行主张的当事人，承担举证责任；对无反对推定的消极事实进行主张的当事人，不承担举证责任。

区分肯定性事实和否定性事实的意义在于，当事人对否定性事实主张的证明往往有难度，因此否定性主张的具体化程度在个案中可能有所降低，尤其是当事人在占有证据资料的地位上处于明显弱势，而客观上无法实现具体化陈述时，允许对否定性主张进行摸索证明，或者允许证明责任的转换。

（三）　实体法上的事实和诉讼法上的事实

1. 实体法上的事实

实体法上的事实，是以规定和确认实体权利义务关系为主要内容的事实。实体法上的事实是从纠纷事实中提炼出来，经过法律评价的事实。发生纠纷的当事人对于权利义务关系存在争议，对实体法上的事实各执一词，因此启动诉讼程序，可以说，实体法上的事实是诉讼启动的源起。但是，一般的自然事实是不能进入私法视野的，只有对法律效果有决定力或影响力的事实才能成为实体法上的事实，其判断标准和评价规范来自私法，因此，实体法上的事实，也称为私法上的事实。

实体法上事实之主张，即本案之辩论。当事人围绕本案进行辩论是推动诉讼进程的关键，即便诉讼上略有瑕疵，如果当事人明知而未提出异议，而是继续进行本案之辩论，即以行为默许该瑕疵，由此可以排除程序违法。当事人继续本案之辩论以默许程序瑕疵的情形有：法庭未命证人具结，上诉人明知此情节属于违反程序，却未提异议，而为本案之辩论，因此丧失责问权，也不能依据前述程序瑕疵作为不服判决的依据。另外，鉴定人未具结的情形同上。①二审当事人就对方提出的新的证据，没有质疑，并继续为本案之辩论的，也视为默许新的证据。当然，当事人通过本案之辩论这一默许的方式来补正程序瑕疵仅仅限于非重要的程序瑕疵。重大的程序违法，不能通过当事人的合意来补正。

2. 诉讼法上的事实

诉讼法上的事实是指诉讼法规定的能够影响诉讼程序进展的事实。如有关管辖的事实、举证期限的事实、回避的事实等。诉讼法上事实之主张，即诉讼程序之辩论。② 是以诉讼事项是否适法的事实为对象的主张。

法律推理的公式中，大前提之法规范为实体法，小前提事实之认定方式属程序法规范，结论（判决结果）则涉及实体法与程序法。当事人主张诉讼法上的事实会引起诉讼法上的效果，而诉讼程序的状态变化会直接影响实体法上的事实能否被认定，进而影响实体法上的权利能否实现。因此，诉讼法上的事实如何架构与实体法上的事实如何架构同样重要。在创立实体法时，也应当考虑该事实在诉讼上如何得以保障。例如，实体法上的要式行为之立法，要求当事人必须按照书面上的一定形式才能产生实体法上的效力，就是为了解决举证困难的问题。

诉讼法上的事实具备以下几点特征：第一，技术性和专业性。诉讼法上的事实需要法官运用法律专业知识来进行认知和解释，而实体法上的事实在认识上大多只需要普通公众的认识水平。正因为

---

① 参见李学灯：《证据法比较研究》，台湾五南出版社 1992 年版，第 578～579 页。

② 参见［日］新堂幸司：《新民事诉讼法》，林剑锋译，法律出版社 2008 年版，第 159 页。

如此，在采用陪审团制度的英美法系国家，实体法的事实可以由陪审团来审理，而诉讼法上的事实只能由法官裁断。第二，诉讼法上的事实不适用辩论主义，不能成为自认的对象。诉讼法规范多是强制性规范，当事人对于国家的司法程序没有任意处分的权利。如果允许诉讼法上的事实也适用辩论主义，成为自认的对象，会得出与自由心证相悖的判断。第三，诉讼法上的事实可以成为证明的对象，但为了实现程序的简易且迅速，适用的是比严格证明要求低的释明规则。① 即提出证据，使法院产生薄弱的心证，使其获得大概的可信度即可。第四，诉讼法上的事实，按照其对程序公正的重要性和对当事人胜诉利益的重要性不同，可以分为一般的诉讼法事实和重要的诉讼法事实。在重要的诉讼法事项上如果涉及程序违法，可以成为撤消生效判决且发回重审的理由。一般来说，重要诉讼法事实包括公开开庭审理、当事人进行了充分的举证质证、专属管辖正确、审判人员无程序违法行为等。

三、事实主张的效力及认定

事实主张的效力及认定，需根据主张对象的具体情况不同加以区分：

第一，主张的事实为主要事实时，该主张适用辩论主义，产生法律上的约束力。这包括两层含义：其一，主要事实为直接与诉讼胜负有关联的事实，为了尊重当事人的私权自治以及防止突袭性裁判，法院不得将当事人在言辞辩论阶段没有主张的主要事实作为裁判的基础。这是辩论主义的第一要义，也是主张责任的理论来源。其二，当事人未争执的事实，法院应当以不争执的事实，作为裁判的基础。这是辩论主义的第二要义，也是自认拘束力的理论来源。这意味着，关于自认的事实，法官没有权利作出不同的认定，即便根据证据调查及辩论的全部意旨，有与自认事实相反的心证，仍然应当以自认事实作为裁判基准。概言之，在辩论主义适用的范围内，对主要事实的认定，主张者及其他当事人的意思自治优于法官的心证。

---

① 参见邱联恭：《释明之研究》，载《东吴法学》第 20 卷第 1 期。

　　根据辩论原则，法院裁判必须基于当事人主张的主要事实，但是实践中完全严格地要求事实的细节也必须"非依当事人主张，不得裁判"，实在难以保证。因此，法院认定的事实与当事人主张的主要事实之间仅有细微的差别，一般不认为是违反辩论主义。是否为细微差别的判断标准为：以社会普遍观念来看，法院认定的事实和主张事实是否在整体具有一致性。一般认为，满足下列两个条件可以认为具有"一致性"：第一，认定的事实并未违反当事人的主张本意；第二，对于对方当事人不构成突袭性裁判，即不至于因为细微的差别让对方当事人重新组织攻击防御行为。

　　第二，主张的事实为间接事实时，传统理论认为不具有约束性，但随着理论与实践的发展，也有学说认为应当扩充辩论原则适用的范围，将间接事实也纳入其中。传统理论认为，辩论原则仅适用主要事实，不适用间接事实。因此，如果当事人未将间接事实作为言词辩论的一部分予以陈述，而是以证据方法的方式出现在辩论阶段中，法官也可以将其作为裁判的基础。间接事实一般也不具备约束力，法院可以认定与当事人所主张的间接事实不同的事实，法官也可以在间接事实之外综合自己的认知和经验来认定。① 但是，传统理论不能解决主要事实和间接事实的划分界限模糊等问题，因此，就辩论原则适用的范围，产生了新的争论。② 就我国现有的司

―――――――――

　　① 闫庆霞教授在其著作中以彭宇案作为分析对象即为反例。彭宇案中，判决书中记载"根据日常生活经验分析，原告倒地的原因除了被他人的外力因素撞倒之外，还有绊倒或滑倒等自身原因情形，但双方在庭审中均未陈述存在原告被绊倒或滑倒等事实，被告也未对此提供反证证明，故根据本案现有证据，应着重分析原告被撞倒之外力情形"。但是作为证明"原告倒地非被告撞倒所致"这一主要事实，即便当事人没有主张"原告被绊倒或滑倒"的间接事实，既然法官基于常识认知已经有所考虑，就不应当将其排除在外，因为间接事实不是约束法官心证的事实。参见闫庆霞：《当事人民事诉讼主张研究》，法律出版社 2013 年版，第 275 页。

　　② 传统理论关于辩论原则适用于何种事实的解释所面临的问题，除了主要事实和间接事实之间的界限模糊影响辩论原则的适用效果外，还在于，如果坚持间接事实一概不适用辩论原则，法院不受当事人主张的约束，会给因此受到不利影响的一方当事人造成主张突袭。参见刘学在：《民事诉讼辩论原则研究》，武汉大学出版社 2007 年版，第 115 页。

法实践，主要事实和间接事实的界分未形成一致的标准，如果将间接事实排除在辩论原则范围外，将划分标准交由法官，允许法官自由认定，恐因以往职权主义的深远影响导致辩论原则改造的落空。因此，在我国将主要事实和间接事实均纳入辩论原则适用的范围内，对非约束性的辩论原则进行改造具有重要的现实意义。①

第三，事实主张的对象为辅助事实时，不具有约束效力。当事人所主张的辅助事实能否适用自认？一般而言，辅助事实不适用自认，也就是说，法院可以在双方当事人都认可的辅助事实之外认定其他的事实，法院也可以根据从其他的证据调查获得的、当事人未主张的事实获得心证。在辅助事实是否适用自认规则的诸多情形中也存在特例。《日本民事诉讼法》第134条规定："确认之诉，可以就确认证明法律文书的制作真伪而提起。"其中，关于"文书真伪"的事实是否适用自认，判例与学说有不同见解。日本最高裁判所的判例认为，当事人关于文书真伪的一致意思表示对法院没有拘束力，日本学界则存在肯定说和否定说两种观点。② 笔者认为，在文书确认之诉中，文书真伪的事实是该确认之诉的直接对象，直接决定了当事人的诉请能否成立，因此此类事实是诉讼中的关键争点，而不仅仅是关于证据的事实，如果对方当事人就该项事实无异议，应当产生拘束力。

在辅助事实中，还有一类关于证据方法限定的事实，在辩论主义背景下，除了法律可以限定证据方法，当事人也可以就证据方法达成合意，即限制证据契约。③ 限制证据契约在适法的前提下对当事人和法官均具有约束力。违反此合意的证据申请会因为缺乏证据能力而被驳回。当然，当事人应当先于法官采取其他证据调查之前尽早主张这类辅助事实，如果法官已经有了先入为主的心证，限制

---

① 参见刘学在：《民事诉讼辩论原则研究》，武汉大学出版社2007年版，第125~126页。

② 该判决为最高裁判所1977年4月15日判决，参见［日］《最高裁判所民事判例集》，第31卷第3号，第371页。

③ 参见［日］新堂幸司：《新民事诉讼法》，林剑锋译，法律出版社2008年版，第392页。

证据契约即便有效，也无法发挥作用。在认定证人的证明能力和证明力的辅助事实时，不同的国家在程序上采取的处理原则也有不同。在美国，司法实践中将与证据有关的事实称为前提事实，根据《美国联邦证据规则》104（c）规定，前提事实可以分为以下两类：1. 与证据的相关性有关的事实由陪审团确定，比如物证、文书的真伪判断。2. 与证据的证明能力有关的前提事实，如免除作证的特权、传闻证据的例外、证人的作证能力等。与证据的证明能力有关的前提事实是判断相关性证据是否进一步具有可采性的依据，鉴于心证的不可逆性，为了避免因偏见对当事人形成不公允的判断，这部分辅助事实应由法官来确定，并且，法官有决定是否需要陪审团回避的自由裁量权。①

第四，事实主张的对象为程序性事实时，属于法院诉讼指挥权的事实主张不具有约束力；当事人可处分的程序性事项经主张具有约束力。根据现行法规定，当事人就诉讼权利所提的主张应当说明理由，必要时也应当证明，那么程序性事项的主张是否适用主张责任？笔者认为，从主张责任的理论基础来源于辩论主义的第一条原则，在职权探知的领域，主张责任及主张效力是不适用的。但是这并不能否认当事人可以就诉讼权利进行主张。原因在于，尽管通说认为民事诉讼法属于公法，但理论界对公法与私法的划分标准仍然存有广泛争议，民事诉讼法的公法性质也不能排除其存在大量的任意性条款。程序性规范分为两种：第一类属于法院的诉讼指挥权，第二类属于当事人可处分的程序性事项，其中又可分为当事人单方可处分（放弃）的事项，和需要当事人达成合意才可处分的事项，前者如管辖权异议、回避申请等，后者如诉讼契约。对于当事人可以单方处分的诉讼权利的基础事实，当事人在其处分自由范围内，当然可以进行主张，这一主张是依当事人申请启动的审查，且对法院的诉讼指挥权无碍，因此可以比照事实主张责任的分配原则处理。在此，我们也可以借鉴下德国、日本等国对程序性事项异议设

① 参见高忠智：《美国证据法新解——相关性证据及其排除规则》，法律出版社 2004 年版，第 22~25 页。

置的救济程序。在德国、日本，当事人对于程序性事项有异议，可以通过提出抗告或者异议的方式请求救济。抗告是当事人针对法院作出的有关程序性事项的决定或者裁定而提出的上诉。根据《德国民事诉讼法》第 570 条的规定，当事人抗告必须采取书面形式即抗告状；当事人在抗告状中可以进行新的事实主张和提交新的证据。异议则是在不产生移审的前提下在本程序内对当事人提供的一种救济渠道，针对的对象是法院就某些与当事人的利益有重大关联的程序性事项所做的判决、裁定和命令。① 从移交审级在本诉法院予以救济这一点来看，类似于我国《民事诉讼法》中规定针对某项程序性决定所提出的复议。

第二节 权 利

一、权利与权利主张的内涵

与事实主张相对应的概念为法律主张。根据日本《图解法律用语辞典》，法律上的主张是指对具体的权利、法律关系的存否以及与法律效果有关的陈述。也有观点认为法律适用等属于当事人的意见，不应纳入到法律上的主张。② 台湾学者李木贵认为，法律上的主张是指关于事实如何适用法规及法规之解释、法律效果、契约解释等法的观点之主张。③ 陈荣宗、林庆苗认为法律上的主张就是以法律关系为内容的主张。④ 笔者认为，法律上的主张，包括对事实与法律之包摄见解，也包括关于纯粹法律规范的解释。尽管法律适用是法院的权限，但在审判中仍然应当赋予当事人以参与法律适

① 黄娟：《当事人民事诉讼权利研究——兼谈中国民事诉讼现代化之路径》，北京大学出版社 2009 年版，第 151 页。

② 《图解法律用语辞典》，自由国民社 1983 年版，第 439 页。

③ 李木贵：《民事诉讼法（上）》，台湾元照法律出版社 2010 年版，第 6～21 页。

④ 陈荣宗、林庆苗：《民事诉讼法（中）》修订七版，台湾三民书局 2008 年版，第 448 页。

用的形成过程的主体地位。

在民事诉讼中，当事人的法律主张包括三类：一是当事人关于法规及经验法则的存否、内容及法律解释的陈述；二是当事人关于特定的事实是否符合法规构成要件之评价的陈述；三是当事人关于法的效果存在与否的陈述。① 其中，权利主张是特定事实在符合法规构成要件时所产生的法律效果。权利在法律中体现为积极、正面的法律效果，侵犯权利会产生相应的法律责任。诉讼的目的就是保障、鼓励积极的法律效果，抑制和惩罚消极的法律效果。当事人期待通过向法院提出诉，并要求法院作出审判，以此来保护自己的（实体）权利。因此，可以说，权利之所在即法之所在，也就是正义之所在。

权利主张是搭建实体权利和诉讼程序的桥梁。在民事诉讼中，诉讼标的需要结合实体法上的基础权利和诉讼请求才能特定化。诉讼标的特定化的评价标准，视权利主张所在的诉讼类型而定。在确认之诉中，按照诉讼请求确认的民事权利要求以及确认判决的要求来作出权利声明，该诉讼请求就是特定的；在形成之诉中，诉讼请求针对形成判决生效引起的法律关系变动的效果以及要求法院作出形成判决进行意思表示，该诉讼请求也是特定的。在给付之诉中，权利主张的形态较为复杂。相同的当事人间可能形成数个具有相同给付内容的请求，此时权利主张的内容也相同，因此还需要就原因事实进行载明，才能特定请求权。如原告将自己拥有的古董花瓶寄存在被告住所，经数次索要，被告拒绝归还。原告享有对古董花瓶的所有权，超过约定的保管时间，被告的占有即为无法定理由的非法占有，原告可以从所有权返还请求权、不当得利返还请求权，保管合同中的返还原物请求权这三项主张中选取之一提出诉讼请求。原告的权利主张虽然有数个，但是体现在诉讼请求上归根到底只有一个，即"要求被告归还古董花瓶"。可见，给付之诉中，诉讼标

① ［日］高桥宏志：《民事诉讼法　制度与理论的深层分析》，林剑锋译，法律出版社 2003 年版，第 408～409 页。

的的特定化必须结合原因事实。

当事人的权利主张必须在法律中有明确规定，在法律中权利主张通常以"法律赋予公民某某权利"；"公民享有某某权利"；"公民有权……"的形式明文规定。作为权利主张对象的"权利"一般不适用类推解释或者扩大解释。

下图所示为在民事诉讼中，当事人向法院请求裁判，提出请求和主张的顺序：

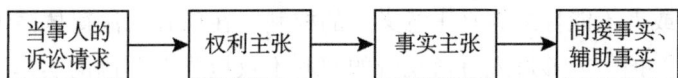

当事人的诉讼请求 → 权利主张 → 事实主张 → 间接事实、辅助事实

箭头方向代表当事人向法官说理的过程，论据支持的逻辑方向恰恰相反，因为还原事实、救济受损权利的过程就是反向推理和论证的过程。从上述图示可以看出，权利主张不仅与当事人的诉讼请求密切相关，还直接左右着当事人应当在多大范围内对事实进行主张。当事人需要运用经验法则来识别、厘清哪一部分对于权利主张是重要的事实，哪一部分是不必要、不重要的事实，将主要事实和间接事实、辅助事实区分开，合理分配自己的诉讼资源。

当事人主张的权利，通常是直接与对方当事人发生争议的权利关系。但是也存在例外，当以案外人的权利作为诉讼标的时，可以通过判定该权利关系是否存在而使原告的法律地位获得确认，这种情况下原告有确认之诉的利益，该诉也是成立的。比如，原告与被告都认为自己是债权人，就债权归属有争议的诉讼。① 这里的原告所主张的债权并非以被告作为债务人，而是以案外人作为债务人的债权。但是由于债权人地位的不确定性需要法院加以判定，因此也

① 参照大审院 1930 年 7 月 14 日判决，载《大审院民事判例集》，第 9 卷，第 418 页。转引自［日］新堂幸司：《新民事诉讼法》，林剑锋译，法律出版社 2008 年版，第 200 页。

具有诉的利益，构成民事诉讼的权利主张。

二、权利主张的分类

（一）实体法上的权利主张和诉讼法上的权利主张

关于权利的本质和来源，有不同的观点。有最初的天赋权利、自然权利说，也有功利主义和实证法学为理论背景的客观权利说，此外，还有道德权利说和习惯权利说。① 无论在哪种学说中，如果某项天赋权利在法律中没有体现，这项权利就没有依据，或者不能称之为真正意义上的权利，在现有的法律体系下得不到保护。能够进入诉讼视野的权利不仅应当有明确的实体法上的依据，还要符合诉讼法上的规定，否则也会排除在保护范围之外，比如超过诉讼时效的权利只能归入不能诉的"自然权利"。在司法实践中，法官对作为主张对象的"权利"也不能适用类推解释或者扩大解释。即便是在实体法上中有所规定的权利，也有可能因为立法者的某种制度选择而被剔除在诉的主管范围之外，例如我国《证券法》第77条规定："操纵证券市场行为给投资者造成损失的，行为人应当依法承担赔偿责任。"但是最高人民法院出台的《涉证券民事赔偿案件暂不予受理的通知》规定，由于目前立法和司法条件的局限，因内幕交易、证券欺诈等原因引起的民事赔偿案件暂不予受理。因此，作为主张权利对象的实体权利不仅应当在实体法规中有明确依据，还应当符合诉讼法规的规定才能成为诉讼对象。

学者还对法定权利之外的新型权利主张做了积极的探讨，所谓新型权利主张是指以法定权利为参照的各种非法定权利主张。② 如以相邻权为参照，当事人主张眺望权、景观权；以人格权为参照，

---

① 参见李永军：《民事权利体系研究》，中国政法大学出版社 2007 年版，第 3~11 页。

② 参见刁芳远：《新型权利主张及其法定化的条件——以我国社会转型为背景》，载《北京行政学院学报》2015 年第 3 期。

当事人主张贞操权①；以身份权为参照，当事人主张悼念权②。在这些案件中，当事人所主张的权利在法律中没有明确规定，是对上位法定权利的具体内容做扩大解释和衍生解释的产物。但是，法官在诉讼中不能就法定的权利做扩大解释，当事人基于"新型权利主张"提起的诉讼也就得不到法院的支持，但是当事人通过创设新型的权利主张在主观诉求与法定权利之间搭建起了一座桥梁，这一现象也说明，法定权利及权利主张的内涵是一个动态发展的存在。

实体权利主张，根据其与诉讼标的之间的关系，可以分为两类：对作为诉讼标的的权利关系本身所作的主张、对作为诉讼标的权利关系之前提的法律关系所做的主张。关于后者，如果当事人主张的权利关系属于一种前提性的法律关系，对本案诉讼标的具有先决性的作用，在有的国家可以作为中间确认之诉的对象来进行处理。③ 比如，基于婚姻关系无效而提出的索赔请求中的"婚姻关系存在与否"的主张就属于此类。

权利主张包括当事人对实体法上的权利有无进行的陈述，这一点毋庸置疑，但是否包括与程序利益有关的内容？有观点认为，权利主张不包括与诉讼费用等程序利益相关的内容。④ 笔者认为，应当首先回答下面两个问题：1. 当事人对程序权利（利益）的主张是否能够独立构成诉讼标的。民事诉讼中，存在着单独以诉讼法上的权利为请求对象的诉讼，如请求撤销法院调解的诉讼、请求撤销仲裁裁决的诉讼、请求对仲裁裁决不予执行的诉讼等均属于这种

----

① 2001 年 1 月深圳市罗湖区法院一审判决的形式判令被告向原告偿付 10 万元精神抚慰金，不过该判决在 2002 年末被深圳市中级法院以"驳回起诉"的方式予以撤销。参见《贞操权诉讼案专题报道之一——观点交锋"贞操权"的正方反方》，载《民主与法制》2007 年第 2 期。

② 北京市宣武区法院于 2001 年驳回原告的诉讼请求。参见《北京首例"悼念权"于法无据，原告请求被法院驳回》http：//news.sohu.com/26/56/news147445626.shtml，最后访问时间：2020 年 9 月 10 日。

③ 《日本民事诉讼法》第 145 条的对象。转引自 [日] 高桥宏志：《民事诉讼法　制度与理论的深层分析》，林剑锋译，法律出版社 2003 年版，第 409 页。

④ 参见闫庆霞：《当事人民事诉讼主张研究》，法律出版社 2013 年版，第 63 页。

诉。以请求撤销仲裁裁决的诉讼为例，当事人申请的六项法定事由中，有四项是纯程序性的事项，只有两项涉及实体不公。① 在这些诉讼中，当事人对程序利益的主张就是诉讼标的本身。2. 与实体权利（利益）的主张相比，当事人对程序权利（利益）的主张是否具有类似的功能或约束效力？以提出管辖权异议申请为例，原告和被告均有权主张管辖权异议，当事人如果放弃该程序权利，可能会产生与放弃权利主张相同的败诉后果。再有，法院对管辖权异议的审查虽然属于职权审查的范畴，但是当事人可以达成合意管辖来排除法定管辖标准，因此，程序性的权利并非绝对不能处分。② 对于法律规定的当事人可处分的程序性权利，法院就应当受到当事人

---

① 《仲裁法》第 58 条规定：当事人提出证据证明裁决有下列情形之一的，可以向仲裁委员会所在地的中级人民法院申请撤销裁决：（一）没有仲裁协议的；（二）裁决的事项不属于仲裁协议的范围或者仲裁委员会无权仲裁的；（三）仲裁庭的组成或者仲裁的程序违反法定程序的；（四）裁决所根据的证据是伪造的；（五）对方当事人隐瞒了足以影响公正裁决的证据的；（六）仲裁员在仲裁该案时有索贿受贿，徇私舞弊，枉法裁决行为的。人民法院经组成合议庭审查核实裁决有前款规定情形之一的，应当裁定撤销。人民法院认定该裁决违背社会公共利益的，应当裁定撤销。其中第（一）、（二）、（三）、（六）属于程序性事项，第（四）、（五）涉及实体不公。

② 关于程序性事项是否具有可处分性这一问题，德国学者 Schiedermair 主张，除法律上所承认者外，当事人关于诉讼程序所为之协议，在不违背公共利益时应承认其效力。德国学者 Schlosser 亦主张，基于德国基本法上"法无禁止者皆应允许"的原则，只要诉讼法上无明文强制禁止的事项，皆应承认当事人的缔结诉讼契约。参见沈冠伶：《诉讼权保障与裁判外纷争处理》，台湾元照出版公司 2006 年版，第 221～222 页。日本的权威学说观点也认为，虽然当事人之间不得以协议替代诉讼行为，但也不能由此得出结论认为当事人之间缔结的诉讼契约为无效。因为当事人既然可以处分诉讼标的并且有进行或不进行诉讼的自由，那么就应当允许当事人之间就诉讼上的行为进行约定，并且只要这些约定不违反民法上的公共秩序和善良风俗原则，就没有理由禁止其产生相应的法律效力。参见［日］兼子一、竹下守夫：《民事诉讼法》，白绿铉译，法律出版社 1995 年版，第 10 页。我国学者也认为，即使整体上认为民诉法是一部公法，但仍不能否认民诉法中包含了诸多的任意性规范；此种任意性程序规范所规范的诉讼事项，毫无疑问应属于当事人可经由选择适用、变更适用或者放弃适用而自由处分的范畴。因此，以民诉法为公法之由来否认诉讼契约之合法性效力也未免牵强。参见孙蕾：《诉讼契约的合法性效力及其对人民法院的拘束力》，载《学术探索》2013 年 10 月。

处分意思的约束。因此，笔者认为，权利主张的对象应当包括相关的程序权利。

诉讼法上的权利主张是以诉讼程序的进行、发展、完结以及实现诉讼正义所享有的各项权利和诉讼关系为对象的主张。根据诉讼法上的权利和诉讼关系实现机理的不同，可以将其分为两类：1. 当事人享有并单独实施的诉讼权利。即当事人按照法律规定的时间和方式通过单方行为即可主张的权利，无需法院的许可，也不需要经过对方当事人的同意。比如当事人主张管辖权异议。诉讼权利为当事人享有并实施，当事人也可以放弃。放弃的方式有明示和默示，前者比如当事人向法院作出舍弃上诉权的意思表示；后者比如任由上诉期届满不采取任何行动。2. 双方当事人通过合意来形成的诉讼权利或者法律关系。以协议管辖为例，双方当事人通过约定来确定管辖法院，因此在不违反法律禁止性规定的前提下，该约定不仅对当事人有约束力，对法院也有约束力。但是由协议管辖而生的"选定在某一法院"的诉讼权利，需要当事人主张才能发挥法律效果。如果对方当事人对该主张有异议时，主张者还需要出具合同主文或者协议管辖的附加条款来进行证明。

诉讼法上的权利主张还包括类似诉讼权利的准诉讼权利——程序利益。程序利益在法律中不以权利的形式出现，但对当事人而言会形成有益的程序效果。能够成为权利主张对象的程序利益，通常是在法律中有明确规定的，或在司法实务中形成共识，并在判例中通用的诉讼利益，一般包括：争点效、既判力、还有指导性案例的指导效力等。大部分的程序利益需要当事人主张才能够进入法官的考察视野从而发挥实效。以争点效为例，特定争点的争点效可以阻却对方提出的相反主张。但是争点效必须由当事人进行主张，法院原则上不得主动适用争点效，如果对方对主张的争点效有异议，主张者需要举证来支持自己的观点。①

---

① 参见 e. g. , Arizona V. California, 120 S. Ct. 2304, 2318（2000）；Plaut v. Spendthrift Farm, Inc. , 514U. S. 211, 231-232（1995）；Disimon v. Browner, 121F. 3d 1262（9th Cir. 1997）；Robert C. Casad and Kevin M. Clermont（2001），Res Judicata, 237。转引自郭翔：《民事争点效力理论研究》，北京师范大学出版社 2010 年版，第 207 页。

（二）权利积极状态的主张、权利消极状态的主张和权利限制状态的主张

权利积极状态的主张是指当事人对某项权利存在状态为有的陈述。在积极的确认之诉中，对权利存在所做的主张可以直接构成诉讼标的，针对确认之诉所做的判决具有既判力，该确认权利存在的状态仅在特定当事人之间有效，不具有对世效力。在形成之诉中，当事人就普通形成权提出的诉，在本质上也属于确认之诉，判决仅具有相对性；只有基于形成诉权提出的诉，需要法院通过形成判决的才能发生法律关系的变更，才具有对世效力。在给付之诉中，当事人所主张的是各种请求权的存在状态。

权利消极状态的主张是指当事人对某项权利存在状态为无的陈述。权利的消极状态通常包括两种：权利不存在和权利消灭。权利不存在是指权利自始不存在，不存在的原因包括：1. 当事人的行为不构成创设该权利的成立要件。比如合同一方发出的是要约邀请，而非要约，因此对方作出的回应也不能依照承诺的规则来发生效力，双方之间不成立合同，当事人也就不享有相应的合同权利。2. 当事人的行为虽然构成创设该权利的成立要件，但是不符合法律上的生效要件的评价，权利因此自始无效。权利的消灭状态是指原本存在的权利因为某种原因消灭。比如因合同的清偿与履行、抵销、单方撤销等原因导致权利消灭。权利的消极状态之主张通常存在于消极确认之诉中或者以消极权利确认为前提条件的其他类型的诉讼中。前者比如确认婚姻关系无效、确认收养关系无效的案件。后者常见于以消极确权为前提的给付之诉中，如专利侵权诉讼中，原告诉被告的产品侵犯其 A 项专利，被告主张，原告的 A 项专利此前因为与另一 B 项专利对比不具有显著的新颖性而被专利复审委员会宣告无效，因此原告自始不享有该项专利权。原告和被告均可以对权利的消极状态进行主张。从在诉讼中的地位和攻防分配来看，原告的消极权利主张是进攻性的主张，通过否认对方的权利而免除自己的义务。被告的消极权利主张是防御性的主张，目的在于抗辩、阻却原告的权利。

权利限制状态的主张是指权利的法律效果因为某种法定或约定

的事由无法得到完全发挥的状态。权利的抑制状态包括：权利受抗辩和权利受限制。权利受抗辩是指某项业已存在的权利处于被抗辩的状态，具体又分为暂时性的权利受抗辩以及永久性的权利受抗辩。前者包括同时履行抗辩、不安抗辩、先诉抗辩等；后者包括失效抗辩等。权利受限制是指权利虽然存在且有效，但其法律效果并不能当然发生，或者法律权能的实现不完整。权利受限制的原因通常有以下三种：第一，权利的效果受期限的限制；第二，权利的效果受条件成就的限制；第三，权利的效果可因为法定事由而被排除，如专利权的独占权能可以因为强制许可而破除。

三、权利主张的效力及认定

权利主张具有约束力。当事人权利主张的约束力包括对内的约束力和对外的约束力。对内的约束力源自当事人的主张行为会使对方形成信赖利益，对方针对权利主张展开防御和反主张，因此权利主张应当具有一定稳定性，当事人一旦作出主张并形成信赖利益后不可反复，这也是民事诉讼诚实信用的应有之义。对外的约束力是指法院应受当事人权利主张范围的限制，这一约束力来自当事人对实体权利的处分自由，这意味着法院应当在当事人的权利主张范围内开展审理活动，既不能超出，也不能遗漏。权利主张对法院裁判的约束性不仅体现在第一审程序，也体现在上诉审程序和再审程序中，即法院不得就上诉人、再审申请人未声明的权利作出判决。①

第三节　法　的　观　点

一、法的观点的概念

在民事诉讼中，"法的观点"一词通常出现在以下两种语境中：一是指当事人主张对象的法律观点。法的观点是法律主张的对

---

① 参见闫庆霞：《当事人民事诉讼主张研究》，法律出版社 2013 年版，第 28 页。

象之一，具体是指当事人就法律问题所持的态度和见解。换言之，即当事人就纯事实认定之外的涉及法律评价的意见和看法进行陈述。二是法院审判结论的法的观点，具体是指：法院以当事人所主张的事实、证据为基础所作的法律评价。其指涉对象包括法院对法定或契约之主张（尤指请求权基础及其他法律上之主张、抗辩等）的认识，判例法的适用与变更问题、举证责任法则与证据评价的运用问题等。① 本节所谈的法的观点特指第一种情形。

法的观点与事实问题的区别在于：围绕事实问题进行的诉讼活动是对事实的客观存在状况进行判断，判断过程要尽量中立，不偏不倚，避免偏见，应当运用普通公众认知的标准，或者运用专门领域的一般技术人员的认知标准（在需要专家辅助人的场合），因此，事实问题不涉及制度选择。而法的观点问题则是典型的制度选择，要经过两层法律评价：第一层是立法层面的法律评价，其主导者是法律制定者；第二层是司法层面的法律评价，其主导者是法官。法的观点也有狭义和广义的区分：狭义的法的观点只包括法规的适用和与之相关的法律上的构成要件；广义的法的观点则还包括判例与学说上的见解及其所确定概念的适用、法律论证等所有对裁判有重要影响的见解。②

在民事诉讼中，事实问题和法律问题在适用原则、效力判断、认定规则上均有重大差异。在英美法系中，因为法官与陪审团职能的划分，事实问题与法律问题区分显得更为重要，这关系到某一问题的裁决机制和救济程序：事实问题由陪审团判断，法律问题由法官决断，关于某一问题属于事实问题还是法律问题也由法官判断。另外，事实问题与法律问题的区分不仅在本诉中有意义，还会影响后诉中相关问题的争点效。在前诉中，法院已经裁判过的问题，在后诉中当事人可以主张争点效以排除再次争议和举证，避免法院重

---

① 姜世明：《民事程序法之发展与宪法原则》，台湾元照出版社 2003 年版，第 104 页。

② 熊跃敏：《民事诉讼中法院的法律观点指出义务：法理、规则与判例》，载《中国法学》2008 年第 4 期。

复裁判或者出现前后矛盾的裁判。有关事实问题的裁断具有争点效力，而有关法律问题的裁断是否有争点效力则视情况而定，一般来说，与诉讼请求无直接关联的法律问题不具有争点效力。

在实践中要严格划清事实问题和法律问题的界限并不容易。法律中规定的某些"不确定概念"的事实，由于是经过人为设定的，因此包含了法律的评价。导致同一事实概念，在不同法律中被赋予的含义也有所区别。比如"近亲属"这一事实概念的外延在民事诉讼法、行政诉讼法、刑事诉讼法中就不相同。还有一些事实，法律仅仅规定了抽象的概念，具体内容则需要法官根据具体案件来判断。比如"先行义务"这一概念混合了事实问题和法律问题。

法的观点的主张不能等同当事人的权利主张，将法的观点的主张独立出来的意义在于：

第一，使法官对法的观点的查明义务和指示义务更加明确。法官对法的观点负有查明义务，源于法定的司法裁判权。法院对当事人权利主张的判断无误，但法律适用有误，也成为判决错误的理由。因此，如果当事人对法律观点的认定结果不服，可以依法予以救济，我国《民事诉讼法》明确规定将"适用法律错误"作为一审判决错误和提出再审的事由。另外，法官对当事人的法的观点不仅有查明和认定的义务，还有指示义务，在判决中对当事人未展开充分辩论的法的观点进行判断，构成法律性的突袭审判。

第二，使已决法的争点在后诉中的效力更加明确。当事人主张的法律观点，在判决书中集中体现为理由部分。目前从大陆法系国家和地区的民事立法规定来看，具有既判力效力的仅限于判决主文中的判断。① 但是这一规定，容易导致后诉法院作出与前诉判决的理由部分相矛盾的判决。因此，大陆法系学者提出各种学说试图扩张既判力的客观范围。由此出现"赋予判决理由以争点效"的理

---

① 参见周晓霞：《论民事判决理由中判断之拘束力》，载《合肥工业大学学报（社会科学版）》2012年第5期。

论。① 可见，区分作为回应法律观点的判决理由部分和作为回应权利主张的判断部分，是完善判决效力体系和细化争点效理论的关键。

二、法的观点的分类

根据法的观点的具体内容不同，可以分为关于法规、经验法则等是否存在的法的观点和关于适用、拣选法规、经验法则等的法的观点。

（一）关于法规、经验法则等是否存在的法的观点

法官基于司法职能有义务知晓、查明其管辖内的国内法，包括全国性的法规和地方性的法规。另外，民事诉讼中的管辖制度和主管制度将不同的案件类型做了细致的分配，专门案件会落入专门法院和审判人员的主管范围内，因此，涉外案件所适用的国际条约和国际惯例、本行政辖区内的地方性法律也属于法官职权审查的范围。法条检索和厘定虽属法官职权，但当事人的主张所起到的提示和彰显的作用不容忽视。另外，在我国还存在着一些法律效力层次较低，但却实际发挥作用的行政规范和地方性规范、"红头文件""白头文件"等，当事人基于提醒进行主张，必需且必要。

（二）关于适用、拣选法规、经验法则等的法的观点

在民事诉讼中，当事人需要拣选出最有利于自己的法规或者经验法则来说服法官支持诉请，具体包括以下情形：

首先，在数种并存的请求权中，当事人选择不同的请求权，适用的法规也会有所不同。比如在加工合同纠纷中，加工人扣押标的物，委托人可以根据合同违约、或者所有权请求权、或者不当得利请求权等其中之一来要求返还加工标的物。上述三种请求权援引的法律不同，由此引导诉讼攻防的对象和举证行为的方向也有所不同。

其次，在涉及专业领域的法律原则的适用上，当事人有权选择

① 参见胡军辉：《民事既判力扩张问题研究》，中国人民公安大学出版社 2011 年版，第 89~92 页。

于己有利的法律原则。比如在专利侵权诉讼中，原告诉被告产品侵犯了其 A 号专利，原告主张采用等同原则来扩大解释专利书中的各项权利要求，而被告则主张在对比技术特征时采用禁止反悔原则限制解释 A 号专利的权利要求。在专利侵权案件中，禁止反悔原则和等同原则都是公知的原则，但前者是对后者的限制，具体应当如何适用，双方当事人的立场不同，主张的法律观点也会不同。

再次，与成文法规范相比，经验法则则更为复杂，当事人在拣选时更要谨慎。德国学者汉斯·普维庭认为，根据效力等级的不同，可以将经验法则分为生活规律、经验基本原则、简单经验规则、纯粹的偏见。① 其中生活规律和经验基本原则具有高度的盖然性，几乎没有例外情形，因此可以成为司法认知的对象。如果属于普通公众都知道的内容，当事人只要进行主张并简单说明即可。如果涉及特殊专业领域中的经验法则，当事人除了主张，还需要借助专家证人、鉴定人意见来揭示专业性的经验法则。简单经验规则和纯粹偏见因为具有较低的盖然性不能成为司法认知的对象，只能作为需要证明的特别事项对待。当事人在诉讼中应当尽量选择生活规律和经验基本原则。

最后，在涉外民事法律关系中，也会出现准据法拣选的问题，当事人需要对准据法进行主张，并说明援引该准据法所依据的冲突规则。

三、法的观点主张的效力与认定

（一）法的观点主张的效力

第一，法的观点主张的效力在于提示而非约束。当事人所主张的法律观点，以及双方当事人就法的观点展开讨论的范围，对法院而言均不具有约束和限制的效力。双方当事人对于法的观点意见相同的，法院仍然需要对法的观点进行职权审核。此外，法院还应当在当事人主张和讨论的范围之外，在所有发生效力的法律渊源中检

---

① 参见阎朝秀：《司法认知研究》，中国检察出版社 2008 年版，第 150 页。

索，但是为了避免裁判上的突袭，法院有义务指出自己可能采取的法的评价和法律构成。甚至有学者认为，法律上的陈述，除了习惯法、地方法等非显著之法律外，当事人无需主张，仅仅就适用法律的最终效果及诉讼请求向法官声明即可。也就是说，原告只需要说明"被打伤，并请求赔偿"即可，而不需要言明其依据是哪部法律的第多少条。①因此，当事人进行法律上的陈述，不属于攻击防御方法。② 由此可推论，攻击防御方法的失权制度也只适用事实主张而不适用法的观点的主张。在实行三审终审的国家，第三审是法律审，禁止提出新的攻击防御方法，但由于法的观点的主张不属于攻击防御方法，并不在禁止之列。

第二，法的观点的主张不适用主张责任理论。主张责任意味着，没有经过当事人主张的事项，即便是有利于该当事人，也不能发生法定的效果。主张责任来自辩论主义第一原则，强调当事人需要通过主张行为使其主张的事项成为判决基础。因此，主张责任适用的对象是主要事实，而非法的观点。

第三，法院对法的观点的认定不适用证明责任理论。当事人对法的观点进行主张，需要解释、说明和论理，但无需举证，因此不动用法官的心证。法的观点的主张所依据的是一般的法律知识和专业知识，如果法律没有明确规定，当事人也可以依据法理进行论证说明。在法官拥有自由裁量权的事项中，当事人须就能左右法官裁量的部分进行说理，其中也会涉及法律观点的阐明。另外，法官就概括的法律适用问题进行决定的权限来自司法审判权，法官应主动进行查明，因此证明责任理论不适用法的观点的主张，除法律规定的特殊事项外，如外国法、习惯法的查明等。在诉讼中，会出现经验法则不明确又无法查实的情况，或者出现适用法规内容不确定而告终的情况，法院基于司法职权不得拒绝裁判，只能视法律为不存

① 姚瑞光：《民事诉讼法要论》，中国政法大学出版社 2011 年版，第 159 页。

② 李木贵：《民事诉讼法（上）》，台湾元照法律出版社 2010 年版，第 6~22 页。

在，在此基础上作出裁判。只有当法院无法对经验法则的推定对象——主要事实进行认定时，才能动用证明责任理论来确定最终的法律效果。

（二）法的观点主张的认定

根据法的观点的内容和认定方式的不同，可以将法的观点分为由法官进行司法认知的法的观点和需要当事人证明（释明）的法的观点。由法官进行司法认知的法的观点包括国内法、地方法、一般经验法则的适用等；需要当事人证明（释明）的法律观点包括特殊经验法则、外国法的适用等。

通说认为，所谓司法认知，即法院对于应适用之法律或某种待认定之事实，无待当事人主张，也予斟酌；无待当事人举证，即予认知。① 但是，司法认知并不排除当事人意见的表达，为了保障当事人享有充分的程序参与权以及因为法院诉讼活动产生的信赖利益，各国在立法中都确立了"法的讨论之要求"，即当法院要适用当事人未注意且未主张的法律观点时，法院就应当向当事人阐明"可能采用何种法的构成"，并就该法律观点与当事人进行充分讨论。② 这种义务虽然不要求法官必须受与当事人讨论结果的约束，但是提示了这样的认定模式：其一，法的观点经由当事人主张或者法院主动提出这两条路径之一进入审判视野以后，法官的判断权就优先于当事人的支配权；其二，法官并不独占法的观点的判断权。当事人就"向法官判断权产生影响"的表达意见的权利仍然作为程序参与权的一部分应当予以充分保障，这种"法的观点的讨论"也形成法官与当事人的"协同性"的基础。

综上所述，民事诉讼主张的客体包括事实、权利和法的观点。其中，事实主张是所有主张中最重要的一种，也是攻击防御方法中当事人最常使用的一种。当事人对事实的主张引发对方的防御，裁判者也须据此对主张进行司法认定，这一系列的司法行为都主要围

---

① 李学灯：《证据法比较研究》，台湾五南出版社1992年版，第13页。
② ［日］高桥宏志：《民事诉讼法 制度与理论的深层分析》，林剑锋译，法律出版社2003年版，第366~367页。

绕当事人的事实主张展开。因此接下来，本书所讨论的"民事诉讼主张的规制""我国民事诉讼主张规范的现状与问题"以及"我国民事诉讼主张规范的完善"均是以事实主张作为讨论对象，特此说明。

第三章 民事诉讼主张的防御

在现代法治社会，大部分国家和地区的民事诉讼程序采用"对抗·判定"的基本诉讼模式。所谓"对抗"，是指诉讼的双方当事人被置于相互对立、相互抗争的地位上，开展攻击防御活动，"对抗"构成了诉讼程序的主体部分；所谓"判定"，是指法官作为严守中立的第三者，对通过攻击防御呈现出来的案件争议事实作出裁判。在"对抗·判定"的基本结构中，双方当事人攻击防御的载体和方式即为攻击防御方法。

攻击方法，即当事人为了赋予自己所提本案声明以有利基础，而提出的所有诉讼资料，包括就对方当事人的抗辩、再再抗辩事实的否认及自己再抗辩的主张；防御方法，是指当事人为赋予反对对方当事人声请以有利基础，而提出的所有诉讼资料。诉、诉之变更、反诉、中间确认之诉、上诉、抗告等，属于本案中提出的申请或请求，不属于攻击防御方法。民事诉讼中，当事人提出事实上的主张，不负证明责任的另一方当事人就该事实主张，大致有四种态度：否认、自认、沉默以及不知的陈述，这四种态度构成了当事人对主张的"防御"。

第一节 否　　认

一、否认的内涵

（一）否认的含义

在民事诉讼中，不负证明责任的当事人就对方当事人所主张的事实通常有自认、否认、沉默、不知的陈述等四种态度，其中尤以否认为常态。广义的否认包括对诉讼请求的否认、对证据的否认和对事实的否认。本书所谓的否认是狭义的否认，仅指对事实的否认。所谓否认，是指一方当事人就对方当事人的主张进行争执的行为，当事人针对该事实主张，作出认为其不存在或不真实的陈述。换言之，否认就是当事人提出的意在对抗对方当事人的事实主张而提出的否定性陈述，该陈述与请求原因事实主张在逻辑上不能共存。否认的意义在于使一方当事人主张的事实成为当事人之间的争点，并因此成为法院审理的对象。

（二）否认与抗辩的区别

在当事人双方的攻击防御过程中，针对一方的主张，另一方为了维护自身利益可以通过抗辩与否认这两种防御方式来反驳相对方的诉讼请求。防御方式的选择直接决定了当事人所负担的证明责任，"抗辩者承担证明责任，否认者无需承担证明责任"。在实行辩论主义运作方式的民事诉讼领域，依主张责任及证明分配之原理，不负证明责任的当事人否认对方当事人所主张的事实时，无须对该事实承担主张责任及证明责任。而不负证明责任的当事人就对方当事人所主张的事实提出抗辩时，因其提出了与对方当事人所主张的请求原因事实两立的要件事实，因此应对抗辩事实负主张责任及证明责任。一般认为，否认与抗辩的区别主要体现在以下两方面：

第一，与请求原因事实的关系不同。抗辩事实可以与请求原因事实在逻辑上同时存在，而否认事实则不能。例如原告主张"曾将钱借给被告"，被告称"虽收到原告的钱，但所收受的钱，是由于原告赠与而受领"，此处的"受领金钱"是基于赠与之主张，是间接的否定原告"将钱借给被告"，由于消费借贷与赠与不能同时并存，属于否认，并非抗辩。无论直接否认还是间接否认，原告对其主张"将钱借给被告之事实"都应负举证责任。

第二，提出者的证明责任不同。在诉讼过程中，若双方当事人均无法证明各自提出的主张，事实处于真伪不明时，否认者不承担证明责任。换言之，不要求否认者证明权利根据事实不存在或者没有发生，否认者只需使法官的心证处于真伪不明或者对待证事实无法形成高度盖然性的认识即可，法官即可认定主张者的事实不成立。如果反驳诉讼请求的一方当事人提出事实理由是针对对方的诉讼请求所依据的事实要么在产生之初即不合法，或者在产生之后已予消灭或存在其他妨碍其效力发生的其他事实，那么，当事人的这种反驳行为即属于抗辩，提出抗辩的一方需要对自己的主张承担证明责任，提出足以让法官达到内心确认的证据，否则将承担败诉的风险。

图示：否认与抗辩之比较

	举证责任	接续之程序
否认	无	证据调查
抗辩	有	对方当事人应答（应答为否认时，仍由抗辩者负举证责任；应答为再抗辩时，由应答者负举证责任）

二、否认的形态

根据不负证明责任的当事人在作出否认表示时是否附加陈述了别的事实，可以将否认区分为单纯的否认与附理由的否认。

（一）单纯的否认

单纯的否认又可称为直接否认，是指不负证明责任的当事人就对方当事人所提的主张向法院作出的直接否认其存在或真实性的陈述。单纯的否认仅仅是向受诉法院陈述对方当事人所主张的事实不存在，但没有陈述其不存在的理由。例如原告主张："曾将钱借给被告"，被告陈述称："未曾向原告借钱"，此种直率地否定原告主张事实之陈述，即为单纯的否认。

在有些国家的民事诉讼立法中，强调当事人对其主张负有"具体陈述的义务"。依据该义务的要求，一般而言，当事人就对方当事人所主张的事实的存在并不能进行单纯的否认。仅在特定情形下，也即在该对方当事人不能具体、充分地知道事实发生的原因和经过，或当事人处在事案经过以外时，才能作单纯的否认。在德国、日本等大陆法系国家和地区的民事诉讼中，无论是其判例还是学说均强调，不负证明责任的当事人若否认对方当事人所主张的事实，必须附有理由进行具体的陈述，单纯的否认通常被认为是不合法的从而视为承认对方当事人所主张的事实。① 单纯的否认虽不以具体事实的提出为依托，但其在诉讼中仍有存在的价值。表现为：在否认存在的场合，即意味着事实处于纷争或争执状态，因此，主张此事实的当事人应提出充分的证据让法官确信其存在。在我国的民事诉讼立法中，不负证明责任的当事人就对方当事人所主张的事实可以进行单纯的否认。我国现行《民事诉讼法》并未像德国、日本的民事诉讼立法那样明确宣示不负证明责任的当事人就对方当事人所主张的事实负有附理由的否认义务。

（二）附理由的否认

附理由的否认，又可称为间接否认或消极否认，是指不负证明责任的当事人为否认对方当事人所提出的主张的真实性而向法院提出相关事实，该事实与对方当事人所主张的事实不能并存。在民事诉讼中，附理由的否认是与单纯的否认相对的否认形态，与单纯的否认相比，附理由的否认能有效地促进当事人之间争点的形成，从而保障法院进行充实的、有效率的证据调查。

要求当事人进行附理由的否认是基于当事人的具体化义务及诉讼促进义务而提出的要求。具体化陈述义务要求当事人对事实进行陈述时应当对细节进行剖析，使相关主张、争执被特定的主张及争执。在德国、日本等大陆法系国家的民事诉讼中，附理由的否认已呈义务化之趋向。无论是其判例还是学说均强调，不负证明责任的当事人如果否认对方当事人所主张的事实，必须附有理由进行具体的陈述，而单纯的否认通常被认为是不合法的，从而视为承认对方当事人所主张的事实。附理由的否认乃不负证明责任的当事人就对

---

① 《德国民事诉讼法》第 138 条第 2 款规定："当事人对于对方当事人所主张的事实，应作出陈述。"日本《民事诉讼法规则》第 79 条第 3 款规定："否认对方事实主张的准备书状应附理由。"我国台湾地区"民事诉讼法"第 195 条第 2 款规定："当事人对于他造提出之事实及证据，应为陈述。"

方当事人所主张的事实所做的积极的、具体的陈述，因此，相对于单纯的否认，附理由的否认可以促使受诉法院集中待证事实的范围，缩短证据调查的时间从而早日解决当事人之间的纠纷，这是附理由的否认的意义之所在。

附理由的否认与抗辩虽然同属不负证明责任的当事人对抗对方当事人主张的防御方法，且在外观上均表现为不负证明责任的当事人就对方当事人所主张的事实向受诉法院提出了一新事实，从而迥异于单纯的否认。但附理由的否认与抗辩之间仍然存在显著的差异，具体表现为：

第一，两者与主张事实之间的关系不同。当事人提出抗辩是以其承认对方当事人提出的主张事实为真实为前提，故抗辩事实与请求原因事实在诉讼中是能够同时成立的，只是抗辩事由的存在，使得对方所主张的要件事实所应产生的法律后果不能发生或者虽曾经发生但现在已经消灭。而在附理由的否认中，当事人所主张的事实在性质上与对方主张的要件事实不能两立，所以附理由的否认从根本上讲是一方当事人不承认其与对方当事人之间存在某一民事法律关系，故而也就不承认对方当事人所陈述事实的真实性。因此，附理由的否认在性质上与对方主张的要件事实不能并存，彼此处于相对立的状态。

第二，两者在性质上不同，对法官的心证作用也不同。抗辩是指在民事诉讼中，当事人依据法律规定，针对相对方的诉讼请求提出反对性的主张，其主要目的在于阻止对方当事人所主张的权利的发生与行使，也即是为了消灭对方当事人所提出的主张事实所应产生的法律效果。抗辩在本质上属于反对的事实主张，因此提出抗辩的当事人需要负证明责任，要使法官形成高度盖然性的内心确信。附理由的否认不是主张，虽然当事人对所附的理由也需要举证，但举证的目的是动摇法官对对方当事人主张的确信，举证也无需对法官形成高度盖然性的内心确信。否认者只需要动摇法官对对方当事人主张事实的确信，其进行附理由否认的目的就达到了。换言之，提出附理由的否认的当事人无需就提出的新事实承担证明责任，其提出新事实只是其提出反证的一种方式而已。如果提出附理由的否认的当事人无法证明新事实，那么意味着其反证不力，不能动摇法官的心证，而并非承担证明责任的结果。

三、否认的效力

对不负证明责任的当事人来说，否认的效力如何，是否只允许附理由的否认，我国法律没有明确规定。从理论上分析，探讨否认效力的意义，本质上是不负证明责任的当事人就对方当事人所主张的事实明确表示争执时，被否认的对象事实是否因此产生证据调查的必要性。对于负证明责任的当事人而言，由于其主张的事实被对方当事人所否认，因此，为了使受诉法院确信其所主张的事实，当事人必须向受诉法院就该事实主张提供证据进行证明，主张者向受诉法院提供的证据必须达到本证的证明程度，才能使受诉法院对该事实的存在形成内心确信的状态。① 对于提出否认的当事人而言，为使受诉法院支持其所作的否认，也可向受诉法院提供证据进行证明，但由于被否认的对象事实是由对方当事人负证明责任，因而其所提供的证据只须达到反证的证明程度，动摇受诉法院对于负证明责任的当事人所主张的事实的内心确信即可。②从我国的民事诉讼司法实践来看，对当事人的否认不加限制，容易导致庭审效率低下，诉讼延迟等问题。因此有必要在立法中对附理由的否认义务进行明确。

---

① 本证与反证的界定，其目的在于借此区分可清晰地判断出对某一争执事实负有证明责任的一方当事人对事实的证明须至何种程度，才能解除其证明责任，对方当事人就此又该如何作出回应，才能避免对方证明责任的解除。就本证而言，负有证明责任的一方当事人，必须以本证使法院对待证事实的存在形成确信，至此证明责任始算完成。参见占善刚：《民事证据法研究》，武汉大学出版社 2009 年版，第 78~79 页。

② 不负证明责任的一方当事人提出反证，目的在于推翻或者削弱本证的证据力，使法院对待证事实的确信发生动摇。因此，只要当事人所提的反正使得待证事实陷于真伪不明的状态，即可达到其目的。因为，如果案件事实处于真伪不明的状态，法院将根据证明责任分配的原理，判定提供本证的一方当事人承受相应的不利益。参见占善刚：《民事证据法研究》，武汉大学出版社 2009 年版，第 79 页。

第二节 自 认

一、自认的内涵

(一) 自认的概念

自认者,即当事人对于对方当事人主张的不利于己之事实,于诉讼上承认其为真实。广义的自认,可分为诉讼上的自认(裁判上之自认)和诉讼外的自认(裁判外之自认)。前者是指当事人在民事诉讼程序进行中就对方当事人所主张的要件事实未作争执而予以承认的行为;后者是指当事人在诉讼程序外所作对方当事人主张事实进行承认。在大陆法系中,关于自认的性质主要有两种学说:意思表示说、观念表示说①。意思表示说,也可称为效果意思说,该说认为,自认是当事人因欲发生法律上效果起见,故有此意思表示。② 自认的效力来源于"辩论主义所衍生之自己责任之原则"及"对方当事人之信赖保护"之要求,法院不可对当事人自认的内容再进行自由心证以认定该要件事实是否存在,也不可作出与该事实相反的事实认定。③ 意思表示说认为,可以不论当事人自认的事实是否存在,由自认当事人以自由意旨处分。④ 意思表示说又可分为权利放弃说和确认意思说。权利放弃说认为自认系对争执

① 还有学者认为当事人在诉讼上的自认,其法律性质应解释为诉讼行为,从而当事人自认的效果发生民事诉讼法之效果,对方当事人当事人就自认之事实毋庸举证,法院不得就自认之事实为相反之认定。参见陈荣宗、林庆苗:《民事诉讼法》,台湾三民书局1996年版,第493页。

② 参见李木贵:《民事诉讼法》(上),台湾元照出版有限公司2010年版,第6~62页。

③ 参见〔日〕新堂幸司:《新民事诉讼法》,林剑锋译,法律出版社2008年版,第376页。

④ 参见王甲乙、杨建华、郑建才:《民事诉讼法新论》,台湾三民书局2002年版,第357页。

对方当事人陈述之权利予以抛弃的意思表示;① 确认意思说,即不论对方当事人之陈述如何,欲以之为真实而作为判决基础之意思表示。② 观念表示说,又称为事实报告说,该说认为自认是就对方当事人所主张不利于己之事实,承认其为真实的观念表示。当事人作出自认时并不需要考虑其意思要素为何。③ 当前,意思表示说是日本学界的通说,事实报告说为德国和我国台湾地区的通说。④ 意思表示说与观念表示说的区别主要在于:第一,自认成立的依据不同。意思表示说认为,当事人享有处分权,在仅涉及当事人双方私权利的案件中,如果当事人就某一案件主要事实的陈述一致,即双方对该事实不存在争执,也就排除了法院就该事实行使认定权的前提。⑤ 因此当事人对某一事实表示承认后,对方当事人无须再对该事实进行举证说明;事实报告说认为,经验法则的作用是自认成立的基础,依据一般的经验法则,具有正常判断能力的当事人只有在其内心确认某事实确为真实时,才会在诉讼中向法院做己不利的陈述。第二,关于自认效力的见解不同。意思表示说认为,不论对方当事人主张事实真伪如何,只要当事人承认对方当事人事实主张的意思表示是真实的,就可以排除法院对该事实的认定权;事实报告说认为,如果当事人在作出自认时明知对方当事人主张的事实并非真实,则不可免除对方当事人就该事实的证明责任。笔者认为,民事诉讼中,不能绝对排除一方当事人因对方当事人恶意误导或欺诈而作出自认的情况,在这种情况下,当事人作出自认的意思表示

----

① 参见［日］兼子一、竹下守夫:《民事诉讼法》,白绿铉译,法律出版社 1995 年版,第 103 页。

② 参见陈计男:《民事诉讼法》（上）,台湾三民书局 2000 年版,第 446 页。

③ 参见李学灯:《证据法比较研究》,台湾五南出版社 1992 年版,第 376 页。

④ 参见［日］高桥宏志:《民事诉讼法　制度与理论的深层分析》,林剑锋译,法律出版社 2003 年版,第 384 页。

⑤ 参见闫庆霞:《当事人民事诉讼主张研究》,法律出版社 2013 年版,第 197 页。

存在严重的瑕疵，如果仍然认定当事人自认的效果有违诉讼公正。因此，只有建立在以真实意思表示之上的事实报告，才能使自认制度发挥有益于诉讼目的达成的功能。①

自认不同于认诺。所谓认诺，是指在民事诉讼中，当事人承认对方当事人关于诉讼标的的主张。② 自认与认诺区别在于：第一，承诺的主体不同。诉讼中，双方当事人都可进行自认；而认诺则只能由原告作出。第二，承认的对象不同。自认是当事人对事实的承认，不涉及对诉讼请求的承认；认诺则是被告对原告提出的诉讼请求的承认。第三，承认的效果不同。当事人的自认仅仅是免除对方当事人就自认事实的证明责任，并不必然导致其败诉；但作出认诺的当事人会因为该行为败诉，诉讼程序也由此终结。

自认并非适用于民事诉讼中的所有领域。其一，自认不适用于身份关系的诉讼。其二，在必要的共同诉讼中，部分共同诉讼人所作的自认只有经全体共同诉讼人认可后，才能对未作出自认的其他共同诉讼人发生效力。在普通共同诉讼中，部分共同诉讼人所作的自认对其他的共同诉讼人不产生约束力。其三，调解过程中当事人为达成调解所作的让步不能视为自认。其四，应由法院依职权调查的事项不适用自认。其五，当事人在其他诉讼程序中所承认的事实，不属于自认，不能产生自认的效力。如当事人援引的承认事实来自和本案有关联的其他诉讼中，这种情况不属于自认，承认的事实与依其他证据方法取得的证据资料的证据价值并无差别，由法官依自由心证判断。

（二）自认的要素

1. 自认的对象是构成三段论小前提的具体事实。首先，当事人在民事诉讼中自认的对象只能是对方当事人主张的法律要件事实。经验法则、与权利相关的陈述以及法律规范中对事实的涵摄都

---

① 参见刘显鹏：《论民事诉讼上的权利自认》，载《大连海事大学学报（社会科学版）》2011 年第 6 期。

② 参见陈文曲：《民事诉讼当事人陈述理论重构——以哈贝马斯的交往理性为视角》，法律出版社 2010 年版，第 165 页。

不构成自认的对象。权利不是自认的标的，只有推导出权利的事实可以成为自认的标的。其次，自认不涉及对方当事人的法律主张，也即自认"并不宣告申诉有理由，而是通常情况下只涉及个别事实"。① 当事人即使承认了对方当事人所主张的所有事实，对方当事人的诉也不必然就能成立，如诉不正当的情况或基于诉的陈述无效的抗辩的情况。最后，自认的对象仅为案件的主要事实，间接事实不能成为自认的对象。关于当事人对间接事实的承认，是否能产生与自认一样的效力，主要有三种观点。第一种认为，当事人对间接事实的承认不构成自认，但认可其"不须经过证据调查就可以对此作出认定"。如此一来的结果就是，当法院从其他的证据调查获得心证时，也可以认定其他的事实，而当事人也可以自由撤回这种陈述。之所以这样考虑，完全是基于自由心证主义的要求。② 第二种认为，对于当事人针对间接事实作出的'自认'，固然不能承认其对法院产生拘束力，但是，从禁反言的角度来看，当事人应当受到这种'自认'的拘束，进而不能自由地予以撤回。③ 第三种认为，应当认可间接事实自认的成立，不过，与主要事实自认不同，法院可以依据自由心证进而基于其他间接事实来对主要事实的存在与否作出认定。④ 笔者认为，间接事实不能成为自认的对象，在诉讼中，当事人可以承认间接事实，但不能产生自认的效果。即使双方当事人对某间接事实的陈述一致，也不影响法院依据另外的间接事实对法律要件事实作出判断。之所以不承认对间接事实自认

---

① ［德］奥特马·尧厄尼希：《民事诉讼法》（第 27 版），周翠译，法律出版社 2003 年版，第 446 页。

② 参见［日］高桥宏志：《民事诉讼法　制度与理论的深层分析》，林剑锋译，法律出版社 2003 年版，第 396 页。

③ 参见［日］高桥宏志：《民事诉讼法　制度与理论的深层分析》，林剑锋译，法律出版社 2003 年版，第 396 页。

④ 在认为间接事实亦可成立自认的观点中，亦存在争议，对于间接事实成立自认时，当事人能否提出与自认内容相违背的主张。日本的判例对此持反对意见。参见［日］新堂幸司：《新民事诉讼法》，林剑锋译，法律出版社 2008 年版，第 380 页。

的效力，原因在于双方当事人之间存在的有实际利益的争执是关于主要事实的争执，若承认间接事实自认的效果，则法院可能出现被迫以该被自认的间接事实为前提去推论主要事实是否存在，如此一来显然有违自由心证主义的本旨。

2. 自认的事实是对作出自认的当事人不利的事实。对"不利的事实"的理解，主要有"举证责任说""败诉可能说"两种学说。① 另外日本学者松本博之所主张的"陈述一致说"也颇有影响。② "举证责任说"认为，所谓的不利的事实，是指就对方当事人主张的事实予以承认，会发生使自己负担相应举证责任的事实。申言之，自认人承认对方当事人应负举证责任的事实后，对方当事人无须就该事实承担举证责任。如果当事人对其自己负有证明责任的事实作出不利益的陈述，那么就不成立自认。"败诉可能说"不计较举证责任的归属，认为只要该事实是经过当事人承认并一旦成为判决基础，可能会造成承认者败诉（全部或一部）的，即成立自认。③ "败诉可能说"为日本通说，该说扩大了不利事实的范围。"陈述一致说"认为只要双方当事人就事实的陈述一致，就可认为自认成立。"陈述一致说"认为自认的事实无须以对己不利作为要件，该说进一步扩大了自认成立的范围。

3. 自认应当在诉讼程序中向法官作出。当事人在诉讼程序外作出自认，仅可成为法院认定事实的资料。如当事人在诉讼前的辩论中、在庭前和解程序中的自认，属于证据的标的，受法院自由心证的衡量，但不具有拘束力。对于某一案件来说，当事人在其他的诉讼事件中或刑事案件中承认他造主张之事实，也属于诉讼外的自

---

① 参见占善刚：《民事证据法研究》，武汉大学出版社 2009 年版，第 103 页。

② ［日］松本博之：《民事自白法：判例·学説の再検討》，弘文堂 1994 年版，第 17 页、43 页。

③ 败诉可能说认为，所谓的于己不利的情形是指，基于该不利事实的判决意味着自己全部或部分败诉之情形，而且，该不利事实未必限于由双方当事人承担证明责任的事实。参见［日］新堂幸司：《新民事诉讼法》，林剑锋译，法律出版社 2008 年版，第 377 页。

认，非经他造引用，不得作为裁判的基础。在诉讼过程中，不论陈述时间的先后，只要当事人就某事实的陈述与对方当事人的主张一致，即可成立自认，因此对方当事人援用当事人之前作出的于己不利的陈述，也构成自认（学理上称"先行自认""自发性的自认"或"自发的自认"）。先行自认须对方当事人援用才可成立，当事人可以在对方当事人援用之前撤销该陈述。但是即使撤回先行陈述后，对方当事人才开始主张，该陈述依然可以作为判断对方当事人主张存在与否的全部辩论意旨的事实资料。①

4. 自认中，当事人的陈述需与对方当事人的主张一致。所谓"陈述一致"，是指当事人所承认的事实与对方当事人所主张的事实没有矛盾。② 对于"陈述一致"的标准如何界定，有学者提出"相等价值陈述之理论（价值相等理论）"。所谓"相等价理论"，是指原告与被告的陈述有"相等价值"。如果被告就原告主张的请求原因事实进行争执，但被告自己也作出了同样可以作为原告请求根据的事实陈述，此种情况下，没有证据仅以被告陈述的事实，可否作为法院判决的基础？依据"相等价理论"，即便原告所主张的作为请求根据的原因事实与被告的主张有争执，但因为该两个事实主张的基础，可以作为同一请求的根据，依然成立自认，无需另外的证据证明。那么如果被告陈述了对于自己不利的事实，原告不予援用时，就此被告对于自己不利事实的陈述，是否成立自认？笔者认为，当事人作出不利于己的事实，对方当事人不援用，不成立自认，此时法院仍应本于证据调查结果的事实，确定真伪，斟酌事实

---

①　在对方当事人对自认所作的于己不利之陈述的真实性存在争议时，由于这种陈述构成诉讼资料，因而法院在判断请求妥当与否之际可以对其予以斟酌。此时，在自认成立前当事人撤回关于自认的陈述时，为了判定对方当事人的主张妥当与否，法院可以将被撤回的陈述作为言辞辩论的全部意旨的一部分予以斟酌。参见［日］新堂幸司：《新民事诉讼法》，林剑锋译，法律出版社2008年版，第378页。

②　参见张卫平：《诉讼构架与程式》，清华大学出版社2002年版，第419页。

进行裁判，如果判断原告的陈述并非真实，则应作出原告败诉的判决，以免违反实体的正义。

二、自认的形态

1. 事实自认与权利自认

事实自认，是指当事人就对方当事人所主张的要件事实未作争执而予以承认的行为。权利自认，又称为权利承认、权利自白、法律上自白等，是指当事人向法院所作的承认对方当事人所主张的可以成为诉讼标的前提的权利关系或法律效果的陈述。① 权利自认可以分为两种类型：一种是当事人对权利关系作出自认；另一种是当事人就对方当事人所主张的要件事实的法律效果予以承认。前一种是权利自认的典型，对于请求本身作出的权利自认，构成诉讼请求的放弃或认诺，如果当事人作出诸如"承认过失""存在正当理由"这样的陈述，那么相当于作出了"具体事实与过失或正当事由相符合"这种有关法律判断结论的陈述，因此这种陈述也应当被视为权利自认。

权利自认与事实自认的区别在于：第一，客体不同。权利自认的客体是权利或法律关系，而事实自认的客体是事实；其二，法律效果不同。事实自认对法院和当事人均有约束力，而关于权利承认的效力问题，在理论界争议很大，尚未形成统一认识。权利自认与认诺也不相同，认诺是被告对原告所提诉讼请求的直接承认，而权利自认的对象则是作为诉讼标的法律关系之前提的权利或法律关系。另外，在被告作出认诺时，诉讼将因此而终结，而在权利自认的情形下诉讼仍继续进行，法官也必须对此作出判断。在权利自认中，自认人就对方当事人所提诉讼请求仍有争议，仅对于作为诉讼请求前提的权利或法律效果无争议。

关于民事诉讼中是否应当承认权利自认，免除或减轻主张权利

---

① ［日］新堂幸司：《新民事诉讼法》，林剑锋译，法律出版社 2008 年版，第 382 页。

人的主张责任，目前尚无定论。① 持否定态度的学说可分为两种，全面否定与相对否定说。全面否定说认为，适用法规是法院的职权，当事人主张法律关系若有误，不能由承认者承受，不利于裁判的正确性。② 相对的否定说认为，当事人进行权利自认后，不能因此排除法院的判断权，即法院仍然可以作出与权利自认相反的法律判断。③ 该说曾经是日本的通说，但现在已成为少数说。对权利自认持肯定的学说是目前的通说，该说基本肯定权利自认的效力，但认为权利自认后其效力应当加以限定。对于限定的方法，仍有分歧。有学者认为，权利自认可分为两个部分，以权利自认为基础的事实部分，当事人可以自认，而法的推论部分，则不属于自认范围；④ 也有学者认为，在没有律师为代理人的情况下，当事人只能对一般常识的法概念如买卖、租赁、所有权等，才能进行权利自认。⑤

在对权利自认持肯定态度的学者间，就权利自认所产生的效果应当如果规定，有两种观点：类推适用认诺规定说与类推适用事实认定规定说。⑥ 前者认为权利自认是法律陈述中的观念表示，性质与认诺相同，因此应当类推适用认诺的规定；后者认为，权利自认本质上类似事实自认，应当类推适用事实自认的规定。类推适用事实认定的观点为日本相对占优势的说。该说进一步认为，一旦自认人作出权利自认，则对方当事人基本上无须对自己的权利主张说明

---

① 参见李木贵：《民事诉讼法论》（上），台湾元照出版有限公司 2010 年版，第 6~62 页。

② 参见李木贵：《民事诉讼法》（上），台湾元照出版有限公司 2010 年版，第 6~67 页。

③ 参见 ［日］兼子一、竹下守夫：《民事诉讼法》，白绿铉译，法律出版社 1995 年版，第 246 页。

④ 参见 ［日］三月章：《日本民事诉讼法》，汪一凡译，台湾五南图书出版有限公司 1997 年版，第 317~430 页。

⑤ 参见李木贵：《民事诉讼法》（上），台湾元照出版有限公司 2010 年版，第 6~68 页。

⑥ 参见李木贵：《民事诉讼法》（上），台湾元照出版有限公司 2010 年版，第 6~69 页。

理由，但权利自认并不具有排斥法院判断的效力，只要作为其基础的事实在辩论中出现，并成为法院认定的对象，那么法院可以作出与自认相反的法律判断。但是，在当事人提出与自认权利相矛盾的事实主张的情形下，由于陈述人并没有将该权利作为纠纷解决基础的意思，则不成立权利自认。该学说还认为，是否承认权利自认的法律效果，应考虑当事人对法律关系的理解。如果是当事人无法理解的复杂的法律关系，应交由法院判断是否肯定权利自认的拘束力。为了确保权利自认人的对方当事人的有利地位，权利自认后应在当事人间产生拘束力，不可随意撤回。权利自认的撤回，可以准用事实自认的规定，但自认人以作出自认时意思存在瑕疵为由撤回权利自认时，不应准用事实自认的规定，而应由自认人对"违反真实"和"错误"两个要件均为证明，以免权利自认人承担过重的证明责任失之严苛。其一，权利自认人对"错误"的证明只需达到释明的程度即为已足；其二，权利自认人对于"违反真实"进行证明时只须对与该法律效果不相容的另一个事实予以证明即可认为达到目的。

笔者认为，权利自认的核心要件在于当事人就对方当事人所主张的不利于己的权利或法律关系"不与争执"，如果当事人作出权利自认的同时，提出与权利自认内容相矛盾的事实主张，则不能成立权利自认。由于权利在很大程度上直接关系到裁判结果，因此，权利自认人对法律关系不予争执的正当性基础应该是其对相关的法律效果有相当清楚的认识。自认人只有在已理解法律关系的内容，并且明白地表示不争执的意思时，才应承认权利自认的效力。

2. 明示自认和拟制自认。依据当事人作出自认方式的不同，可将自认分为明示自认和拟制自认。所谓明示自认，是指当事人就对方当事人主张的不利于己的事实向法院明确表示该事实为真实的行为。拟制自认，是指在诉讼程序中，当事人就对方当事人所主张的事实不做明确的争执时，法律据此推定该其具有对此无争执的意思。不争执一般包括：对于对方所为之事实主张不争执（明确不争执）、对此无意见、未具体化之争执及避而不谈或沉默以对等。

大陆法系国家或地区民事诉讼立法皆规定了拟制自认。① 由于拟制自认是缺乏当事人积极作为的表示行为，并非真正意义上的自认。拟制自认仅限于适用辩论主义的事项，而且只能是有关对自己不利事实的主张，不适用于间接事实和辅助事实。即使当事人承认对方当事人主张的所有事实，法院仍然要对"自认事实是否足以支持请求成立"这个法律适用问题进行判断。因此，权利自认、请求的放弃或认诺也不适用拟制自认。② 拟制自认常常产生于当事人出席口头辩论但对对方当事人主张无争议的情形，也适用于当事人缺席口头辩论的情形，即将缺席行为视为对出席的对方当事人在准备书面中所记载的事实无争议，进而成立拟制自认。但是，如果缺席者在之前提出的准备书面中作出了对这个事实予以争执的意思表示，实质上构成一种口头辩论上的争执，那么也不能拟制为自认。拟制自认产生免除对方当事人就自认事实的证明责任的法律效果，在拟制自认的场合，当事人享有追复权，当事人可以随时对未陈述的事实进行补充陈述。对于在原审程序中成立的拟制自认，当事人在上诉审程序中仍然可以就拟制自认的事实进行争执从而解除原审程序中拟制自认的效力。

3. 当事人的自认和诉讼代理人的自认。根据作出自认的主体不同，可将诉讼上的自认分为当事人的自认与诉讼代理人的自认，前者是指当事人本人向法院承认对方当事人所主张的于己不利的事实；后者是指非当事人本人，而是由其诉讼代理人向法院承认对方

---

① 《德国民事诉讼法》第138条第3款规定，没有明显争执的事实，如果从当事人的其他陈述中不能看出有争执时，即视为已经自认的事实。《日本民事诉讼法》第159条第1款规定，当事人在口头辩论之中，对于对方当事人所主张的事实不明确地进行争执时，视为对该事实已经自认。我国台湾地区"民事诉讼法"第280条第1款也规定，当事人对于他造主张之事实，于言词辩论时不争执者，视同自认。

② 也有学者认为权利自认也可以适用拟制，参见［日］藤原弘道：《动产所有权的证明》，《民事诉讼杂志》，第34号，1988年，第17页。转引自［日］新堂幸司：《新民事诉讼法》，林剑锋译，法律出版社2008年版，第381页。

当事人所主张的事实。诉讼代理人在代理权限实施法律行为，其法律后果由当事人承担。但当事人比代理人更了解事实真相，当代理人在言词辩论时承认对方当事人所主张的事实时，当事人有权在法庭辩论终结前撤销代理人所作的自认。

4. 完全自认与限制自认。根据当事人作出的自认是否附加条件，可将自认分为完全自认和限制自认。所谓完全自认，即当事人就对方当事人所主张的事实，无条件地向法院表示其为真实。① 在有些场合，当事人所作的关于事实的陈述有可能只有其中一部分与对方当事人的陈述相一致，另一部分则与对方当事人陈述不一致。此种情形下，法院应提示当事人解释所作的陈述哪一部分内容具有对作为判决基础的事实予以认可之意思，进而确定其成立自认。所谓限制自认，即当事人就对方当事人所主张的事实，在附加了条件或限制的情形下作出承认的表示。② 限制自认虽然也属于自认，但在结果上仅承认了对方当事人主张的一部分事实。在这种情况下，由自认人对附加事实承担证明责任。③ 限制自认可进一步细分为两种类型：附理由的自认与附限制的自认。④ 当事人就对方当事人所

---

① 我国台湾地区"民事诉讼法"第 279 条第 1 款规定："当事人主张之事实，经他造于准备书状内或言词辩论时或在受命法官、受托法官前自认者，毋庸举证。"

② 我国台湾地区"民事诉讼法"规定，当事人于自认有所附加或限制者，应否视有自认，由法院审酌情形断定之。有无自认之事实，由法院审酌情形断定，一有自认之事实，即生自认之效力。参见李木贵：《民事诉讼法论》（上），台湾元照出版有限公司 2008 年版，第 6~64 页。

③ 《德国民事诉讼法》第 289 条规定："（第 1 款）对于审判上的自认，附加有包含独立的攻击或防御方法的陈述者，并不影响自认的效力。（第 2 款）在法院所作让步的陈述，即使有其他附加或者限制的主张，应该在何种程度上视为自认，（由法院）按照具体情况决定。"我国台湾地区"民事诉讼法"第 279 条第 2 款规定："当事人于自认有所附加或限制者，应否视有自认，有法院审酌情形断定之。"

④ 占善刚：《民事证据法研究》，武汉大学出版社 2009 年版，第 110~111 页。

主张的事实在整体上向法院表示有争议，但承认其中一部分事实主张的称为附理由的自认；当事人虽承认对方当事人所提出的事实主张，但作为防御方法附加了与之相关联的事实便称为附限制的自认。

三、自认的效力

关于自认的法律效果，具体表现在以下三个方面：

第一，自认成立后，自认的内容为免证事实，对方当事人无须就该事实进行举证证明。当事人主张的事实，经他造向法院自认后，无须举证证明，法院应以该事实作为裁判基础。申言之，该自认事实不再是法院证据调查的标的，而是成为法院认为真实的判决的基础。① 双方当事人即使就主要事实有争执，然就间接事实无争议，法院仍可以以该无争议的间接事实，依自由心证认定主要事实的存在与否。另外，自认在言词辩论中不拘形式，也不强制当事人应当在言词辩论中使用具有明显自认特征的词语。当事人向法院作出承认对方主张事实的意思表示，对方当事人承认与否不影响自认的成立。②

第二，自认成立后，对法院产生拘束力，排除法院对自认事实的认定权。即便法院在证据调查过程中确信自认的事实与真实不符，也不影响自认的成立。自认对法院在事实判断上的约束力源于双方当事人对法律要件事实所享有的自主形成权，而非自认事实的真实性。自认事实与众所周知的事实都属于免证事实，如果自认违反众所周知的事实，是否发生自认的效果？对此持肯定观点的，如日本学者兼子一认为，应当尊重当事人解决纠纷的意思，即使当事

---

① 在刑事诉讼中，为保障被告的人权，被告人对罪行的供述不能作为定其有罪的唯一证据，要求提供其他证据予以"补强"。因此自认制度不能适用于刑事诉讼领域。

② 具体条文为：《德国民事诉讼法》第288条第2款即规定："审判上的自认的效力，不以（对方当事人的）承认为必要。"

人的自认违反公知事实，仍产生自认的效果，① 否定说则认为，如果自认违反众所周知的事实，则不产生自认的效果。否则，将"有害裁判之威信，丧失一般之信用"。目前，学理及实务多采否定说。不过，所谓的众所周知也存在着程度上的差异，对于"极为有限的时间及地点存在的众所周知"，还是不应当轻易否认当事人自认的效果。当事人在原审程序中对某一事实所作之自认，对上诉审法院也具有拘束力，上诉审法院的审理判断，也应当以原审所为自认之拘束力为前提。不过，对于奉行职权探知主义的案件或事项，自认则不具有这种效力。对于这些案件或事项，法院不受这些自认的拘束，而依据自由心证来认定事实。

第三，基于诚实信用原则或禁反言的规制，自认不得随意撤回。自认一经作出，即具有毋庸举证和拘束法院的效力，如果仅仅因为自认人的意思而使对方当事人丧失因自认已经获得的、诉讼上的利益状态，会损害对方当事人诉讼权益。因此，原则上，当事人不得在随后的诉讼阶段随意撤销先前所作的自认，也不得提出与自认的事实相矛盾的事实主张。考察域外立法，对自认撤回的"例外情况"的规定一般有：1. 经对方当事人同意。对方当事人无须就自认事实举证证明，是对方当事人享有的诉讼利益，其有权进行处分和放弃。自认人经对方当事人同意后撤销自认，法院应对该事实再行审理。为避免因此而导致诉讼迟延，立法通常要求当事人应在言词辩论终结前撤回自认。② 2. 意思表示存在瑕疵。如果当事人的自认是在违反自认人的真实意思的情况下作出的，则不能将这

---

① 当事人自认的事实违反众所周知的事实，是否产生自认的效果，兼子一博士对此持肯定的意见，认为即使如此，当事人的自认依然应当产生自认的效果。参见［日］新堂幸司：《新民事诉讼法》，林剑锋译，法律出版社2008年版，第380页。

② 我国台湾地区"民事诉讼法"第279条第3款规定，自认之撤销，除别有规定外，经他造同意者，始得为之。在对方当事人同意的情形下，自认人可以撤回自认虽未为日本民事诉讼法所规定，但乃为日本判例所确认。参见［日］高桥宏志：《民事诉讼法 制度与理论的深层分析》，林剑锋译，法律出版社2003年版，第402页。

种自认事实作为裁判基础，否则将有违诉讼公正。① 因此，如果当事人能够证明作出的自认违反其真实意思，且自认事实与真实不符时，应当允许当事人撤回自认。当事人可因"基于错误"而撤回自认，是日本通说，新堂幸司认为，只要有违反真实的证明就可以为错误的事实上推定；池田辰夫认为，当事人只需要证明自白出于错误，即可以撤回。② 但我国台湾地区"民事诉讼法"认为，基于错误作出的自认，不能成为撤销自认的要件。当事人基于错误而作出自认，但其自认的事实不违反真实时，即便允许自认人撤销自认，法院依据自由心证也应当会得出相同的认定，因此，在这种情况下，自认人没有撤销自认的利益。第三，因应受刑事惩罚的他人行为而作出的自认。在这种情况下，无论自认事实是否真实，都应当允许当事人撤销自认。③

自认被撤回或追复后，即失去了其效力，该自认事实重新成为有争执的事实。不过，自认被撤回之前当事人所作自认的表示并不影响法官对案件事实的认定。法院可将该当事人先作出自认后又撤回之情形作为言词辩论全部意旨的一部分，进行作为心证形成的证据原因。

---

① 亦有观点认为不应将自认系出于错误作为自认可撤销的条件之一。参见陈计男《民事诉讼法论》（上），台湾三民书局股份有限公司 2002 年版，第 449 页。

② 松本博之认为，只要可证明自认违反真实，即应解为可允许撤回，盖对已信赖自认之对方当事人之信赖保护，固然重要，惟如果能证明自认违反真实，由于对信赖之对方当事人，显然无害，自应解为可允许撤回。参考李木贵：《民事诉讼法论》，台湾元照出版有限公司 2010 年版，第 6~64 页。

③ 具体条文为：《日本民事诉讼法》第 338 条第 1 项第 5 款规定："因刑事上应罚之他人行为而自认，或妨碍足以影响判决之攻击防御方法之提出者。"《德国民事诉讼法》第 580 条回复原状之诉第 1 款事由："对方当事人宣誓作证，判决即以其证言为基础，而当事人关于此项证言有故意或过失违反宣誓义务的罪行。"这种情形亦为日本判例所确认。参见［日］新堂幸司：《新民事诉讼法》，林剑锋译，法律出版社 2008 年版，第 377 页。

第三节　沉　　默

一、沉默的内涵

所谓沉默，是指当事人就对方当事人所提出的事实或证据不进行任何陈述，既不作出承认的表示，亦不积极地进行争执，不表示任何意见的情形。当事人的沉默通常具备两个要素：第一，有对方当事人主张的事实存在；第二，当事人就对方当事人主张的事实不表态。从诉讼中攻防手段的展开来看，一方当事人就对方当事人提出的事实主张的态度，可分为争执与不争执两种，抗辩和否认均属于争执；所谓不争执，是指当事人就对方当事人所主张的事实，不作出同意与否的陈述，包括单纯的沉默、自认等。对当事人争执与否进行辨别的意义在于，判断该事实是否有立证的必要性。如果一方当事人就对方当事人所主张的事实不争执，通常来讲就没有立证的必要，如果当事人有争执的事实，则应当立证。诉讼中，当事人的沉默，即就对方当事人主张的事实不争执，法律可拟制其为自认。

民事诉讼中的当事人负有迅速进行诉讼的义务，以节省司法资源。诉讼中，有些当事人为了避免发生自认的效果，对认可的事实，或无反证的事实不愿意主动承认，因此不进行陈述。此时基于诉讼促进义务，以及对对方当事人程序利益的保护，诉讼立法应当对当事人的沉默进行规制。规制沉默的诉讼基础理论包括：1. 基于诉讼促进义务，法律应当对当事人的沉默态度进行规制。诉讼促进义务是指当事人在诉讼过程中应当尽自己最大的努力和善意推动诉讼程序进行的义务。申言之，为避免诉讼迟延，当事人负有适时提出攻击防御方法的义务。民事诉讼虽是为了解决私人之间的纠纷，保护当事人合法权益，但不能因为要保护权利而拖延诉讼。因此，诉讼主体应当尽己所能促进诉讼的顺利进行，这意味着当事人应当在法官的积极阐明下非常明确地提出攻击防御方法，而不应采取模棱两可的沉默态度。2. 基于诚实信用原则，法律应当对当事人的沉默进行规制。作为民事诉讼的基本原则，诚信原则要求任何一方当事人都不可为了拖延诉讼进程而迟延提出诉讼资料，从而增加对方当事人程序上的不利益，也不可使法院付出不必要的诉讼资源。为了提高诉讼效率，大部分的国家和地区均强化了当事人的诉讼促进义务来推动诉讼程序的进行。因此，如果当事人沉默，为避免不正当的消耗，法律必须对该态度界定法律效果，而不能不予判断。

二、沉默的形态

诉讼中，当事人的沉默形态主要有以下两种：

第一，当事人在诉讼程序中就对方当事人主张的事实不发表意见。有学者认为"不争执"仅是指当事人就对方当事人主张的事实，消极的不表示意见，如果当事人已积极的表示"对于他造主张之事实不争执"，衡量其性质应属于自认而非"沉默"。[①] 也有学者认为这种见解不妥当，认为不可将当事人明确表示的"不争执"认定为自认，自认是当事人就对方当事人所陈述的于己方不利事实所作出的积极性承认，或是承认的应答，或是相同等值的陈述，法院可依据该陈述认为对方当事人的事实主张为真实。[②] 如果将当事人明确表示的"对此不争执"视为自认，其后当事人即使作出争执的陈述，也无法对自认的效力产生影响。因此在个案中，为避免造成突袭，法院应当加强对当事人的阐明，使明确作出"不争执"的当事人能明确区分"对方当事人陈述为真"与"就对方当事人之主张不争执或无意见"的区别。依据这种观点，当事人的"不争执"不仅包括当事人消极的不发表意见，还应当包括积极地表示"不争执"，如"就对方所陈述的某事实主张不争执"（明示不争执）、"对此无意见"、未具体化的争执以及避而不谈或

---

① 吴明轩：《中国民事诉讼法》（中），台湾三民书局股份有限公司2004年版，第880页。

② 参见姜世明：《民事证据法实例研习（二）暨判决评释》，台湾新学林出版股份有限公司2006年版，第55页。

沉默以对等情形。在德国，"不争执"被定义为"一无所有（没有东西）"，当事人不需要明确表示其不争执，仅须在其虽有机会争执时，未加以争执即可。笔者同意第一种观点。

对当事人就对方当事人主张的事实是否沉默的判断，应斟酌当事人是否在适当时期提出"争执"、有无违反诉讼促进义务或其他诉讼法上义务等情节。当事人如果逾时就对方当事人主张的事实进行了争执，当事人应当承担失权制裁，法官对其后所进行的争执行为不应予以考虑。若当事人是在言词辩论中，对于应负主张责任的一造当事人所主张的事实有否定或限制的意思，自不能认为当事人沉默。如果当事人在准备书状上已进行争执，但在言词辩论中未争执，法官应对当事人进行阐明，确认其是否撤回先前的争执，亦即"不争执"。判断当事人是否为"不争执"，应综合全部言词辩论全过程进行判断。当事人就对方当事人所主张的事实没有明显争执的意向，但在他项陈述中有"争执"的意思，则不可视作"不争执"，否则有悖于当事人的真实意愿。当事人在他项陈述中"争执"的意思明显与否，由法院判定。

第二，当事人就对方当事人主张的事实，已经在相当时期内受到合法的通知，仍于言词辩论期日不到场，也未提出准备书状争执的，亦可认为当事人沉默。对于当事人受合法通知而不到场，是由于不可归责于当事人的事由所导致的情形下，应不能认为当事人沉默。不到场的当事人是依公示送达通知的，亦不能认为当事人沉默。因为不到场的当事人是依公示送达通知的，该当事人就对方当事人主张的事实、证据及法院的通知，实际上不太可能知悉，自然无从争执，因此也不宜认为当事人沉默。如果未到场的当事人事实上已经知晓对方当事人主张的事实，则可认为当事人沉默。

三、沉默的效力

诉讼程序中，当事人就对方当事人主张的事实沉默，且从辩论的全部意旨来看，也不能认为当事人有争执的，会产生拟制自认的法律效果。当事人就对方当事人所主张的事实不争执，法官应善尽其阐明义务，对"不争执"的真意进行适当的阐明，以理清当事人是否进行认诺、自认，或沉默之"不争执"，避免造成对当事人的突袭。如果经阐明谕示当事人在适当时期内进行争执后，当事人仍无正当理由怠于争执的，效果同拟制自认。所谓拟制自认，是指当事人虽然未就对方当事人所主张的不利于己的事实，作出自认的意思表示，但当事人在进行言词辩论时不进行争执。拟制自认也适用于当事人对于对方当事人主张的事实，已在合理期限内受到合法的通知，而未到场或未提出准备书状进行争执的情形。拟制自认意味着，虽然当事人行为外观与自认的外观有所差异，但基于制度设计，法律拟制其为自认，从而产生自认的效果。在未经自认人合法撤销其自认前，法院不得作出与自认之事实相反的认定。因此，沉默的当事人一旦认定为拟制自认，也对自己和受诉法院均有约束力。另外，当事人就对方当事人所主张的事实，有陈述意旨、使相对人进行立证的权利，此权利应当在言词辩论结束前行使，否则视作自认，该拟制自认是当事人不行使权利的结果。

如前所述，关于沉默的效力如何，各国民诉法一般通常规定，沉默视为承认对方当事人所主张的事实。我国也有类似的规定，《民事证据规定》第4条规定："一方当事人对于另一方当事人主张的于己不利的事实既不承认也不否认，经审判人员说明并询问后，其仍然不明确表示肯定或者否定的，视为对该事实的承认。"但时，沉默即推定为拟制自认的效力是否适用所有情况，笔者认为还应具体情况具体分析。能够成为沉默对象并发生拟制自认效果的事实限于对方当事人主张的事实。该事实不仅包括个别的事实主张，还包括整体事实的综合陈述。当事人就因果关系、出租的事实以及占有某物的事实、合约的有效成立、经济不佳的事实、文书的真伪等事实均可纳入拟制自认的适用客体。① 但对于价值判断、经验法则（例如生活经验、交通习惯、商业习惯等）、证据评价则不可成为拟制自认的对象，法律的适用也不可纳入拟制自认的范围。

---

① 对于文书真伪不争执，只能产生形式的证据力，至于实质的证据力，即文书的内容是否足以证明待证事实，则应经由双方当事人进行适当完全的言辞辩论后，由法院进行判断。

另外，拟制自认制度中，对于所有权、租赁、买卖、契约、担保等日常生活中为人们所熟知的涉及法律定性的事实，能否成为拟制自认的客体，尚有疑义。譬如，对于某待证事实的法律定性，法院认为应当属于借贷关系，能否因为拟制自认的适用，而认定为负主张责任的当事人所主张的租赁关系？此疑问涉及前文所论及的权利自认的问题，在辩论主义及处分权主义的适用范围下，对日常生活的法律概念名词的使用，造成突袭的可能性较少，因而原则上可以承认权利自认的合法性，但如果存在显失公平的情形，法院应当在个案中适当阐明，以维护当事人的合法听审权及诉讼上的武器平等。如果是非日常生活的法律用语，就此等法律事实适用拟制自认，容易造成当事人突袭，如果当事人未聘请律师，法院应当对该等权利或法律关系的内涵进行适当的说明，不可贸然适用权利自认，否则容易造成过度的诉讼促进。① 如果属于经过合法公示，当事人未到场的情形，法院对此等权利或法律主张的内涵，未必有程序保障的机会，则不宜无条件地适用拟制自认。

第四节　不知的陈述

一、不知的陈述的内涵

不知的陈述，是指当事人在民事诉讼中，就对方当事人所主张的事实，向法官为不知晓或不记忆的陈述。不知的陈述不同于否认和自认，当事人虽就主张事实进行了评价，但未表示争执也未表示承认，而是使事实处于一种不确定的状态。当事人不知的陈述在法律上的评价如何，直接关系着当事人的举证行为，对不知陈述的认

① 也有学者认为，如果法院已经进行了适当的说明，当事人仍愿意承认对方当事人当事人所为的对其不利的法律定性（例如将借贷改为租赁），则在处分权主义及便利主义之适用范围下，可以认为其已属当事人在程序上形塑其实体权的权限自由，国家已无调整的必要。就此部分，若基于促进诉讼法理，亦可适用拟制自认。

定也对案件事实的发现、诉讼程序的顺利进行有重要影响。

进行不知陈述的当事人，仅限于不负主张责任的当事人。负有主张责任的当事人不能成为不知的陈述的主体。经主张责任分配应属于当事人"主张"的，亦即对其有利的事实，当事人不可为不知晓或不记忆的陈述，负主张责任的当事人需使该事实成为判决基础，如果未被当事人在口头辩论中陈述，就不能成为裁判的基础，应由当事人就未主张负担危险或不利益。因此，当事人的主张陈述应尽可能真实、具体。负主张责任的当事人在作出事实主张后，对方当事人就此应作出一定防御，在认可不负证明责任的当事人对事案解明负有自觉协力义务的国家，在立法上，通常对不知的陈述的合法要件进行较为严格的规定；反之，如果认为不负证明责任的当事人没有义务主动的协力义务时，则通常允许其作出一般意义上的不知的陈述，其效果如何，交由法官自由裁量，法律不做硬性规定。

当事人进行不知的陈述，其主观状态有两种：1.当事人在其主观上确实就特定事实欠缺认识，无法就该事实进行进一步的说明，或无法确认对方当事人之主张是否真实。2.当事人就对方当事人主张的事实有明确的认识，但为避开自认带来的不利影响，出于延滞诉讼进程的目的借口不知晓或不记忆而进行不知的陈述，这种不知的陈述与单纯的否认在功能上十分相近，违背了真实陈述义务与具体化陈述义务。法律对不知的陈述进行规制，需要解决两个问题：1.通过制度设计，迫使当事人在作出防御行为时，必须符合具体化陈述和真实陈述的义务，除非当事人确实在主观认知上不具有可期待性，否则不得作出不知的陈述。因此，法律应当考虑如何从行为模式和法律效果上规制当事人的不知陈述的防御行为。2.通过制度设计，使法官清楚如果在审理案件的过程，遇到当事人做不知的陈述时，应当如何认定。当事人对特定事实是否知晓、记忆涉及个人内部活动，法院难以对其进行判断，为避免法院就当事人主观上对主张事实是否知晓陷入判断困难，在当事人进行不知陈述时，可以当事人在客观上是否践行了资讯探知义务作为许可不知陈述的判断标准。

二、不知的陈述的形态

（1）就所经历的事情所做的不知的陈述

根据经验法则，当事人就所经历的事情，在主观认识具有可期待性。因此，这一类不知的陈述，在有些国家如德国的法律中被界定为"不合法"的不知的陈述，将产生拟制自认该事实的法律效果。但是，实践中，也会出现当事人对自己所经历的事情确实不记得或无法认知的情形，对于这类特殊情形，当事人也被允许作不知的陈述，但需符合两个条件：1. 说明自己确有合理的、让人信服的理由有不知道或不记忆的特殊事由，向法院合理地释明该理由。如因为年代久远确实不记得；当事人曾患短暂性失忆症等，这些事由通常可以由经验法则推知或者有相关的证据事实辅助法官判断。因此排除了当事人为逃避自认而随意作出的不知陈述明显不成立的情形。2. 当事人就该事实已尽其探知之能事，查阅了相关的文件、音响资料，然而仍然无法获取与待证事实相关的内容时，纵使该事实属于当事人所亲身经历，也应许可其为不知的陈述。这一条在法律上要求非常严格，比如德国法律规定，当事人只有在已尽情报搜集的调查义务并且向法院释明了调查结果的真实性后才能对该事实作不知的陈述。可见，对于这类不知的陈述，当事人在必要时还需要证据辅助说明。

（2）就未经历的事情所做的不知的陈述

根据经验法则，当事人就自己所未经历的事情，在主观认识上不具有期待可能性。从一般意义上来判断，当事人就未经历的事情作出"不知道""不清楚"的防御是可以接受的，法律不能强求当事人做超出其能力范围的事情。但是从司法实践来看，对于当事人因未经历而事实上不知，但该事实属于其可探知范围内的情况，当事人仍应践行资讯探知义务。在证据分布不均衡，进而使权利主张者无法掌握其主张所必需的事实及证据的情形下，让处于更易于使用必要证据方法之地位的一方当事人来承担该事实的证明责任，可促进、深化事案的解明，符合诉讼中的公平理念。因此，不负主张、举证责任的当事人就对方当事人主张的事实为不知晓或不记忆的陈述之前，应当就该事实进行探知。如当事人就对方当事人主张的事实不予探知，纵使该事实为第三人之行为，也认为其不具备进行不知陈述的客观要件。

德国联邦法院就上述情况表明了态度：在两种情况下，即便待证事实不属于不负证明责任的当事人的行为或认识的对象，也不允许其当然地进行不知的陈述。第一，对方当事人所主张的事实处在自己的事业领域（Unternehmungsbereich）或认识领域（Wahrnehmungsbereich）内；第二，对方当事人所主张的事实是在自己领导、监督或负责之下的工作人员所为。在这两种情况下，不负证明责任的当事人只有在履行了调查义务仍不能获取该信息或仍不具有获取该信息的期待可能性的情况下，才能作不知的陈述。①

三、不知的陈述的效力

当事人进行不知晓或不记忆的陈述，通常产生三种法律效果：第一，拟制自认。当事人如在立法设立的范围外进行不知的陈述，会被视为没有对对方当事人所主张的事实进行具体化的争执，则会产生拟制自认的法律效果。② 第二，推定争执。不负证明责任的当事人所作的不知的陈述若被法院认定为合法，则会视为其有效地争执了对方当事人所主张的事实，作出不知陈述的当事人也由此免除附理由的否认义务。③ 第三，法官自由裁量。当事人就对方当事人

---

① BCG NJW 1999，53，BCG NJW-RR2009，1666，Vgl. Zöller，ZPO，138 Rn. 13，15，28. Aufl.，2010. 转引自占善刚：《德国、日本民事诉讼中不知的陈述规制之比较及其启示》，载《法学评论》2014 年第 3 期。

② 《德国民事诉讼法》第 138 条规定："当事人应就事实状况作出完全而真实的陈述；当事人对于对方当事人所主张的事实，应作出陈述；没有明显争议的事实，如果从当事人的其他陈述中不能看出有争议时，即视为已经自认的事实；对于某种事实，只有在它既非当事人自己的行为，又非当事人自己所亲自感知的对象时，才准许说'不知'。"

③ 美国《联邦民事诉讼规则》第 8 条（b）规定，当事人应当以简要明确的措辞对每一请求作出答辩，并应对原告起诉书中的每一项事实主张作出承认或否认；如果他对对方当事人主张的事实没有足够的了解或信息而无法确信其真实性时，对此所作的陈述具有否认的效果。

所主张的事实，进行不知晓或不记忆的陈述，由法院审酌案情决定是否构成争执。第一种和第二种法律效果共同构成不知陈述规制的主要模式之一——以德国为代表的，在民事诉讼立法中明确设立不负主张、举证责任的当事人进行不知陈述的合法要件。第三种法律效果则体现了不知陈述规制的另一种立法模式——以日本和我国台湾地区诉讼立法为代表，立法中没有明确设定当事人进行不知陈述的许可要件，受诉法院依据具体案情审酌判断当事人不知陈述的法律效果。由于我国民事诉讼法关于"不知的陈述"及其效力未做任何规定，法官在遇到当事人回答"不知道"时，对案件事实的判断也只能综合所有证据和事实配合证明标准来判断，如果遇到真伪不明的情况，也只能遵循主张责任和证明责任的分配来作出判定。我国民诉法对"不知的陈述"付之阙如的另一个原因在于缺乏理论基础——不负证明责任的当事人应负有的"事案解明义务"。因此，笔者仅针对德国、日本和我国台湾地区的相关规定对"不知的陈述"的效力进行分析：

（一）德国

《德国民事诉讼法》第 138 条第 4 款规定了将不知的陈述作为具体化陈述的例外情形予以规定。不负主张、证明责任的当事人就对方当事人所主张的事实只能在其确实无法履行具体化义务时才可为不知晓或不记忆的陈述。德国的民事诉讼立法明确限定当事人仅能就既非自身行为、亦非自身亲自感知对象的事实作不知陈述。① 但在诉讼实务中，即使待证事实是自己之行为与认识范围内的对象，不负主张、证明责任的当事人能够向法院提出合理的解释，亦可进行不知的陈述；待证事实不是自己之行为与认识范围内的对象，当事人也并非当然地可以就此事实进行不记忆或不知晓的陈述。在司法实践中，德国联邦最高法院的处理则更为灵活，从联邦法院审理的案件来看，不负主张、举证责任的当事人只要尽力履行

----

① 《德国民事诉讼法》第 138 条第 4 款规定："对于某种事实，只有在它既非当事人自己的行为，又非当事人自己所亲自感知的对象时，才准许说'不知'。"

了资讯探知义务，即便是亲身经历的事实，法院也应许可当事人就该待证事实进行不知的陈述。① 而对于非自身行为、亦非自身亲自感知对象的事实，如果能够期待不负主张、举证的当事人无困难地接近诉讼资料或证据资料时，则该当事人在进行陈述之前应当先对该事实进行查明探知，否则，法院也会认定其所进行的不知陈述为不合法。

德国的理论学界也认为不应僵化理解138条第4款的规定，而应从立法目的来推论不知的陈述的合法性要件。第138条第4款的规定的目的是规制不负证明责任的当事人在对知悉案件事实的情况下，规避真实陈述义务，而声称自己不知道。立法者并非苛刻地要求当事人必须就自己做过的或者亲历的事情都清楚记得并在法庭上陈述，而轻易动用拟制自认的条款显然对当事人过于草率。甚至有德国学者批评该条规定存在巨大的立法漏洞，因为其忽略一种广泛存在的可能性，即不负证明责任的当事人对于自己作出的或者亲历的事实确实无法进行具体化陈述。大部分学者认为实务界的这种处理趋势与立法的初衷是一致的，并将判例中对当事人不知的陈述的处理标准转化为对当事人认识该事项并进行具体化陈述的期待可能性的判断。换言之，并不单纯以当事人与待证事实之间是否直接感知为客观判断标准，而是看在具体情形中，当事人是否有可能对该事项进行具体化陈述，以及是否尽到积极查明的义务，如果积极查

---

① 原告A向被告B承租K屋作为经营贩卖运动服饰的场所，因K屋暖气管线须清理及房屋整修需要，B请S公司就房屋进行修缮。修缮完毕后，A主张在7月30日因修缮造成巨大灰尘，导致其存放于屋内的服饰脏污，受到损害，向B以积极侵害权为理由请求损害赔偿。B在第一次答辩时称"S公司表示，暖气管线清理工作早在7月30日以前完成，具体哪天完成，并不清楚，必须为不知的陈述"。上诉第二审法院认为应不许可B的不知陈述，将之拟制为自认，并判决B败诉。然德国联邦最高法院废弃了此判决，认为被告B已向S公司查询，因此已尽资讯探知义务，应许可其进行不知的陈述，而必须进行证据调查程序。转引自：沈冠伶：《论民事诉讼程序中当事人之不知陈述——兼评析民事诉讼法中当事人之陈述义务与诉讼促进义务》，载《政大法学评论》第63期，2006年。

明以后仍不具备这种期待可能性，就允许其进行不知的陈述。①

（二）日本

日本的民事诉讼立法对当事人的不知陈述进行规制的历史由来已久，1926 年修改前的《日本民事诉讼法》对不知陈述的规定类似德国民事诉讼立法的规定，明确限定当事人进行不知陈述的范围，不负主张、举证责任的当事人只能在待证事实既非自身的行为或认识范围内对象的事实的情况下才可以为不知晓或不记忆的陈述。立法机关认为对当事人进行不知陈述的范围的限定过于机械，疏于保障当事人的合法权益，在 1926 年的民事诉讼法修改中删除了该项规定。根据现行《日本民事诉讼法》第 159 条第 2 款规定，不负主张、举证责任的当事人就对方当事人提出的事实为不知晓或不记忆陈述的，可推定其争执了该事实，② 即除明显不合理的情形外，视不负主张、举证责任的当事人否认了该事实的意思。③

在日本，虽然立法中对于当事人进行不知陈述范围的规定被废除，并对当事人不知陈述的法律后果进行了规定，但诉讼实务中，适用新法的规定，仍然能得出与旧法相同的结论。因为根据经验法则，如果不负证明责任的当事人对自己经历过的事情作出不知的陈述，且无合理的理由，法院会以其违反诚实信用原则评价其为不合法的陈述，并不会推定其有争执的效果。反之，法院若认为不负主

---

① 参见沈冠伶：《论民事诉讼程序中当事人之不知陈述——兼评析民事诉讼法中当事人之陈述义务与诉讼促进义务》，载《政大法学评论》第 63 期，2006 年。

② 《日本民事诉讼法》第 159 条第 2 款规定："对于对方当事人所主张的事实，已作出不知的陈述的，则推定为争执了该事实。"

③ 《日本民事诉讼法》第 159 条第 2 款直接将不知陈述推定为争执，即作为否认来予以对待。易言之，对他方主张的事实作"不知道"的陈述，将推断其对该事实有争议。参见［日］中村英郎：《新民事诉讼法讲义》，陈刚、林剑锋、郭美松译，法律出版社 2001 年版，第 202 页。对推定争执的理解在于，除明显不合理的情形，应将不知陈述视为具有否定的意思。至于是否为不合理，则由法官斟酌证据调查的结果依据自由心证予以判断。参见［日］新堂幸司：《新民事诉讼法（第三版补正版）》，弘文堂 2005 年版，第 389 页。

张、举证责任的当事人对待证事实进行的不知陈述不合理，就不会认定该当事人否认了待证事实，法院若认为当事人进行的不知陈述是合理的，将会认定其陈述具有否认该待证事实的效果。

（三）我国台湾地区

我国台湾地区"民事诉讼法"并未明确规定不负主张、举证责任的当事人进行不知的陈述的具体范围。在诉讼过程中，法院审酌具体情形决定是否许可当事人进行不知的陈述，在许可时视为其争执了对方当事人主张的事实，负主张责任的对方当事人应就待证事实进行举证，在不许可时视为当事人承认了对方当事人主张的事实，对方当事人则就该事实免除了证明责任。① 在诉讼实务中，法院许可当事人进行不知陈述的标准并不明确，通常由法官审酌具体案情依据自由心证加以判断，大多数情况下是将当事人在客观上或情理上能否知悉或记忆待证事实作为判断的标准。另外，作为不知陈述的理论基础，台湾地区"民事诉讼法"规定不负主张与举证责任的当事人在特定情形下，应当协力解明案件事实，以促进诉讼，维持当事人间使用诉讼与证据资料的不平等。因此，在不知的陈述的情形下，基于当事人的诉讼促进及协力解明案件事实义务，法院可促使当事人就其所能得到的资料予以查明探知，当事人如未为探知，法院得依申请或依职权命令该当事人说明其理由，尤其是在对方当事人所主张的事实涉及当事人自己、代理人、职员等的行为，具有高度探知可能性的情形。

---

① 我国台湾地区"民事诉讼法"第 280 条第 2 款规定："当事人对于他造主张之事实，为不知或不记忆之陈述者，应否视同自认，由法官审酌情形断定之。"

第四章　民事诉讼主张的规制

第一节　民事诉讼主张提出的规制

一、主张的提出时间

当事人在诉讼程序中展开攻击和防御，以主张作为主要攻击手段，以抗辩、否认等作为防御手段，之后还可能出现再抗辩、再再抗辩等手段。在这个过程中，主张以及主张的防御交互发生，若对主张提出的时间和顺序完全不加规制，会导致诉讼行为的随意性以及诉讼程序的延滞。从攻击防御方法提出原则的历史发展来考察，主张的提出原则有以下三种：

（一）法定提出主义

法定提出主义也称为法定顺序主义，是指当事人的诉讼主张和诉讼资料的提出必须按照法律明确规定的顺序进行，否则就无法产生诉讼法上的效力。[①] 法定提出主义发源于德国普通法时代，当时的立法者为了防止当事人在攻击防御的提出上自由散漫，导致诉讼延滞，将诉讼的审理过程严格划分为若干阶段，并在每个阶段规定了当事人应当完成的诉讼行为及时间。当事人关的主张和防御行为整理完毕后，再进入调查证据的阶段。如果当事人在某一法定阶段耽误了攻击、防御手段的提出，在后另一阶段不得补充。根据主张

[①]　参见王甲乙等：《自由顺序主义之检讨》，载民事诉讼法研究会主编：《民事诉讼法之研讨（三）》，台湾三民书局有限公司 1997 年版，第 332~333 页。

与证明的提出阶段不同，法定提出主义又可以分为同时提出主义和证据分离主义。同时提出主义是指，当事人就主张及其证据的提出必须同时进行，或者在一定期间内提出，否则不生效力。同时提出主义中，当事人攻击防御方法的提出遵循一定的顺序，即原告的权利主张、被告的抗辩、原告的再抗辩……在每个阶段以中间证据判决来固定证据调查的结果，并且在各个阶段的攻击防御方法提出之后，针对特定的主张来声明证据。证据分离主义是指，庭审程序中将主张阶段和证据提出阶段进行严格界分，当事人必须就支持其诉讼请求的全部事实主张进行列举以后，再进入证据调查阶段。一但开始调查证据，当事人就不得再进行事实上的陈述。证据分离主义原是德国普通法所采纳的模式，在该模式下，当事人如果没有在事实主张阶段穷尽列举所需要的主张，之后再进行主张补充的，不生效力。证据分离主义和同时提出主义的区别在于立法者规定的法定程序中诉讼行为的顺序之细节有所不同。从本质上来看，两种模式都是将诉讼阶段进行严格划分，使当事人受失权原则的支配。

严格的法定提出主义最初是以规范和促进诉讼程序，防止当事人诉讼行为的随意性为目的，但是失权的后果促使当事人穷尽列举一切可能的主张以避免诉讼上的不利。当事人因为失权的威胁，将可能不重要的主张和证据也一并提出。在当时，常常会出现滥用假定之主张或假定之抗辩的情形，使案件的焦点不能有效集中，反而增加了法院的审理负担。为了配合严格的法定顺序主义，这一阶段德国法院采取的审理方式是书面审理主义。在书面审理主义的背景下，实施法定顺序主义，的确能够使审理程序按部就班地进行。但是法定顺序主义的阶段划分太过严苛，由此导致的失权不仅会削弱判决的事实基础，对当事人而言也存在权利保护不周的缺陷。因此，在民事诉讼逐渐采取言辞辩论为审理原则后，法定顺序主义逐渐被自由提出主义所取代。

（二）自由提出主义

自由提出主义，也称为自由顺序主义，是指法律不对当事人的诉讼行为设置固定的顺序，当事人在言词辩论终结之前可以随时主张事实和提出证据。自由提出主义除了对当事人诉讼主张的时期没有限制，对诉讼主张的形式也不做严格要求。在这种模式下，当事人在言词辩论终结前，无论何时都可以提出攻击防御方法，所以也称为随时提出主义。① 自由提出主义最早规定于 1806 年的《法国民事诉讼法》中，在经历法国大革命以后，当事人攻击防御的自由提出作为对自由权利追求的体现在民事诉讼法中得以确立。之后在 1877 年《德国民事诉讼法》中，为了配合言辞辩论主义的确立，也确定了自由提出主义。《日本民事诉讼法》和我国台湾地区"民事诉讼法"也效仿了该立法原则。在自由提出主义基础上，法律将言辞辩论的整个过程被视为一体，不可分割，也即言辞辩论之不可分性。同时，法律还规定，只要是在言辞辩论阶段正式完结之前，当事人或早或晚所做的陈述均产生诉讼法上的相同效果，也即所谓言辞辩论之同价值性之原则。②

自由提出主义下，当事人在口头辩论总结前，可以随时提出主张并举证，这样虽然保证了诉讼资料的充实和审理的灵活性，但又难免走向另一个极端。对当事人而言，随时无限制地提出新的主张和举证，意味着可以对对方当事人进行主张突袭，或者借自由提出主张来实施拖延战术；对法官而言，争点迟迟不能确定，也无法进行有效率的审判。在二审审理中，自由顺序主义的弊端也十分明显，尤其是在采取续审主义的国家，法律规定当事人可以在第二审中提出新的诉讼主张及新的证据，在纯粹的自由顺序主义模式下，当事人即便故意将重要的诉讼资料留至二审再提，也无需承担失权的后果。这直接导致了当事人忽视第一审程序而将审理重点放在第二审，与第二审的纠错程序定位明显不符。因此，自由提出主义在实施起来也面临着诸多问题，在这之后便出现了对自由顺序主义的修正——适时提出主义。

---

① 参见王甲乙等：《自由顺序主义之检讨》，载民事诉讼法研究会主编：《民事诉讼法之研讨（三）》，台湾三民书局有限公司 1997 年版，第 332~333 页。

② 参见李木贵：《民事诉讼法（上）》，台湾元照出版有限公司 2010 年版，第 1~99 页。

（三）适时提出主义

自由顺序主义的弊端出现以后，学界和立法界开始寻求对其进行限制和约束的方法，并认为诉讼的攻击防御方法，应当依照诉讼进行的程度，在"适当的时期"提出。日本在 1993 年《民事诉讼法》修改中，考虑到随时提出主义的弊端，将审理阶段划分为两个部分：整理争点阶段和证据调查阶段。当事人在前一阶段应当尽可能地提出所有的攻击防御方法，包括各种主张、抗辩和再抗辩等。在第二阶段进行当事人举证，以及展开证人讯问和本人讯问程序。随着适时提出主义的发展和完善，目前以德国、日本为代表的主要大陆法系国家均在立法中确立了该原则。纵观相关立法和理论界的研究，适时提出主义的内容主要包括以下几方面：

1. 适时提出主义下，当事人提出主张及防御的具体时间

各国立法对第一审准备程序中当事人提出主张及防御的具体时间规定不一样。大致将第一审的攻防阶段分为三部分：第一阶段是提交书面材料阶段。在这一阶段中，主张及防御通过法律文书的方式提出，主要包括：原告的起诉状、被告的答辩状、原告的反驳书。[①] 第二阶段是整理争点阶段。在这一阶段中法院需要明确案件的争点以及后续调查中作为证明对象的事实。[②] 当事人可以就书面材料中的主张进行明确和补充，并就对方当事人的抗辩意见进行交流，为法院整理争点提供依据。第三阶段是证据调查及口头辩论阶段。虽然法律不禁止当事人在口头辩论阶段就之前的准备阶段未提出的事项进行新的主张，但是法院可以行使诘问权要求当事人说明当时未能及时提出的原因，当事人也有义务进行说明。

另外，在第一审程序中，当事人可以追加、变更诉讼请求，这也是适时提出主义的体现之一。在适时提出主义的模式下，当事人

[①]　详见日本《民事诉讼规则》第 53、55、80、81、126 条。该法条原文参见日本最高裁判所官方网站：http：//www. courts. go. jp，最后访问时间：2019 年 12 月 28 日。

[②]　详见日本《民事诉讼规则》第 167、174、178 条。该法条原文参见日本最高裁判所官方网站：http：//www. courts. go. jp，最后访问时间：2019 年 12 月 28 日。

追加、变更诉讼请求，并不会侵害程序的安定性，且如果是属于关联性的权利主张，也不会造成主张突袭。因此，在对待主要争点上有共通关系的不同权利主张的态度上，有学者倾向将其纳入禁止重复起诉的适用范围，并充分发挥法官的阐明权来削弱当事人程序选择自由带来的任意性。①

2. 适时提出主义下，当事人提出主张和防御的顺序

一般而言，只要当事人提出的各项主张都符合"适时"的要求，具体顺序不作限制，法院也一般按照当事人所提主张和抗辩的顺序依次进行审理。当事人在采取于胜诉最有利的立场下通常会按照下列原则来进行：

首先，当事人在进行主张时，一般是将最有利于自己以及最重要及最有把握的主张放在前面，按照最有利在先，次有利在后的顺序来提出。

其次，从主张和防御的种类来看，抵销抗辩通常放在一般抗辩之后提出。例如，在债务纠纷案件中，被告按照下列顺序依次提出三项抗辩：已经清偿——时效抗辩——抵销抗辩。之所以将抵销抗辩放在最后提出，原因有二：其一，抵销抗辩是一项极其特殊的攻击防御方法，不被既判力遮断，当事人即使在诉讼中没有提出抵销抗辩，仍然可以在执行中以抵销为由提出执行异议之诉。另外，抵销在诉讼中往往以预备抗辩的形式提出，因此法院必须最后对其审理。② 其二，对于主张抵销抗辩的一方而言，抵销是以牺牲自己的债权来冲抵债务，是影响最为不利的一项事由，因此在抗辩理由的列举和法院审查顺序上都应当靠后。

最后，在存在备位主张或者备位抗辩的情形下，允许当事人在诉讼准备阶段以后于口头辩论阶段结束前提出。比如，被告抗辩原告债权不存在，预备主张抵销；又如，被告抵销之抗辩，预备在该

① 参见［日］新堂辛司：《新民事诉讼法》，林剑锋译，法律出版社2008年版，第527页。

② 柯阳友、孔春潮：《论民事诉讼法中的攻击防御方法——以日本普通诉讼程序为视角》，载《北京科技大学学报》（社会科学版）2009年第4期。

抵销被排除时，提起反诉。① 在实行非律师强制代理制度的国家，在本人诉讼中，对于备位主张或备位抗辩，当事人由于缺乏专业知识，无法在第一时间就穷尽列举。因此，在预备性合并之诉中，备位主张作为补充性的主张，只有在主位主张不获法院支持的前提下才发挥作用，因此应允许其在诉讼准备阶段以后于口头辩论阶段终结前提出。值得注意的是，当事人在提出备位主张或抗辩时，所依照有利于自己的提出顺序，对法院没有拘束力，即法院可以选取易于判断或容易形成判决的主张来作出判断。比如，原告依次提出备位主张 A 和 B，法院可以跳过 A 主张，直接审查 B 主张来得出原告胜诉的结论。法院审理不受当事人主张顺序的约束也存在例外情形：第一，当事人主张或抗辩的事项在法律上具有既判力时，对法院有约束力。第二，当事人的各项主张或抗辩是"不等值"的，当事人的主张顺序对法院也有约束力。②

3. 关于主张"适时提出"的判断标准以及未"适时提出"的后果

在适时提出主义之下，当事人负有尽早提出所有重要主张的义务，以配合法官的审理活动，这也是当事人诉讼促进义务的重要体现。一般而言，可以从三方面来判断当事人主张行为是否属于"未适时提出"：第一，当事人的主张行为是否可以在更早的阶段有机会提出。如果可以而当事人未提出，则认为符合"未适时提出"的客观表现。第二，当事人迟延主张的行为是否出于故意或重大过失。如果当事人有明显过错，则认为符合"未适时提出"的主观表现。对于前面两项，法官在进行判断时，可以要求当事人说明未及时提出的理由，如果当事人无法给出正当理由，则也可以判断符合"未适时提出"的情形，如果当事人能够就该事由进行合理说明，法院则不能驳回其申请。第三，从第一审的全部诉讼经

---

① 姜世明：《民事诉讼法基础论》，台湾元照出版有限公司 2013 年版，第 132 页。

② ［日］高桥宏志：《民事诉讼法 制度与理论的深层分析》，林剑锋译，法律出版社 2004 年版，第 375~377 页。

过来看，迟延主张的行为是否导致了诉讼的延滞。这一点可以通过判断迟延主张的行为对法官而言是否造成审理程序上的额外负担来判断，如果错过时机的主张是法院马上可以予以审查和确认的，则不属于上述情形。对于具体案件中适时提出的判断标准，各国通常都是以个案判例的形式加以确立和总结。"适当时期"的判断标准为：第一，当事人的主张或防御行为未于准备程序期日提出，则属非"适当时期"。第二，当事人的主张或防御行为于第二审才提出，则属非"适当时期"。第三，于言辞辩论终结后才提出，则属非"适当时期"。第四，于最后一次言词辩论期日提出，则属非"适当时期"。第五，于法院询问、阐明后未及时提出，即属非"适当时期"。第六，于法院命当事人提出后三个月仍未提出，即属非"适当时期"。①

　　法院一旦确定当事人的主张或防御行为违反了适时提出的原则，基于诉讼促进原则，可以对该行为予以驳回，也可以依对方当事人的申请予以驳回，即一定条件下的失权效。对于不予采纳的逾期主张行为，法院不仅应当在言辞辩论阶段口头予以驳回，还应当在最终判决中载明该驳回事项及理由。由于法院的驳回来源于诉讼指挥权，当事人不能针对该失权后果单独提出不服，只能就终局判决提出上诉。因为针对失权效本身并没有单独的救济程序，而失权对当事人权利的影响重大，大陆法系各国在对待失权之判定时都非常慎重，不会仅仅因为程序经过或期限经过而当然失权，只有符合一系列判定标准时才能作出驳回当事人申请的决定。如在日本和我国台湾地区，在当事人的主张错过时机时，并不当然失权，而是负有说明义务；在德国，一般认为认定失权必须同时符合：迟延、诉讼延滞、失权客体、主观过错、因果关系等条件。同时，德国的学术界和实务界上仍对这并不宽松的失权要件进行限缩性解释。② 法

---

　　①　沈冠伶：《民事证据法与武器平等原则》，台湾元照法律出版社 2007年版，第 299～303 页。

　　②　马登科：《民事证据随时提出、同时提出抑或适时提出》，载《西南政法大学学报》2012 年第 3 期。

官在运用失权规则时也必须相当谨慎，一旦在判定失权上出现差错，将有可能面临合宪性审查。在司法实践中，德国联邦宪法法院就失权的规定及其运用予以合宪性审查的判决数量也不少。①

4. 关于主张突袭的问题

在民事诉讼中，还有一类故意作出不适时提出主张的行为，即主张突袭。所谓主张突袭是指当事人为取得一定的诉讼上法律效果所实施的错过适当时期提出主张的行为。主张突袭与证据突袭、诉讼请求变更的突袭、管辖权异议的突袭、起诉和答辩的突袭等一起并列为当事人诉讼突袭的典型表现形式。② 主张突袭通常有明确的目的性，在司法实践中常常作为一种"诉讼技巧"出现。一方面，主张突袭会造成对方当事人在防御上的准备时间不足，无法进行有效的防御，因此丧失重要的程序利益；另一方面，主张突袭会使诉讼进程或诉讼结果发生不可预期的突发状况，扰乱法院的正常审理秩序。主张突袭作为诉讼突袭的一种，有学者将其作为当事人滥用诉权的一种形式，也有学者将其作为当事人诉讼欺诈的一种手段。③ 无论从何种角度去界定，都表现出这样一种倾向，即主张突

---

① Vgl. Münch Komm ZPO-Prütting, 1993, §296, Rdnr. 9 m. w. N (Fn. 4). 转引自：姜世明：《民事程序法之发展与宪法原则》，台湾元照出版有限公司 2003 年版，第 234 页。

② 关于主张突袭的理论研究在我国目前还比较有限，谈及突袭，多将关注点放在法院的突袭性裁判上，而对当事人发起的主张突袭则研究较少。专以诉讼突袭为研究对象的成果主要见于杨艺红教授发表的一系列论文：《诉讼突袭：比较法视野中的解读》《诉讼突袭：一个问题的初步展开》《诉讼突袭：一个问题的成因解析》。另外，部分研究在谈及滥用诉权以及诉讼欺诈时会偶有涉及主张突袭。

③ 将主张突袭作为诉讼欺诈的手段的研究成果参见李龙：《民事诉讼欺诈与应对策略研究》，载《人民司法》2006 年第 5 期；将主张突袭作为滥用诉权的方式的研究成果参见陈桂明、刘萍：《民事诉讼中的程序滥用及其法律规制》，载《法学》2007 年第 10 期；刘荣军：《诚实信用原则在民事诉讼中的适用》，载《法学研究》1998 年第 4 期；郭卫华：《滥用诉权之侵权责任》，载《法学研究》1996 年第 6 期；陈桂明：《程序理念与程序规则》，中国法制出版社 1999 年版；叶子强：《民事诉讼制度的变革》，中国法制出版社 2001 年版等。

袭是一种故意为之的诉讼行为，这也是主张突袭与本书前述的单纯超越适当时期的主张行为的主要区别。法院在对待主张突袭和过失的错失机会的主张行为的态度也有所区别。在过失的逾期主张行为中，当事人可能是因为法律专业知识的匮乏、或者是由于回顾案情中的疏漏，导致主张无法在最初的阶段全部列举，并非故意扰乱对方的防御行为和法院的审理秩序。这种情况，法院可以通过阐明，向当事人就案件所涉及的法律关系和事实主张进行提示，要求当事人在限定的阶段提出所有的主张。在主张突袭的情形下，当事人有特定的追求某种不正当程序利益的动机，有拖延诉讼的故意，即便法院进行了必要的提示和说明，也无法替代当事人成为最了解案情的主体，因此在当事人无视法院的阐明继续采用诉讼技巧提出新的主张时，法院可以采用比审查过失行为更为严格的标准，予以驳回。

二、主张的提出形式

根据当事人提出主张形式不同，可以将主张分为书面主张和口头主张。在诉讼法产生的早期，曾经出现过书面审理主义，即法院审理活动的一切基础都来源于当事人提交的法律文书，法律文书中没有记载的一切主张及其他诉讼资料都没有意义。之后，书面审理主义因为程序繁琐、审理过程失于灵活等弊端逐渐被口头审理主义所替代。在口头审理主义中，当事人的言词辩论阶段是诉讼中极其重要的一环，当事人的口头主张的提出在这一阶段也被视为重要的攻击手段。

（一）书面主张

1. 书面主张的形式

在我国，最能集中体现当事人主张的就是诉状：原告的起诉状和被告的答辩状。原告在起诉状中应当载明明确、具体的诉讼请求、事实和理由。其中，诉讼请求部分是当事人权利主张的集中体现，事实部分是当事人事实主张的集中体现，理由是法的观点主张的集中体现。如果有多项主张，则应当分项、分类提出。随着对当事人诉权保护的强调，法律对于当事人诉状的要求，尤其是起诉状的要求越来越趋于简明化和形式化。在起诉阶段，主要是对书面主张的形式审查，对主张内容的审查则推后到正式诉讼程序开始之后。我国《民事诉讼法》在2012年修改后采取立案审查制度，即法院对当事人提交的起诉状一律接受，并出具书面凭证，法院只对起诉状进行形式审查。在日本，对于诉状的功能定位更为明确，诉状具备起诉功能和准备功能，在起诉阶段，一般认为只要载明必要事项即请求的目的和原因即可。① 另外，答辩状还应列明答辩的意见和理由，重点从事实、法律依据等方面来说明自己行为的合法性和主张的有理性。诉讼程序中涉及的书面主张还包括对诉讼权利的主张，体现在各种程序权利的申请和复议中，如当事人就有关管辖权异议的申请、关于审判人员回避的申请等。

2. 书面主张的特点

第一，书面主张是当事人权利主张和事实主张的集中体现。

有一种观点认为，主张的逻辑学本质是命题。② 命题具有判断性，主张，尤其是书面主张集中反映了当事人的立场，具有态度鲜明的特征。不管是事实主张还是法律主张，本质上都是一种立论，因此主张的内容应当是明确的肯定陈述或者否定陈述。似是而非的陈述不能成为主张中的命题。另外，命题还具有待证性，对于主张者以外的其他人而言，命题不过是一种假设性的陈述，欲使其成为审判的基础还需要对其真实性和正确性予以证实，只有说服程度达到了法定的盖然性，命题才能转化为可采纳的事实或者法律观点。在诉讼的不同阶段，当事人通过书面或者口头形式提出的主张，分别发挥着互为补充、不可替代的作用。在诉讼的最初阶段，法院在审查案件的诉讼要件时，需要对案件有全盘认识，书面主张的条理性、概括性、逻辑性能够使当事人的主要权利主张和事实主张全面地呈现给法官。因此，书面主张是当事人诉讼开始时进行主张的最

---

① 参见蔡虹、李棠洁：《民事立案登记制度之反思——写在立案登记制度实施之后》，载《湖南社会科学》2016年第1期。

② 参见梁玉霞：《刑事诉讼主张及其证明理论》，法律出版社2007年版，第34页。

佳方式，也是其作为凭证为法院提供事中审查和事后审查参照的最佳方式。

第二，当事人通过司法叙事来构建书面主张。在书面主张中，不论是原告还是被告，都会就自己对争议事实的认识进行叙述，这就包含了一个重要的活动——司法叙事。司法叙事包括以下元素：故事、原理、情景、剧情说明、主题及场效应。① 其中，故事是指就一系列事件按照事件先后、因果关系或者其他逻辑关联进行的叙述，联接点是必备元素。原理是指说服性的理论，可以是关于事实问题的理论，也可以是关于法律问题的理论。情景是指特定时间事物的具体状态。剧情说明是指事情发生的背景，通俗地说，就是故事上下文的背景，可以帮助听众更好的理解故事本身。主题是指经过高度提炼的对案件性质的描述，如"这是一起变更抚养关系的纠纷"，在我国民事诉讼中，书面主张中的主题通常体现为案由。场效应是指当事人希望获得法院支持的判决结果。一份书面主张不一定完整的包括上述所有元素，但故事、原理、主题、场要素四大要素是必备要素。

（二）口头主张

在言辞辩论阶段，当事人的口头主张并非对诉状的简单重复。书面主张转化成语言的方式，并在当事人间充当交叉攻防的手段时，必须更具有说理性和针对性。口头主张经过当事人之间的互动所产生的"化学反应"，对审判也会产生重要影响。一方面，在非律师代理的案件中，双方当事人在对抗的过程中不仅形成口头辩论特有的语言体系，且当事人在口头辩论中的语气、神态等给法官留下的印象，都会构成言词辩论的全部意旨的一部分，影响法官的心证。另一方面，从直接审理原则的角度而言，言辞辩论能够使当事人的主张和对抗更为明确也更有针对性，利于法院阐明权的行使。

1. 口头主张的语言模式

在大陆法系的传统法学教育中，关于法庭语言和法庭辩论的技

---

① 参见栗峥：《超越事实——多重视角的后现代证据哲学》，法律出版社 2007 年版，第 96 页。

巧是非常重要的一门课程，原因就在于围绕争端进行主张和防御的微观话语对法庭影响的重要性。在法庭上，当事人及其代理人应当固定焦点事实，准确地使用微观语言进行主张，其重要性不亚于主张内容本身。诉讼中常会见到一种互动模式：主张引起否认，否认引起重申主张，重申主张引发进一步的否认，进一步的否认引发再次主张，等等。通过这样的话语系列，主张可能发展为争论，争论可能最终会陷入僵局。因为争论是由一系列的控诉——应答话语相邻对组成的，当事人很容易就陷入反复主张、反复重申立场的漩涡中。① 在这样的对话体系中，不仅当事人无法获益，法官的审判效率也会降低。因此，在诉讼程序中，口头主张和防御需要有既定的模式和逻辑。

不管是在本人诉讼还是代理人诉讼中，口头主张和防御的语言体系的形成和发挥作用一般都需要经历以下几个阶段：

第一，在诉讼开始前进行策略性的自我定位。原告作为发起诉的一方，因为权益受损并由此发起主动进攻。在进攻之前，原告需要综合考虑整个诉讼过程，考虑以怎样的自我定位提出主张才会能够最大程度获得诉讼利益，这是诉讼的第一步，也是决定诉讼策略的预设。假设原告的诉讼并非以判决结案为目的，而是希望能够通过庭外和解或诉讼调解获得赔偿金，就会偏向以权利受到损害，但通过经济赔偿可以予以弥补的受害者来进行自我定位。如果原告希望将诉讼进行到底，就会偏向以权利主张者来进行自我定位。

第二，根据自我定位来构建语言风格和语言体系。能够接受经济补偿（赔偿）或者调解的当事人在进行主张时一般会采取妥协性的、原谅性的语言。不能够接受调解的权利主张者对于主张的对象会采取十分肯定的叙述性语言，比如使用"这一事实在之前已经进行主张，并且根据证据来看显而易见"。对于主张的事实并不明确或不肯定的主张者而言，会采取假设性的语句和反问性的语

---

① 参见［美］约翰·M. 康利、威廉·M. 欧巴尔：《法律、语言与权力》（第二版），程朝阳译，法律出版社 2007 年版，第 113 页。

句，这一做法在南京彭宇案中原告曾经采取过，原告主张，自己系被告撞倒的，并补充"如果不是被告撞到的，为什么被告会主动去扶原告"。① 主张者使用这种修辞，是为了让自己的推理更具有说服性，让法官从相信自己的事实假设并最终接受自己的事实主张。要注意的是，随着诉讼的推进，自我定位可能会随着诉讼策略的变化而变化（或者反过来说也是成立的，因为自我定位和诉讼策略几乎是在同步形成的），主张的语言模式也会根据对方的反应和法官的态度进行相应的调整。

第三，在当事人的主导或法官的引导下，通过口头主张将纷乱的争端转化为明晰的争点。在这个过程中，法院的活动能够促使争端中碎片化的信息转化为对主要事实和权利的主张。法院促使争端转化的方式体现在：其一，法官对诉讼行使指挥权引导和指令当事人作出有效的主张，比如法官指令当事人无需赘述主张；其二，通过法律文书的固定格式来要求主张者重组语言，构建有效的叙述方法等，比如美国小额索赔法院中使用的申诉表（作用同起诉状）中关于原告赔偿要求的固定格式为"被告欠我＿＿＿美元，其理由如下：＿＿＿＿＿＿"。这种填空的形式迫使当事人必须接受法院设定的关于主张的叙事框架，唯有进行有效主张，并且建立主张与赔偿数额之间的关联，才能获得法官的支持。

2. 口头主张的识别

在民事诉讼中，当事人通过口头方式所表达的内容往往杂糅在一起，口头主张与当事人的其他陈述没有清晰的界限，这直接影响了主张和当事人陈述的诉讼效果，也给法院的审判活动带来困扰。以下将从四方面对口头主张进行识别：

第一，当事人的身份定位在主张和其他陈述中有所不同。主张和其他陈述的主体虽然都是当事人，但法律对当事人主体要求不

---

①　南京彭宇案的具体案情可以参见南京市鼓楼区人民法院民事判决书（2007）鼓民一初字第 212 号，相关网页：http：//www.chinalawedu.com/new/17800a179a2011/2011913caoxin103415.shtml，最后访问时间：2016 年 12 月 27 日。

同。证据意义的当事人陈述的作出，不要求行为人具备完全诉讼能力，只需要就其亲身经历的事实如实陈述即可，对于法官只有心证上的影响。主张不仅要求当事人具备诉讼能力，在内容上还应与当事人的诉讼请求建构起必要的联系，并限定法官的审查范围。

第二，主张的功能与其他陈述的功能不同。主张的作用是彰显权利、提出事实，而当事人陈述的功能是催化心证。作为主张的陈述属于诉讼资料，当事人陈述则属于证据资料，是经过证据调查得到的心证。法院不能基于证据资料直接获取诉讼资料，诉讼资料必须由当事人基于辩论主动提出。另外，要避免将当事人所说的所有话都作为主张，并非所有的事实陈述都属于主张。当事人为了履行主张责任，向法院说明请求或抗辩的事实依据属于事实主张，而被法院用来判断事实真伪，认定案件事实的，则属于证据资料的当事人陈述。法官在针对这两种陈述进行这询问时，目的也有所不同。法官在听取当事人的主张时，是为了拣选有关联的重要事实，使不明确的事实明确，使不完整的事实完整，将有争议的部分与无争议的部分区分开来，划定审理的范围，这一过程中法官关注的是事实的"有"或者"无"的问题，而非"真"或者"假"问题。而在证据调查阶段，法官则需要对陈述的事实内容真伪进行判断，在将当事人陈述作为补充性证据的国家，法官需要借助别的证据来对当事人陈述进行佐证，不少国家都规定，经审查真实才能作为证据。①

第三，主张的适用的阶段以及实现方式有其特定性。主张适用于法庭辩论阶段（参见我国《民事诉讼法》第 141 条规定）；当事

---

①　如我国 2001 年的《民事诉讼证据规定》第 76 条规定：当事人对自己的主张只有本人陈述而不能提出其他相关证据的其主张不予支持。但对方当事人认可的除外。再如《德国民事诉讼法》第 445 条规定：（1）一方当事人，对于应当由他证明的事项，不能通过其他的证据方法得到完全的证明，或者未提出其他证据方法时，可以申请就应证明的事实讯问对方当事人。（2）关于该事实，如法院认为已有反对的证明时，对申请应不予以考虑。参见丁启明：《德国民事诉讼法》，厦门大学出版社 2016 年版，第 106 页；李浩：《当事人陈述：比较、借鉴与重构》，载《现代法学》2005 年第 3 期。

人陈述适用于法庭调查阶段（参见我国《民事诉讼法》第 138 条规定）。但是我国《民事诉讼法》对这两种性质不同的陈述并没有做制度设计上的区分。在大陆法系国家，通常将法官针对当事人对于事实的主张的提问称为"当事人听审"；将法官对作为证据资料的当事人陈述所做的提问称为"当事人讯问"①。虽然陈述的主体都是当事人，且大都是在法官的提问下进行的事实陈述，但诉讼法对两种陈述的处理态度是不一样的。当事人听审中，当事人的主张应当真实、具体，且由于主张是基于辩论主义而生，因此属于当事人处分的范围，如果不行使或行使不当，只产生诉讼上的不利益，不承担公法上的违法责任；在当事人讯问中，当事人须承担公法上的协力义务，具体体现在当事人讯问阶段需要进行宣誓（具结），如果作虚假陈述，则要遭受惩罚如罚款、拘留等。

第四，主张在叙述方式和内容上的侧重点有其特殊性。主张在叙述上偏向立论性的陈述，试图告诉法官自己所提的事实与本案争议之间的关联性；当事人陈述则偏向说服性的陈述，试图告诉法官此前所提的主张是真实可靠的。因此，在主张阶段，当事人会强调事实与诉讼请求之间的关联性，对于重要的事实会反复强调，虽然法官会制止当事人重复主张，当事人为强调事实的存否仍可能以"某某事实在之前已经提到过"或"我再次重申某某事实"或"某某事实我不再赘述"等方式提请法官注意。在证据调查阶段，当事人陈述则是以证明事实的真实可靠为目的，因此说服性语言必须结合当事人（大多数情况下是代理律师）陈述的态度、表情、口气等，法官也会将这些因素全部纳入心证的范围。

3. 当事人意思表示与诉讼代理人的口头主张

当事人作为争议的亲历者，难免在法律诉求中掺杂道德评判，在进行口头主张时，道德评判也会体现在主张中。道德评判并非不

---

① "当事人听审"也有称为"当事人听取"；"当事人讯问"也写做"询问当事人"，德国、日本、我国台湾地区均有此规定。参见占善刚：《证据协力义务之比较法研究》，中国社会科学出版社 2009 年版，第 30~31 页；李浩：《当事人陈述：比较、借鉴与重构》，载《现代法学》2005 年第 3 期。

重要，在对主张进行论证的阶段，为获得法官的支持，施加适当的道德评价甚至是必要的。但是在诉讼的最初阶段，提炼和转化主张则更为重要，这时就需要律师代理诉讼，帮助当事人重塑主张，但是，律师与当事人在口头主张上的策略重心不同。以离婚诉讼为例，委托人倾向于从道德谴责和法律权利的角度来构建主张，律师的职能则是引导当事人从财产分配、赡养费以及子女抚养权等实际问题来发动诉讼攻击，并且利用各种语言策略去引导当事人去接受并按照自己的思路来进行诉讼主张。① 可见，通过语言来转化争端的效果在提升诉讼效率上表现尤为突出，法律中规定的主张及防御的顺序是否能够如预期顺利进行，很大程度取决于当事人特别是律师的准备工作以及配合程度，是否能与法官的审理进程保持一致。②

　　律师代理当事人进行的主张，在本质上属于当事人主张的延伸。根据委托授权理论，在诉讼中，代理人一般要就证据本身以及与事实主张之间的关联进行论证，即所谓论证性陈述，以及在得到当事人的默许或授权，对案件事实进行亲历式描述，即所谓断言性陈述③。但是由于当事人与律师构建主张的方式不同，且在当事人与律师之间的确存在某种程度的信息差。有学者就律师强制代理制

———————

　　① ［美］约翰·M. 康利、威廉·M. 欧巴尔：《法律、语言与权力》（第二版），程朝阳译，法律出版社 2007 年版，第 119 页。作者引用了萨纳特和菲斯蒂拉在 1995 年所著的《离婚律师和他们的委托人们》（Divorce Lawyers and Their Clients）并指出，委托人与律师之间的互动首先是一种竞争性话语之间的较量。

　　② 参见 ［日］新堂辛司：《新民事诉讼法》，林剑锋译，法律出版社 2008 年版，第 325 页。

　　③ 论证性陈述的句法通常表现为：我有某证据可以证明某事实。论证性陈述通常与提交证据材料同步，作为说明证据关联性的补充出现，起到催化和加强法官心证的作用。断言性陈述的句法通常表现为：事情是这样的……。断言性陈述是一种对事实的直接、客观的描述。参见陈文曲著：《民事诉讼当事人陈述理论重构——以哈马斯的交往理性为视角》，法律出版社 2010 年版，第 61 页。

度下，当事人的听审权是否能得到有效保障提出了质疑。① 德国联邦宪法法院及通说认为律师强制代理制度并不违宪，听审权的实现并不以当事人亲自听审为必要，律师强制代理只是将当事人的主张及其他诉讼权利行使方式以特殊方式履行而已。另外，当事人亲自听审并不必然能让其获得最佳的程序保障，在诉讼高度专业化的背景下，反而容易使当事人诉讼权利得不到周全的保障。② 虽然信息差对于裁判对象的形成和事实的发现有所影响，但是这种影响在所难免，因此，在进行主张，尤其是进行口头主张时，律师应当同当事人进行充分沟通，对于主张本身和主张的叙述方式达成共识，并结合当事人听取制度尽可能让当事人直接与法官进行互动，准确接收法官的信息，防止律师过度使用所谓诉讼策略行为，悖离当事人的真实意思。

第二节　民事诉讼主张内容的规制

一、主张的真实义务

（一）主张的真实义务之含义与性质

主张的真实义务是指当事人及诉讼关系人在民事诉讼中，就事实主张和法律主张均应负真实陈述之义务。民事诉讼中关于主张的真实义务（Wahrheitspflicht）之问题，主要是讨论当事人在民事诉讼中是否被容许说谎、当事人对于不利于己的事实是否有据实陈述

---

① 有观点认为当事人应当有亲自听审的权利，而律师强制制度要求当事人进行诉讼须由律师为之，似有剥夺基本法第 103 条第一项赋予当事人之亲自听审权利之嫌。参见姜世明：《德国律师民事责任初探》，载《法学丛刊》，1998 年第四十三卷第一期，第 83 页。

② 参见姜世明：《民事程序法之发展与宪法原则》，台湾元照出版公司2003 年版，第 78 页。

的义务。① 主张的真实义务还要求当事人对于对方当事人主张的认识为真实的事实不得争执。

通说认为，民事诉讼法中的真实义务，是法律强制要求的作为，其性质属于诉讼上的"义务"而非"负担"（last）。② 更有观点认为，真实义务属于真正之公法上的义务，即违反真实义务不仅会产生诉讼法上的效果，还会发生侵权行为关系，与单纯的诉讼上义务的违反结果不同。③ 在这一点上，具体化义务则是典型的诉讼负担，因其并非当事人基于法律强制而为一定行为，而是基于从个人利益出发所为。

（二）主张的真实义务之法理依据

当事人是否应当负有真实义务，最初是存在争议的。古典辩论主义下的民事诉讼的目的强调个人主义、自由主义，民事诉讼被设计为双方当事人竞赛的场所，法官处于中立且消极的立场，实体的真实之确定是民事诉讼的从属目的或偶然的结果，并非所应追求的行为。十九世纪末二十世纪初，民事诉讼的自由主义观受到强烈质疑，有学者提出，国家所设立的民事诉讼程序，应当是实现司法正义的殿堂，而不能沦为当事人射倖投机的赌场。④ 自由主义观逐渐被社会民事诉讼观所代替，表现之一就是加强法官的阐明义务，强调当事人的真实义务与协力义务，其中当事人真实义务的理论依据主要来源于宪法中的公正程序请求权、武器平等原则等。⑤ 可以

---

① 参见姜世明：《民事诉讼中当事人之真实义务》，载《东吴法学学报》第十六卷第三期，第 4 页。

② 关于义务与负担之间的区别："诉讼义务"是指当事人应该为一定行为而不能违反，不能由其任意决定为或不为，如果违反将会直接导致法律制裁；而"诉讼负担"则是指对于该行为要求，当事人可以自由决定是否遵守，如果未适当遵守或履行该行为要求，可能带来诉讼上的不利益。

③ Zettel, S. 116; MunchKommZPO-Peters 138 Rdnr. 1.

④ 参见姜世明：《民事诉讼中当事人之真实义务》，载《东吴法学学报》第十六卷第三期，第 148 页。

⑤ 参见姜世明：《民事程序法之发展与宪法原则》，台北元照出版有限公司 2003 年版，第 164 页。

说，当事人真实义务的产生和发展，反映了民事诉讼法的目的观随着时代变迁而发展的过程，也反映了民事诉讼程序对实现当事人实体法权利和彰显实体正义的追求。

（三）主张的真实义务与其他诉讼原则及主张规则的关系

1. 主张的真实义务与诚实信用原则

20 世纪初德国学界将诚实信用原则从民法引入到民事诉讼法之后，诚信原则在民事诉讼法中的适用性被广泛认可并被各国明确规定在法律中。在不同时代和不同的法律秩序中，诚实信用原则的具体内容不一样，关于真实性义务与诚实信用原则的关系存在两类观点。分别说认为，从德国 1933 年《民事诉讼法》修正及我国台湾地区"民事诉讼法"修正之相关规定来看，真实义务的立法理由主要来源于民事诉讼的目的观及辩论主义的修正，而不是诚信原则的需要。① 同质说则认为，真实义务的制度精神在于防止当事人在诉讼上说谎及滥用司法资源。② 因此，真实义务是本于程序法上诚信原则具体明文化的体现，违反真实性义务的当事人主张也可谓违背诚信原则的方式进行诉讼，应予以禁止。③

2. 主张的真实义务与主张的完全义务

广义的主张真实义务还包括主张完全义务，即当事人对于自己所知的事实，不管是对自己有利或者不利都应当为完全陈述，不能有所隐瞒。如此一来，不负证明责任的当事人如果知悉对方当事人的抗辩事实，应当做完全陈述而不得有所隐瞒。这一结论与辩论主义和证明责任的理论有所冲突，理论界关于这种冲突采取的不同的

---

① 参见姜世明：《民事诉讼中当事人之真实义务》，载《东吴法律学报》第十六卷第三期，第 158 页。

② 参见 Baumgärtel, ZZP 86, 356; Baumgärtel, ZZP 69, 89, 103. Vgl. Zettel, Der Beibringungsgrundsatz, 1977, S. 116 m. w. N.

③ 参见沈冠伶：《摸索证明与事证搜集开示之协力》，载《月旦法学杂志》总第 125 期，2005 年第 10 期。

处理方法有两种。一种观点将完全义务作为辩论主义原则修正的产物。① 另一种观点则将完全义务作为真实义务的一部分，只有在真实义务的框架内，才要求完全义务。笔者同意后一种观点。脱离真实义务的完全义务欠缺规范和探讨界限，完全义务实质上是违反真实义务的一种特殊情形。只有在当事人出于隐瞒对自己不利的事实而作出违反主观真实的不完全陈述时，即实质上违反真实陈述的义务，这种陈述才应被禁止。② 完全义务应当在辩论主义下运作，关于主张责任及举证责任分配的法则不应当被真实义务或完全义务所取代。因此，完全义务所适用的规则可以概括为：原告就权利发生要件事实，有主张责任，也有完全陈述的义务；被告对于权利障碍要件事实、权利消灭事实及权利抑制要件事实有主张及完全陈述的义务。被告对于原告所主张的权利发生要件事实，也有陈述的义务，就此，应同时受真实义务及完全义务规范的拘束。③

完全陈述义务在证据偏在性的案件中具有更为重要的意义。以近年来司法实践中数量激增的个人信息网络侵权案件为例。个人信息网络侵权中，作为原告的信息权人一般是自然人，作为被告的信息管理者往往是网络企业或其他组织。双方当事人无论在收集证据的能力上，还是技术能力或经济实力上都存在显著的差距。在信息网络侵权纠纷中由原告证明被告负有过错实属困难，即便适用过错推定，如果被告能就自己"不具有过错"进行证明，原告要举出反证证明对方并没有尽到足够的注意义务也很困难。这样一来，案

---

① 参见［日］中田淳一："关于诉讼上的真实义务"，载中田淳一：《诉讼仲裁的法理》，有信堂1953年版，第65页以下；山木克己：《民事诉讼法论集》，有斐阁1990年版，第20页以下。转引自［日］高桥宏志：《民事诉讼法制度与理论的深层分析》，林剑锋译，法律出版社2003年版，第379页。

② 参见中野贞一郎：《过失的推定》，弘文堂1978年版，第156页以下。转引自［日］高桥宏志：《民事诉讼法　制度与理论的深层分析》，林剑锋译，法律出版社2003年版，第379页。

③ 参见姜世明：《民事诉讼中当事人之真实义务》，载《东吴法律学报》第十六卷第三期。

件的审判就容易陷入"事实真伪不明"的状态。根据民事诉讼法原理，案件事实真伪不明时，由承担证明责任的一方负不利后果。换言之，在司法实践中，法官是严格按照过错的证明责任的分配原则来执行，还是根据进行证明责任的转换，判决结果会大相径庭。而导致判决结果不同的关键因素不是案件的事实，也不是适用的实体法规范，而是证明责任的适用规则，这实在很难说是一种实现公平正义的最佳路径。因此，在网络信息侵权纠纷这类证据偏在性的案件中，应该尽量少启动"真伪不明"状态下证明责任的适用。在法律没有明确规定法院在此类案件中职权调查的适用空间时，较好的解决方法就是确定民事诉讼法中"不负证明责任的当事人所负有的完全陈述义务"。

3. 主张的真实性义务与禁反言

禁反言（estoppe）来源于法语单词"受阻"（estoupe）和英语单词"停止"（stopped）。狭义的禁反言是指禁止一方当事人否认法律已经作出判决的事项。广义的禁反言还包括禁止一方当事人通过言语（陈述或沉默）或行为作出与其此前所表述的事实或主张的权利不一致的陈述，尤其是当另一方当事人对之前的表示已经给予信赖并依此行事时。英美法系对于禁反言的功能期待在于，确保当事人在不同的诉讼程序中，针对同一事实，后诉的主张（防御）行为与前诉的主张（防御）行为不会发生矛盾，不至于出现前后矛盾的判决。[①] 具体而言，英美法系中的禁反言原则的功能在前一诉讼程序所生的判决对于争点事实进行了确认，因此遮断后一诉讼程序中的相反言论的效力。可见，英美法系中的禁反言的主要作用是统一判决效力，保证司法一致，有学者认为其在大陆法系中的对应物是"争点效"理论。[②]

大陆法系中，禁反言的规则引申于诚实信用原则。诚信原则既要求当事人做真实的陈述，同时也强调保护对方当事人的信赖利

---

① 参见杜闻：《"间接禁反言"原则及其发展》，载《人民法院报》2005 年 12 月 9 日，B3 版。

② 同上。

益，因此，大陆法系的禁反言的主要功能在于"排除矛盾行为"。大陆法系的禁反言适用条件主要有：第一，主观状态上为过失。通常表现为出于轻率地利己而作出的前后矛盾的主张。禁反言的适用排除了故意的诉讼欺诈行为，两者的区别在于，基于轻率的"反言"仅仅导致之后作出的主张行为无效；而诉讼欺诈行为则会承担法律上的责任。第二，客观行为表现为当事人对于同一事实作出了前后矛盾的主张和防御。前后矛盾的两个行为可以是积极行为，也可以是消极行为，"反言"的对象包括自认、抗辩、否认等。具体表现为：后主张（防御行为）与前主张（防御行为）矛盾；后主张（防御行为）与前默许行为（防御行为）矛盾等。有学者认为，被告在答辩期届满前不提交答辩状，而在开庭审理时出席并答辩，法院有权以禁反言的名义，驳回当事人的矛盾行为。[1] 第三，当事人的前一主张已经导致对方当事人产生了信赖利益，且实施了相应的行为。如果当事人反悔，会使这种信赖利益损失，还会耗费不必要的司法成本。由于程序的不可逆性，基于信赖利益针对主张者而进一步作出诉讼行为的当事人的"回转"行为而引起的损失，如果没有制度加以平衡，显然有违诉讼公平。反之，如果没有产生信赖利益，且对方并没有实施相应的行为，基于诉讼自由的理念，严格禁止当事人调整或修正此前的主张也无必要。

疑问者在于，同一诉讼程序中的当事人所作出前后不一致的主张（防御）行为，是否一概予以禁止？主张属于取效诉讼行为，须在法院对其作出判断后，效果才能达成，离开法院的判断，主张没有独立的意义，原则上可以自由的撤回，前后矛盾的主张，在前的主张（防御）行为多视为被取消或变更，但在法庭辩论结束后，当事人的主张就不能随意撤回。[2] 虽然当事人的主张不经过法院裁判认定不生法律效果，但由于原告与被告的攻击防御的开展具有针

---

[1]　参见纪格非：《民事诉讼禁反言原则的中国语境与困境》，载《华东政法大学学报》2014 年第 5 期。

[2]　参见王甲乙、杨建华、郑健才：《民事诉讼法新论》，台湾三民书局2002 年版，第 111 页。

对性且一环扣一环，当事人作出的每一项主张，对对方当事人的下一步诉讼行为和整个诉讼程序的方向都有实质的影响，如果允许当事人随意变换主张事实，对于程序的安定性显然不利。① 首先，法庭辩论终结后，事实认定的目的已经达成，不存在撤回的余地。基于事实认定的结果，法官的心证已经形成，如果撤回主张则与自由心证主义相矛盾。其次，在同一诉讼程序内，当事人所作出的前后矛盾的主张（防御），导致对方当事人诉讼负担的增加，如对方当事人需要对原本免除举证责任的事实重新举证；或者对方当事人此前针对前一主张行为的防御所作出的努力因为当事人的"反言"而废弃，转而针对新主张重新举证等。这些都会对对方当事人造成损失，也会浪费诉讼资源。最后，在我国民事诉讼法中没有规定主张的适时提出，也没有规定当事人审前准备阶段就必须提出所有的主张，因此当事人可以在开庭后提出新主张，如果对于"反言"不加规制，庭审程序的秩序极易因为当事人的出尔反尔而被打乱。因此，笔者认为，即便在同一诉讼程序内，当事人也应当本着诚实信用原则和诉讼促进义务，在法庭辩论终结前谨慎地作出每一项主张。

（四）主张真实义务的内容

第一，真实义务指的是"主观真实"而非"客观真实"。

真实义务仅禁止当事人陈述与其确信的事实相反之事实，却不

---

① 对于民事诉讼法明确规定可以变更或撤销的诉讼行为，是否可以以禁反言为由而限制当事人变更？有两种观点：支持说认为，禁反言应当具有这样的功能，禁反言有时应当优先于发现客观真实的要求。相关观点参见：杜丹：《诉讼诚信论》，法律出版社 2010 年版，第 160~165 页；张家慧：《当事人诉讼行为法律研究》，中国民主法制出版社 2005 年版，第 170 页。反对说认为：禁反言适用的前提是"信赖利益"，如果法律明确规定当事人在实施先前行为后可以撤销或变更先前行为，则对方当事人就没有理由主张"信赖利益"，也就不能通过禁反言原则禁止当事人实施矛盾行为。反之，如果允许法院以禁反言要求之，则会压抑当事人的诉讼空间，甚至威胁成文法的基础性地位。相关观点参见：纪格非：《民事诉讼禁反言原则的中国语境与困境》，载《华东政法大学学报》2014 年第 5 期。

禁止当事人陈述其认为可能为真的事实，因此，真实义务要求当事人主观认知为真实即可。当事人对推测之事实的陈述，并不违背真实义务。真实义务在语义上更接近于"真诚义务"（Wahrhaftigkeitspflicht），或（subjektive Wahrheitspflicht）。① 在证据声请中进行摸索证明的情形下，只有在法院能判定当事人于主观上明知其所陈述的事实不真实、不存在，仍就该事实声请证据，期待从证据调查中能获得新事实或新证据时，才属于违反真实义务。

对于一般意义上的主张真实义务，法院通常会从当事人的主观认知来判断是否"真诚"，故意作出与主观认识相左的陈述固然不能谓之"真诚"，但是如果是过失违反真实义务的陈述，应当如何处置？在理论上，可以要求当事人尽所有谨慎理性的义务，从尽可能周全的观察角度和能力来进行认知和陈述。但在实践中该要求很难实施，如果要求陈述者必须谨慎地形成内心确信而后才能陈述，则有可能使权利人不敢伸张权利。因此民事诉讼法对于过失违反真实义务的类型没有明文规定。

第二，主张真实义务的主体包括当事人和诉讼代理人。

《德国民事诉讼法》第 138 条、我国台湾地区"民事诉讼法"第 195 条均明文规定，真实义务的主体是当事人。② 当事人包括原告、被告、第三人、共同诉讼中的多数当事人等，法定代理人作为诉讼能力欠缺的当事人的意思之延展，其地位等同于当事人，应负真实义务无疑问。问题在于诉讼代理人能否成为真实义务的主体？学者一般认为，诉讼代理人的行为效果及于其委托人（当事人），其诉讼活动都以维护当事人权利而开展，因此若当事人应负有真实

---

① Rosenberg/Schwab/Gottwald, Zivilprozessrecht, S. 417.

② 具体条文为：《德国民事诉讼法》第 138 条："1. 当事人应就事实状况作出完全而真实的陈述。2. 当事人对于对方当事人所主张的事实，应作出陈述。……"参见丁启明：《德国民事诉讼法》，厦门大学出版社 2016 年版，第 36 页；我国台湾地区"民事诉讼法"第 195 条规定："当事人就其提出之事实，应为真实及完全之陈述。当事人对于他造提出之事实及证据应为陈述。"

义务，诉讼代理人自然也应负有真实义务。① 另外，诉讼代理人是法庭上的主要对话者，如果允许其在法庭上说谎，则诉讼真实义务的立法意旨恐难实现。② 但在实践中，如果诉讼代理人知悉对委托人不利的事实，在未得到委托人授权同意下，是否可以依照真实义务在法庭上陈述？ 有学者认为，当事人负有真实义务，所以应当将事实告知律师，律师可以径行陈述。③ 但这一点是否与委托人对律师形成的信赖利益产生冲突，存在争议。从各国律师法的规定来看，对于律师公益性的职业角色之期待甚多。如《德国联邦律师法》第 43 条 a 第三项规定，律师不得于执业时有不客观公正（unsachlich）之行为，不客观公正特别系指关于明知不实事项之刻意传播的行为。可见，律师除了是当事人的代言人，还是诉讼诚信义务的主体，负有真实陈述和代理主张的义务。

（五）违反主张真实义务的法律后果

广义的真实义务包括两方面：狭义的真实义务和完全义务。狭义的真实义务体现的是法院对当事人以消极的方式行使指挥权即"禁止"做不实陈述，完全义务体现的则是法院用积极方式即"命令"当事人必须为完全陈述。因此，从理论上来说，违反真实义务或完全义务应当承担相应地法律责任。但在实践中，确定违反真实义务的时间节点以及判断当事人是否为主观故意相当困难，法律也无法就此作出明确规定。德国、日本的民事诉讼法，对于违反真实义务的法律效果或处罚均未置一词。

违反真实义务的法律后果在法律上虽然没有明文规定，但是一般认为当事人故意违背真实所做的主张或争执，法院对该主张或争执应不加以审酌，对于违反真实义务所指涉的待证事实，会发生"不生主张效力"或"视为自认"的效果。④ 在实践中，法院对于当事人违反真实义务的，不仅对该特定不实陈述持有怀疑，并由此

---

① 参见 Nelte, Die Wahrheitspflicht im Zivilprozess, 1935。

② 参见 Welzel, Die Wahrheitspflicht im Zivilprozess, 1935, S. 27。

③ 参见 Vgl. Roth, a. a. O., S. 31f. m. w. N.。

④ 参见 Rosenberg/Schwab/Gottwald, Zivilprozessrecht, S. 366 m. w. N.。

可能对该当事人的整体信用持怀疑态度，进而在证据评价范畴加以考量。在此，应当强调，法院不应因当事人的某一项不实陈述就推断该当事人的其他相关事实陈述均为虚假，不可有过度或不当地牵连，也不可因此而作出对该当事人不利的判决。法院对于当事人的其他陈述是否为真，仍应就各该事实的相关陈述为具体审查和认定。

值得注意的是，民事诉讼法中规定的当事人具结后做虚假陈述的处罚，在性质上并非违反主张真实义务的处罚。如《日本民事诉讼法》第209条第1款规定：经具结的当事人作虚假陈述，法院可通过裁定处十万日元以下的罚款。这一条规定在"第三章证据"一章中，是当事人以证人身份出现在证据调查阶段所应当承担的证据协力义务，及违反了该证据协力义务所应承担的公法上的责任，并非违反当事人真实化义务的法律责任。

二、主张的具体化义务

（一）主张具体化义务的历史渊源

主张具体化义务起源于德国，早在1868年的《符腾堡民事诉讼法》中就有所规定，[①] 发展至今，具体化义务已经被德国一般实务及学说见解所肯定。我国台湾地区的民事诉讼相关规定也对具体化义务进行了规定，其"民事诉讼法"第193条规定，当事人应就诉讼关系进行事实上及法律上的陈述，针对对方当事人提出的事实及证据，当事人必须进行陈述。另外，在准备程序中也规定了具体化义务：双方当事人应在书状中具体记载请求与答辩的事实及理由、证据、争执的理由等内容，记载不明确时，审判长可要求当事人就特定事项"详细标明"，如果当事人没提出记载完全的书状时，法院可要求其说明理由，仍未说明的，则可能遭失权的制裁。英美法系国家虽然没有"具体化义务"这一概念，在法律规定中

---

① 1868年的《符腾堡民事诉讼法》第181条第2款规定："当事人应就其请求之权利发生事实关系为简明而完全及确定之陈述；同时就对方当事人所作的事实上的陈述也应为完全及确定之陈述说明。"

也有体现当事人应当具体陈述事实和请求的条文。1848 年的《纽约州民事诉讼法典》规定，原告的起诉状中应当包含具体的事实陈述，被告的答辩中应当有"对任何构成抗辩或者抵销的新事实的明白而确当的陈述"。现行《美国联邦民事诉讼规则》规定，原告的起诉状中应当包括当事人的诉讼能力、欺诈、错误、心理状况、先决条件、公文或公务行为、判决、时间和地点、特别损失赔偿、海事和海商索赔。如果原告在起诉状中没有就上述规定的特别事项作出具体的陈述，就可能无法获得补偿。

（二）主张具体化义务的内涵

主张具体化义务要求，在民事诉讼中，负主张责任的当事人在向法院进行主张时，不能止步于一般的、抽象的陈述，而应当进行具体地陈述。主张具体化义务作为当事人主张责任的衍生义务，发端于德国，在帝国法院时期累积了丰富的案例，随后日本理论界从德国引入具体化理论并进一步发展。与德国、日本从判例积累到理论探讨的研究路径不同，我国目前对主张具体化问题的关注主要停留在理论研究的层面。原因在于：主张具体化的理论基础是辩论主义和主张责任，另有失权效和适时提出主义作为制度保障。而在我国，上述原则和配套制度在立法和司法中都没有完全确立起来。

从我国目前的研究来看，对主张具体化的内涵可以从以下两方面界定：

第一，具体化的对象：当事人就主要事实和间接事实进行的主张均应当符合具体化标准。① 即原告不应仅仅概括地描述要件事实，通常还要对间接事实进行具体陈述。比如，在因人身伤害引起的损害赔偿诉讼中，原告在主张对方是故意的前提下，一般还需要进一步陈述足以推论出"故意"存在的间接事实（如伤害的动机或者明知损害后果的事实等）。对方当事人针对主张具体化的内容相应进行的争执也应当具体化。比如被告否认故意，主张自己为过失，则应当同时将能推论出"过失"的其他事实（如扭打过程中

---

① 参见沈冠伶：《论民事诉讼程序中当事人之不知陈述——兼评析民事诉讼法中当事人之陈述义务与诉讼促进义务》，载《政法大学评论》第 63 期。

误伤）进行具体陈述。

第二，具体化的标准：当事人进行的事实主张应当同时满足特定化、非凭空捏造、非射悻式、具有一定的线索或者根据等特征，才能认为当事人所做主张是具体的。① 其中，"特定化"是指当事人的事实主张能够与同一时间发生、性质相同的其他事实区分开，主张的对象能够特定到法院可以据此进行有效的争点整理。当然，特定化的要求也无需太高，比如并不要求对要件事实的某些细节进行陈述。所谓非射悻式的陈述是指当事人不是在没有明确的线索下，扔出一个"莫须有"的线索，引法院进行事实调查，以获取可能对自己有利的事实。当事人采取的射幸式的主张常出现在家事诉讼中，特别是认领子女或者子女对生父的抚养请求诉讼中。比如，作为原告生父的被告，为了抗辩抚养请求，主张原告声母在受孕前后与其他男子保持不正常关系。被告在就"其他男子"为谁这一重要事实上无法具体，又不能提供明确线索的情况下，申请法院将原告的母亲作为证人进行询问。这种情况就属于射悻式的陈述，当事人没有掌握确切的事实，利用"可能存在"的事实主张来启动证据程序，法院不予准许。

（三）主张具体化的内容

1. 当事人在各个阶段的主张行为都应当满足具体化的要求

当事人对案件事实及权利主张的陈述，在不同的诉讼阶段，具体化程度的要求不一样。具体包括：立案阶段的主张具体化；审前阶段的主张具体化；审判阶段的主张具体化。我国法律规定的立案登记制的目的在于保障当事人诉权，对诉讼要件也主要是形式审查。虽然在立案阶段不关注诉的有理性和正当性，但是诉的具体化和个别化标准仍然是需要秉持的。在立案阶段的主张具体化的标准在于：与同类法律关系区分。审前阶段的具体化要求则比立案阶段要求更高。审前阶段需要被告提交答辩状，双方交换证据，因此在

---

① 参见占善刚：《主张的具体化研究》，载《法学研究》2010 年第 2 期。

很大程度上承担了发现事实真相的任务。① 审前程序是重要的争点整理、调查证据和证据的程序，有些事实较为清楚的案件，在"初步审理"中就已经解决，而不必进入到"主要庭审"。② 在德国、日本等审前程序成熟的国家，法律规定当事人负有强制的诉讼协力义务，被告必须在限定期限内提交答辩状，否则会引起答辩失权的效果。在这些国家，争议解决的重心在时间上前移，审前准备程序的作用甚至有超越开庭审理阶段的趋势，对于当事人主张具体化的要求实际上已经达到了法庭辩论阶段的具体化程度。

正式进入审理阶段以后，法院需要对案件事实特别是满足实体法规定中要件事实的各要素进行正当性和有理性的审查。因此，这一阶段主张具体化的作用在于，防止负有主张责任的当事人仅就事实进行抽象陈述，而期待依此进行的证据调查来获取于自身有利的更多、更详细的事实。根据我国《民事诉讼法》的规定，在法庭辩论终结前，当事人可以提出新的主张，这里的新主张是相对于起诉阶段所提的主张而言，在具体化的要求上新的主张比起诉阶段提出的主张要求更高。另外，庭审阶段的主张具体化还需要配合证据声请的具体化，这两项共同构成当事人具体化义务的主体内容。在我国允许主张随时提出的立法现状下，讨论开庭审理阶段的主张具体化标准更有意义。

2. 特殊情况下，不负证明责任的当事人也应当进行具体化陈述

一般来说，当事人负有的具体化主张的义务针对的事项是自己的所做的主张。但是，在特别类型的案件（主要是证据偏在型诉讼）中，一方当事人可能需要在法院的阐明下对对方当事人所做的主张进行具体化陈述。比如，在医疗诉讼中，原告因为缺乏专业知识，无法就致损行为进行特定、具体的陈述。此时，作为具有专

---

① 参见曹志勋：《立案形式审查中的事实主张具体化》，载《当代法学》2016 年第 1 期。

② 毕玉谦：《对我国民事诉讼审前程序与审理程序对接的功能性反思与建构》，载《比较法研究》2012 年第 5 期。

业知识的被告一方，法院会根据情况判断其是否具有解明案情的期待可能性，如果被告就该事实已经具有一定认识，并且可期待其补充原告的陈述时，基于诉讼法上的诚实信用原则，以及当事人对于法院所负的促进诉讼义务，即使被告不负有主张责任和证明责任，法院也可要求其就特定事项进行具体化陈述。从这个意义上来说，作为当事人应当承担具体化陈述的义务，是基于促进诉讼、整理事实争点而生。因此，在当事人对事实的认知能力明显不对等的案件中，待证事实未必是由主张的当事人一方单独负证明责任，而应该由原告、被告双方协同法院使事实上的争点具体明确化，以特定待证事实或主题。当然，上述情况仅限于当事人具体化陈述因为牵涉专业知识的知识在客观上确有障碍之时，其适用不宜做扩大解释，至于非涉及专业知识的事实部分，仍应由负主张责任的当事人本人详细陈述。

3. 广义的主张具体化还包括防御行为的具体化

在德国，法律规定当事人就对方当事人的主张进行的否认、抗辩等防御行为也应当遵循具体化的规则。《德国民事诉讼法》第138条第2款规定当事人具体化陈述的义务，根据该规定，不负证明责任的当事人如果就对方所主张的事实进行否认，应当进一步陈述否认的理由，不允许单纯的否认，如果当事人违反该规定则法院将会作出不利的认定，即由于没有做实质性的争执而构成拟制自认。第138条第4款还进一步规定，当事人一般不允许作"不知道"的陈述，除非该行为并非当事人所为或者非当事人亲自感知。这一规定是为了防止当事人借不知来规避附理由否认义务的行使。

《德国民事诉讼法》对主张防御的行为模式及效果可以用下图来表示：

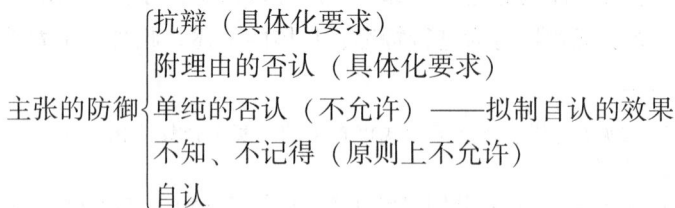

$$主张的防御\begin{cases}抗辩（具体化要求）\\附理由的否认（具体化要求）\\单纯的否认（不允许）——拟制自认的效果\\不知、不记得（原则上不允许）\\自认\end{cases}$$

从上图可见，《德国民事诉讼法》细致地规定了当事人防御的各种行为模式，为了保证具体化义务的实现设置对这些行为模式又设置了多重出口和防设。除非当事人有正当理由不知道、不记得，则其每一个防御行为都要么指向具体化义务，要么指向失权或者拟制自认。这一制度设计基于一个前提，即当事人负有诉讼法上的事案解明义务，该种义务在性质上属于公法上的协力义务，即便是不负证明责任的当事人在争执对方当事人提出的主张时，也应当履行该事案解明义务，这一理论在立法上体现为《德国民事诉讼法》第138条第2款。① 在实务界，对当事人的具体化义务的处理更为灵活。一方面，不负证明责任的当事人对于不是自己行为和认识对象的待证事实，并不当然可以免除具体化义务。即便是满足《德国民事诉讼法》第138条第4款的两种除外情形，当事人也并不一定可以援引此条款进行不知的陈述。当事人仍然需要向法院进一步说明不能具体陈述的原因。这些原因一般包括：当事人进行力所能及的调查后仍然无法获取该情报，则可以被认定为符合不知的陈述之合法要件，防止当事人通过间接方式获得情报来规避具体陈述的义务。在判例中，的确存在因为年代久远、当事人的记忆退化等原因无法作出具体的陈述，也无法作出附理由否认的情况，此时如果当事人向法院进行合理性的阐明，并在履行了查阅文件、日记等与待证事实有关的内容的义务之后仍然无果，则当事人可被允许就该事项进行不知的陈述。

日本在立法中没有直接规定当事人的主张具体化义务，因此也就无法推导出禁止当事人进行单纯否认以和不知的陈述。② 与《德

① 《德国民事诉讼法》第138条规定："1.当事人应就事实状况作出完全而真实的陈述。2.当事人对于对方当事人所主张的事实，应作出陈述。3.没有明显争议的事实，如果从当事人的其他陈述中不能看出有争议时，即视为已经自认的事实。4.对于某种事实，只有在它既非当事人自己的行为，又非当事人自己所亲身感知的对象时，才准许说不知。"参见丁启明：《德国民事诉讼法》，厦门大学出版社2016年版，第36页。

② 日本在其《民事诉讼法》第180条中规定了当事人证据声请的具体化义务，在法院《民事诉讼规则》第53条中规定了诉状的具体记载内容，但是没有规定当事人主张的具体化义务。

国民事诉讼法》中对于大部分不知的陈述推定为拟制自认不同，《日本民事诉讼法》第 159 条第 2 款规定，当事人作出不知的陈述，推定为对对方当事人主张的争执。尽管如此，在司法实践中适用该条款，结合法官的经验法则得出的结论却与具体化义务的要求是一致的。根据经验法则，法院若认为不负证明责任的当事人对自己参与的行为或经历的事实作不知的陈述不存在合理的理由，通常并不会推定其具有否认对方当事人所主张事实的效果，而是以违反诚信原则为由将该不知的陈述评价为不合法。相反，法院若认为不负证明责任的当事人作不知的陈述是合理的，才会认定其具有争执效果。①

（四）　主张具体化义务的缓和

1. 在证据偏在性或其他信息不对称的案件中，当事人事实主张的具体化要求有所缓和。传统民事诉讼案件中的构成要件事实通常较为明确，包括时间、地点、主体、内容或状态等要素。但是，在证据偏在性（比如公害诉讼、产品责任诉讼以及医疗过错诉讼）的诉讼中，就构成要件事实负主张责任而应当进行具体陈述的当事人，如果由于案件的专业性而缺乏对事实的理解和认识，或者因为证据分布的不均衡，导致具体陈述在客观上不能，此时如果仍要求其必须为具体的陈述，否则判定为不适格的主张，显然过于严苛，也不符合武器平等原则。因此，在这类案件中，对于在证据资料的占有上明显处于劣势，存在进一步认识案件事实之现实阻碍的当事人来说，应当适当降低其陈述的具体化要求，而允许其先进行大概的陈述。典型的证据偏在性诉讼如医疗诉讼中，原告不具备医学专门知识，要求其提出基于医学专门知识才能够陈述的事实，就过于苛刻。因此，为符合程序上实质的武器平等原则，应当降低原告陈述的具体化要求，而允许先大概陈述其损害是由什么医疗行为引起的。如原告可以仅陈述，其在胆道手术后出现胆漏是因为医生在手术过程中的操作不当，至于被告所为的医疗行为及应当采用的医疗

---

① 参见［日］小室直人：《新民事诉讼法》（Ⅱ），日本评论社 2003 年版，第 88 页。

措施具体为何，是手术中的误伤、误扎，还是术后缝合不严密，由于原告不具有医学常识，因此不应当课以其具体陈述的义务，而应当由法院阐明，促使被告协力解明其所采取的医疗性及预防措施的具体内容。①

2. 在以不作为为请求对象的诉讼中，当事人主张的具体化要求有所缓和。在消极的给付之诉中，原告对被告进行的权利主张是以不作为的形式出现的，这一类权利主张要具体化，在技术上往往很困难，因为原告无法预见将来被告可能会采取的作为的所有形式，因此也就无法在权利主张中穷尽列举。因此，原告在作出不作为请求时，倾向作抽象的声明，而不易于将其具体化。② 在不同的消极给付之诉中，法院对当事人权利主张的具体程度的要求，会有不同的解释，因此很难统一标准。③

权利主张的抽象化带来的另一个问题就是会影响判决主文的书写，如何对判决主文进行解释直接涉及执行的问题。一般来说，判决主文中的结论是依据诉的声明作出的，如果原告的权利主张是要求防免对方作出一定行为，且判决主文也依照原告的诉请予以支持并原样陈述在判决文书中，之后被告所做的行为并不在判决主文所载的防免行为之列，该如何处理？德国联邦最高法院认为，如果被告所做的行为，与原来原告所要求防免的行为相比较而言重点和核心内容类似或相当的话，即使在主文里没有提及，该行为也受判决

---

① 参见沈冠伶：《武器平等原则于医疗诉讼之适用》，载《月旦法学杂志》总第 127 期，2005 年第 12 期。

② 参见陈石狮：《不作为请求之特定》，载民事诉讼法研究会主编：《民事诉讼法之研讨（三）》，台湾三民书局有限公司 1997 年版，第 59~61 页。

③ 在实务上，德国联邦最高法院大概都集中在这些问题上作解释，可以参考 Baumann 的 Kommentar 二百五十三条，收取了百余案例，判决说这种情况之诉之声明明确，那个情况诉之声明不明确。参见陈石狮：《不作为请求之特定》，载民事诉讼法研究会主编：《民事诉讼法之研讨（三）》，台湾三民书局有限公司 1997 年版，第 59~61 页。

主文的效力影响，可以执行。① 例如，在原告诉被告不得修建栅栏阻挡门前道路的案件中，法院判决支持原告的诉讼请求，并在判决主文中作出同样表述内容的结论。判决生效半年后，被告挖渠阻断原告门前的道路，虽然"挖渠行为"与判决结论中的"修建栅栏行为"不一样，但两行为的关键都在于"阻断了原告门前的道路"，因此，"挖渠行为"也应当受判决主文的效力影响。

（五）确立主张具体化的意义

1. 主张具体化是当事人主张责任的内在要求。在采取辩论主义的民事诉讼中，当事人必须通过积极主张符合法律要件的事实，使其成为判决的基础，才能产生诉讼法上的效果。反之，如果当事人不进行积极主张，或者主张不符合法律上的要求，就会使自己陷入诉讼危险状态，这种诉讼危险状态转化为当事人所承担的诉讼不利益即是主张责任。当事人对其主张的事实进行具体化的陈述，使案件事实有明确的指向性，无论是对当事人自身胜诉利益的实现而言，还是对于诉讼进程本身而言，都非常必要。于诉讼程序，当事人负有提出事实资料、协力法院解明事案的公法义务；于主张者本身，当事人的主张责任必须以正确的方式实现才会发生法律上的效力，对实现胜诉具有实益。

2. 主张具体化是当事人实现诉讼促进义务的必要条件。主张具体化的实现有助于不负证明责任的当事人履行主张阶段中的协力义务，尽可能使法院获得关于案件的必要情报，促进法院集中且有效率地进行证据调查以避免诉讼迟延。主张具体化的作用在于明确当事人间的事实争点，并使待证主题特定化，这里的争点事实包括主要事实和间接事实。只有当事人的事实主张特定，法院才能依此为线索进行证据调查以获得有意义的事实结果。另一方面，为了促进诉讼的顺利推进，使审理集中化，法院应当适时行使诉讼指挥权及阐明权，在事实审理之前的阶段，促使主张具体化的实现，以固定争议焦点。

---

① 参见陈石狮：《不作为请求之特定》，载民事诉讼法研究会主编：《民事诉讼法之研讨（三）》，台湾三民书局有限公司1997年版，第61页。

3. 主张具体化义务有利于保障诉讼中其他各方的程序利益。第一，主张具体化使对方当事人能充分地行使防御行为。负主张责任的当事人如果只是抽象地主张事实，对方当事人很难有针对性地进行防御。具体化的适用事项不仅指向事实主张，还包括诉讼请求、抗辩、否认等防御行为，为防止对方当事人因为抗辩行为中详细陈述相关事实导致的情报开示的不利益，主张的具体化也十分必要。① 第二，主张具体化也使作为证据方法的第三人在接受法院询问时，能够直接回答与争议事实相关的问题，而免受其他无关、不必要的询问。

三、摸索证明的禁止

（一）摸索证明的内涵

根据武器平等原则，当事人双方应当平等且经济地接近和取得裁判所需要的事实和证据。但是，基于对胜诉利益的追求，当事人总是希望己方占有的有利事证越多越好。因此，若当事人在一些关键性的事实或证据的提出上有困难，无法就事实进行具体陈述时，便无法提出明确有指向性的证据声请，此时只能期待由对方提出，通过法院的证据调查获取可能的必要事实或者其他可能有利的新事实。当事人不按照先主张事实，再进行证据声请的惯常逻辑顺序，而一边调查证据，一边搜集事实，这就涉及所谓的摸索式证明活动。

理论界关于摸索证明的内涵有不同观点，日本学者认为：当事人将在证据调查阶段获得的信息用于补充自己的主张，这种以获得相关信息为目的的证据申请或证据调查叫做摸索证明，也叫做探知证明、证据搜索之旅。② 台湾学者认为：摸索证明是指当事人就其

---

① 参见［日］火田瑞穗：《民事诉讼における主张过程の规律》（二），《法学协会杂志》1997 年第 1 期。转引自占善刚《主张的具体化研究》，载《法学研究》2010 年第 2 期。

② 参见［日］高桥宏志：《重点讲义民事诉讼法》，张卫平、许可译，法律出版社 2007 年版，第 72~73 页。

主张或抗辩所必要之事实、证据未能充分掌握、知悉时，借由证据调查之声请（包括证据保全之声请），企图从证据调查中获得新事实或新证据，并以该事实或证据作为支撑起请求或声明为有理由之依据的证据声请。① 德国学者认为，摸索证明是证据声请时无可信理由，而只是不确切地说明证明对象或只是碰运气地或任意地或滥用法律地将证据声请作为所提出主张的理由，是一种不合法的证据声请。② 我国学者认为，未特定证明主题的证据声明成为探知证明或摸索证明，其目的在于试图借助于法院的证据调查而尝试进一步具体化之主张或立证。③

从上述概念来看，学者对摸索证明的法律评价并不相同，有的学者将摸索证明界定为一种违法的证据声明的手段，而有的学者则将摸索证明界定为与一般证明方法平行的同位概念，适用于特殊类型的案件。但学者对摸索证明的理解存在共通点，即当事人的证据声明不具备具体化、特定化的要求，而是试图透过证据调查探索对自己有利事实的证明活动。摸索证明的本质在于打破当事人之间关于事证资料的分配责任，一方当事人试图跨过分配的界限，借由碰运气式的证据声请，通过法院的证据调查获得对自己有利的事证资料。完整的证据声请包括三项内容：证据方法、应证事实和立证趣旨。其中证据方法和应证事实为必要要素，立证趣旨是指应证事实与证据方法间的逻辑关系，作用在于提示法院决定是否允许该证据声请，因此为非必要因素。④ 摸索证明与立证趣旨关系不大，但与证据方法和应证事实关系密切。具体化的证据声请应当在证据方法和应证事实上均符合具体化要求，如果当事人在进行证据声请时对

---

① 参见沈冠伶：《摸索证明与事证搜集开示之协力》，载《月旦法学杂志》总第 125 期，2005 年第 10 期。

② 参见罗森贝克、施瓦布、戈特瓦尔德：《德国民事诉讼法》（第 16 版）（下），李大雪译，中国法制出版社 2007 年版，第 861～862 页。

③ 参见占善刚：《证据协力义务之比较法研究》，中国社会科学出版社 2009 年版，第 30～31 页。

④ 参见周成泓：《论民事诉讼中的摸索证明》，载《法律科学》2008 年第 4 期。

上述两要素之一未特定，就符合摸索证明的特征。一般而言，摸索证明的具体形态包括：（1）当事人在证据声请中仅特定证据方法，未特定应证事实。如交通事故引起的损害赔偿案件中，原告声明以事故车上另外一名乘客为证人，证明司机有过失，但是就过失的具体内容（是酒驾、疲劳驾驶还是别的原因）并不指明。（2）当事人就应证事实进行具体陈述，但未特定具体指向的对象。如上例中，关于证人的证据调查，仅声明车上任意一乘客，却未特定为何人，也无法提供证人的姓名和住所。（3）就应证事实和证据方法均未具体特定。如产品质量问题导致的损害赔偿案件中，当事人提出产品的设计有问题，但是无法明确具体是哪一处设计有问题；当事人同时提出有产品的设计图作为证据，但是又无法特定具体的文件。（4）当事人在证据声请中表明了具体的事实，但对该事实并不确定，而是出于某种猜测，这种猜测有一定的根据。如因食用被告所生产的食品后有腹泻，认为被告餐厅的厨房卫生不达标导致食物有污染，并声请法院对被告的厨房进行勘验。（5）当事人表明的事实毫无根据，完全是凭空臆测。如原告在被告对其进行输液后突然死亡，被告认为原告是突发心脏病，并声请法院对原告的所有病历资料进行调查取证。（6）在对证人或对方当事人行使发问权时，突破原有的应证事实，就尚未出现在程序中的事实主张进行提问。如在离婚诉讼中，原告以与被告性格不合为由提出离婚，在讯问当事人时，突然问起其在婚姻存续期间是否有外遇，而这一事实在此前从未提出过。①

（二）摸索证明的分类和定位

根据当事人的摸索证明是否有一定的线索，可以分为两种：实质的摸索证明和形式的摸索证明。② 前者是指当事人的证据声请没有任何的根据和线索，仅仅是当事人的主观臆测；后者是指当事人基于一定的线索和根据而作出的抽象的证据声请。实质的摸索证明

① 参见沈冠伶：《摸索证明与事证搜集开示之协力》，载《月旦法学杂志》总第 125 期，2005 年第 10 期。

② 参见魏庆玉：《摸索证明论》，载《当代法学》2013 年第 2 期。

应予以禁止，而形式的摸索证明在日本、德国都不是一概禁止的。在德国帝国法院时期，就存在着打破摸索证明禁止判旨的判决。之后，虽然德国联邦法院承袭了帝国法院的禁止摸索证明的基本态度，但是在民法和特别实体法上，有相当多的规定承认法律关系中的当事人有权利请求其他当事人提供资讯，开示文书资料。① 德国联邦最高法院最近也认为，即当事人就具体事实欠缺认识时，法院可以宽容当事人暂先提出推测事实，作为证据声明时的应证事实。② 在日本，摸索证明的缓和在学术界也有很多讨论，如高桥宏志认为，摸索证明不合法这种断然的结论，因为缺少细致的梳理，所以才更应慎重对待。并进一步认为，德国旧法之所以否认摸索证明，是因为德国法认为当事人没有义务向对方提供能使其胜诉的资料。但是在日本则认为，不负证明责任的当事人同样也负有开示相关事证（超出自己证明责任范围的事证）的协力义务，因此，特殊情况下的摸索证明应当允许。③

（三）摸索证明的禁止

通说认为，在传统辩论主义的背景下，摸索证明应予以禁止。原因在于：根据辩论主义原则，法院和当事人之间，以及各方当事人之间就事实的主张和证据资料的提出应当按照主张责任和证明责任来进行分配，因此当事人并没有义务揭示对自己不利的事实、证据。④ 一般认为，摸索证明在实质上是当事人对证据申出权的滥用。⑤ 当事人在经历了事实主张阶段后，对主张事实和间接事实都进行了特定化，由此向法院声请进行证据调查，因此禁止摸索证明

---

① BGHZ 125, 322；BGH, MDR 2002, 1442.

② BGH, NJW 1995, 1160.

③ 参见［日］高桥宏志著：《重点讲义民事诉讼法》，张卫平、许可译，法律出版社 2007 年版，第 74 页。

④ 也有观点认为，以辩论主义作为否定摸索证明的原因，并不适当。参见邱联恭：《程序选择权》，第 99 页以下，2000 年台北，自刊。

⑤ 参见占善刚：《证据协力义务之比较法研究》，中国社会科学出版社 2009 年版，第 30 页。

实际上是主张具体化在证据提出阶段的表现。① 另外，如果法院允许当事人进行摸索取证，法院就成了倾斜和帮助诉讼某一方的审判主体，打破了自己应当保持的中立态度。法院证据调查也会偏离原本的目的，从法院对当事人主张进行认定的诉讼行为，变成当事人获得情报的手段。

但是，在修正主义的辩论原则下，摸索证明的禁止并不是绝对的。传统大陆法系国家对摸索证明进行认定时一般遵循以下规则：首先，对于当事人的证据声明在什么情况下认定为摸索证明，必须严格审慎地认定，不能轻易依此为由驳回。在当事人就具体事实欠缺认识时，可以允许当事人先提出推测事实（vermutete Tatsache），作为证据声明时的应证事实。② 其次，即便是认定为摸索证明，也非一概令其失权，例如在证据偏在性的案件中，法院可以基于诚信原则承认一方当事人对对方的情报开示请求权，而允许摸索证明的存在。③

另外，从各国关于摸索证明的判例来看，实践中衡量摸索证明是否应该一概认定为不合法时，往往会考虑以下因素：首先，能否在保证实质的武器平等的基础上使负主张责任的当事人以最有效率的方式接近、获取必要的事实证据。比如在德国裁判实务中，摸索证明常会出现在非婚生子女请求抚养及要求认领的案件中，生父作为被告为了反驳原告的诉请，在没有具体线索的情况下，主张原告的母亲在受孕期间与其他人保持不正当关系，并声请法院将原告的母亲作为证人询问。类似这种摸索证明，德国帝国法院并非一律禁

---

① 参见周成泓：《论民事诉讼中的摸索证明》，载《法律科学》2008 年第 4 期。

② 参见沈冠伶：《摸索证明与事证搜集开示之协力》，载《月旦法学杂志》总第 125 期，2005 年第 10 期。

③ 现有的讨论都是基于大陆法系辩论主义诉讼模式为背景，英美法系虽有与摸索证明相近之 fishing expedition，但是与大陆法系原则上禁止摸索证明不同，英美法系对证据声请的具体化要求较低，原则上允许 fishing expedition 的存在，由于诉讼传统和制度背景不同，本书仅讨论大陆法系的摸索证明，不讨论英美法系的 fishing expedition。

止，而是视情况而定。如果被告能够提供保持不正当关系的第三人的具体信息，或者将范围限制为特定的数人，并能提供具体信息，则应予允许；反之，如果被告无法提供更具体的信息，只是抽象主张"存在不正当关系的其他人"，则不应准许。① 其次，对方当事人及作为证据手段的其他诉讼参与人的隐私是否会因为摸索取证行为遭受不必要的窥探。最后，诉讼程序是否能够迅速、适当地进行，不会因为摸索证明而使程序受到不当延滞。②

（四）摸索证明禁止的缓和

1. 摸索证明禁止之缓和的理论依据

摸索证明禁止之缓和的主要理论依据为当事人负担的诉讼协力义务。即当事人就其所知的事实，不论对自己有利或是不利，均负有陈述义务。而当事人关于事实提出的决定权和处分权，在一定程度上受限制，这也是经过修正后的辩论主义的要义。因此，当事人如果知悉事件的发生经过，且可以期待其陈述事实、提出证据，即便其不负证明责任，就事实陈述或证据提出仍负有协力义务。在此范围内，摸索证明应被允许。

2. 摸索证明禁止的缓解之探讨

第一，在现代型诉讼中（如消费者诉讼、医疗诉讼、产品责任诉讼、知识产权诉讼、环境诉讼等），事实和证据的澄清需要依靠专门的技术和知识，对于处在证据严重不平衡的当事人一方而言，在举证上有困难于其情形显失公平的，证据声明即便有一定程度的抽象和不特定也应予许可，以实现实质的公平。③

第二，当不负证明责任的当事人有协力义务开示案情时，摸索证明禁止论应当让步于事案说明义务。诚然，从证据调查中获得信息不能作为一种常用手段，也违背了证据调查的本旨。但是，如果

---

① 参见占善刚：《主张的具体化研究》，载《法学研究》2010 年第 2 期。

② 参见沈冠伶：《摸索证明与事证搜集开示之协力》，载《月旦法学杂志》总第 125 期，2005 年第 10 期。

③ 参见李木贵：《民事诉讼法》（第三版）上，台湾元照出版有限公司 2010 年版，第 6~142 页。

当事人的主张所指向的事实发生在对方当事人（或者案外第三人）控制的领域内，且能够出示充分的证据线索证明一旦法院启动证据调查程序，事实主张的具体化、特定化甚至对该主张的证明都会实现。这种情况下，法院应当准予当事人提出抽象的、不特定的事实主张甚至是单纯的权利主张。另外，如果不负主张责任的当事人在争点整理阶段不积极履行协力义务，迫使对方当事人不能作出符合具体化要求的事实主张，不得已进行摸索举证的证明活动时，该摸索证明行为不应被认定为违法。也就是说，由于不负主张责任的当事人违反了诚信原则，就需要容忍对方相应作出的摸索证明行为。

第三，对摸索证明的认定还应当考虑当事人的主观状态，如果当事人并非故意滥用权利，一般不轻易以摸索证明为由予以驳回。对摸索证明的认定采取如此严格的态度见于德国联邦法院近来的判决，即除非当事人系显然意图滥用其权利（Rechsmissbrauch），否则均不认为属于摸索证明。[①] 德国联邦最高法院还认为，对摸索证明的认定在司法个案中和在理论中的考量要求是不同的。在诉讼理论中，就特定事实的陈述如欠缺明确依据，随意碰运气式的凭空捏造，系权利滥用，属于不合法的诉讼行为。但由于实践中确实存在当事人提出其无法确认但依照常理和事件的状态而有可能存在的事实，这种情况下当事人的证据声明是否属权利滥用，则应谨慎判断。只有在完全欠缺任何事实上依据之情形时，才可认为属于"凭空捏造"。

第四，法院在认定摸索证明是否违法时，还应当综合考量证据声请的后果。具体包括：对方当事人及第三人因为该摸索证明行为所容忍的负担或者遭受的不利益，比如个人隐私、商业秘密泄露，或者遭受不必要的难堪痛苦；举证人是否借由证据调查造成诉讼延滞等。

第五，在司法实践中，完全禁止摸索证明不仅在操作上有困难，还有超越正常的诉讼阶段预断事实的嫌疑。在实务中，形式上

[①] 参见沈冠伶：《摸索证明与事证搜集开示之协力》，载《月旦法学杂志》总第 125 期，2005 年第 10 期。

具备具体化要求的证据声明，很多是依据没有经过严谨思考提出的事实主张，甚至是出于诉讼技巧故意试探性的事实主张作出的。对于法院而言，在证据调查前很难准确识别是否属于摸索证明，而以当事人没有确定的根据和线索为由驳回其证据声请，难免让人质疑法院在证据调查前预先进行事实判断的合理性。

　　总之，认定摸索证明是否合法，不应一概而论，而要根据个案情况，结合当事人的主观状况、对方当事人的防御情况、证据调查牵涉的证人及其他当事人利益的保护、待证事实的特殊性、诉讼进行状况等来综合判断。①

---

　　①　参见［日］门口正人编集代表：《民事证据法大系》（第2卷），青林书院2004年版，第125页。

第五章 我国民事诉讼主张 规范的现状与问题

第一节 我国民事诉讼主张制度的 立法现状及问题

一、我国民事诉讼主张规范的立法现状

(一) 我国民事诉讼主张规范的产生和发展

从中华人民共和国成立起，先后有四部标志着民事诉讼制度发展的法典，同时，还有多部对民事诉讼法适用具有重要指导意义的司法解释。从这些法律规定，可以梳理出诉讼主张作为民事诉讼制度的重要部分，产生和发展的背景和脉络，从而有助于我们预测主张制度的发展路径和趋势。

我国 1982 年 3 月 8 日颁布的第一部《民事诉讼法》（试行）第 56 条第 1 款规定："当事人对自己提出的主张，有责任提供证据。"该条在形式上初步确立了当事人的主张责任及证明责任。第81 条规定："起诉必须符合以下条件：……（二）有明确的被告、具体的诉讼请求和事实根据；"该条可以说是在职权主义诉讼模式的温床上植下具体化义务的幼苗。[①] 第 56 条第 2 款规定："人民法院应当按照法定程序，全面地、客观地收集和调查证据"。这确定了当时民事诉讼制度的基本运行模式——职权探知主义。在这样的

[①] 参见胡亚球：《论民事诉讼当事人具体化义务的中国路径》，载《中国法学》2013 年第 4 期。

背景下，辩论主义和主张责任没有发展的土壤，法律虽然规定了当事人有权在诉讼中提出自己的主张，其主张权也是受法院职权的诸多限制，主张的内容对法院审理并不会产生实质性的影响。相反，由于法院职权的强势主导，法院不仅不受主张的限制和约束，实践中对当事人的主张自由进行过度干预也属于常态。1991 年《民事诉讼法》正式颁布实施，在原第 56 条第 1 款规定的基础上，将第 2 款中的"收集和调查证据"改为"审查核实证据"（第 64 条第 3 款），该规定在一定程度上弱化了法院的职权。① 但第 64 条第 2 款规定的"……或者人民法院认为审理案件需要的证据，人民法院应当调查收集。"重审了法院职权主义的基调。另外，原第 81 条内容修改为："起诉必须符合下列条件：……（三）有具体的诉讼请求和事实、理由；"其中的"事实"就是指原被告之间发生争议的民事实体法律关系发生、变更与消灭的事实。② 该条首次对起诉状中的事实主张进行规定，且作出具体化的要求。

从 1982 年和 1991 年的两部《民事诉讼法》，可以看出立法者对主张的关注主要体现在当事人的主张责任和证明责任，以及起诉时主张的具体化要求。也就是说，主张被界定为一种责任或者义务，并不具备能给当事人带来诉讼自主权或者约束法院的功效。这与这两部法律中的辩论原则均源起于具有强烈职权干预色彩的苏联民事诉讼理论有关。③

2002 年最高人民法院出台《关于民事诉讼证据的若干规定》，对 1991 年《民事诉讼法》进行重要补充，修正了民事诉讼立法中普遍适用职权主义的规定，开始了我国民事诉讼审理模式从职权主义向辩论主义转向的探索。《民事证据规定》第 2 条增加了结果意义上的证明责任；第 15 条限定了法院主动调查证据的范围，将证

① 《民事诉讼法》（试行）第 56 条第 2 款规定为："人民法院应当按照法定程序，全面地、客观地收集和调查证据。"

② 参见江伟主编：《民事诉讼法学》，高等教育出版社、北京大学出版社 2000 年版，第 230 页。

③ 参见刘学在：《民事诉讼辩论原则研究》，武汉大学出版社 2007 年版，第 80 页。

据声请的主动权交给当事人，为当事人主导的诉讼模式打下基础；同法第 8 条规定的主张的自认。上述一系列条文直接或间接表明了辩论主义的第二条要义和第三条要义；① 另外，第 32 条规定的被告答辩的义务以及后续规定的举证期限和证据交换环节为主张具体化的实现提供了制度保障。② 至此，《民事证据规定》确立了辩论主义的基本构架，构建了与主张责任、证明责任和当事人的主张规则相契合的证据制度。

2012 年《民事诉讼法》进行了重大修改，更进一步对当事人的主张规则进行了完善。体现在两方面：第一，确立了民事诉讼中的诚实信用原则，为主张真实化义务奠定了基础；第二，在审理前准备阶段首次增加了明确争议焦点这一项，为当事人充分进行主张和防御提供了运行的平台保证。

2015 年最高人民法院出台《关于适用〈民事诉讼法〉的解释》，原《关于适用〈民事诉讼法〉若干问题的意见》废止，新司法解释进一步细化了主张规则。主要体现为：第一，对事实主张和法律主张的证明规则分别作出了规定，明确了两项不同的主张下举证责任的分配。第二，规定了对主张的自认、主张的反驳、对主张的不知等多种情况下，法院的认定标准。第三，明确审前准备程序

---

① 一般认为，辩论原则的基本内容包括三个方面：（1）直接决定法律效果发生或消灭的主要事实（要件事实）必须在当事人辩论中出现，法院不能以当事人没有主张过的事实作为判决的事实依据。（2）对双方当事人都没有争议的事实，法院应当作为判决的依据，不仅没有必要以证据加以证明，而且一般也不允许法院作出与此相反的认定，换言之，法院应当受当事人自认的约束。（3）法院对证据的调查，原则上仅限于当事人提出的证据，而不允许法院依职权主动调查证据。参见［日］中村英郎：《民事诉讼理论的诸问题》，成文堂 1978 年版，第 194 页以下，转引自刘学在：《民事诉讼辩论原则研究》，武汉大学出版社 2007 年版，第 13 页。

② 《民事证据规定》第 49 条规定："被告应当在答辩期届满前提出书面答辩，阐明其对原告诉讼请求及所依据的事实和理由的意见。"虽然该条在形式上确立被告的答辩义务，但是由于其与《民事诉讼法》之"被告不提出答辩状的，不影响人民法院审理"存在不协调，其位阶又低于《民事诉讼法》，因此，实践中法院还是按照《民事诉讼法》的规定来处理的。

中包括归纳争议焦点这一内容，细化了归纳争议焦点的要求和方法。第四，规定了主张的禁反言制度，丰富了主张规则的具体内容，也回应了民事诉讼法中的诚实信用原则。

2019 年 10 月，最高人民法院对《民事证据规定》进行了重要修正，保留原《民事证据规定》条文未作修改的 11 条，对原《民事证据规定》条文修改 41 条，新增加条文 47 条。涉及诉讼主张的重要修改主要包括：完善了当事人自认规则，完善了举证时限的操作性规则，对当事人故意虚假陈述规定了处罚措施。

（二）我国现行《民事诉讼法》及司法解释中关于主张的规定

1. 现行《民事诉讼法》中关于主张的规定

我国《民事诉讼法》涉及当事人主张及防御的规定可见于以下条文：第 64 条第一项（主张与证明责任的分配）；第 51 条（原告的权利主张和被告对原告主张的防御权）；第 65 条（主张与举证时限；逾期举证之后果）；第 119 条（起诉条件中应当具备具体的实体权利主张和事实主张）；第 121 条（起诉状应当载明事实主张与理由）；第 141 条（法庭辩论中当事人口头主张及防御的顺序）；第 133 条第四项（开庭审理前的交换证据、明确争议焦点的活动）、第 152 条（判决书中应当写明争议的事实主张和认定的事实）；第 169 条（第二审程序中，当事人未提出新事实主张的，可以不开庭审理）；第 200 条（事实主张认定证据不足或涉及伪证或者未经质证的，作为法院应当依申请启动再审申请的事由之一）。

其中第 65 条是新增加的规定；第 151 条做了较大修改，将原第 152 条的"在事实核对清楚后"修改为"对没有提出新的事实、证据或者理由"；将"也可以径行判决、裁定"修改为"可以不开庭审理"。

2. 《民诉法解释》中关于当事人主张的规定

《民诉法解释》涉及当事人主张及防御的制度性规定可见于以下条文：第 31 条（消费者对格式管辖协议无效的主张）、第 66 条（保证合同中的权利主张）、第 81 条（有独立请求权第三人的事实主张）、第 90 条（事实主张的证明责任之分配）、第 91 条（法律上的主张及其证明责任分配）、第 92 条（关于主张的自认）、第 93

条（关于免证的主张）、第 102 条（逾期举证的法律后果）、第 108 条第 2 款（关于反驳事实主张进行举证的证明标准）、第 110 条（当事人拒绝具结时，法院对事实主张的处理）、第 198 条（法院针对当事人主张标的额进行的阐明）、第 225 条（庭前会议中可以包括组织交换证据和归纳争议焦点）、第 226 条（归纳争议焦点的程序）、第 229 条（禁止当事人推翻审前准备阶段的自认——禁反言之一）、第 335 条（关于基本事实的内容界定）、第 342 条（禁止当事人在第二审程序中推翻第一审程序中实施的行为——禁反言之二）。

其中第 31 条、第 66 条、第 90 条、第 91 条、第 92 条、第 93 条、第 102 条、第 108 条、第 110 条、第 198 条、第 225 条、第 226 条、第 229 条、第 335 条、第 342 条是 2015 年新增加（或有重大修改）的条文。

3. 《民事证据规定》中关于当事人主张的规定

其中涉及"主张"的法条有：第 3 条 ~ 第 9 条（主张的认可——自认；关于主张的不知的陈述的认定；关于主张的附条件自认的认定）、第 10 条（免证的事实主张）、第 18 条（法院依职权对无争议事实的查证）、第 48 条（不遵守"书证提出命令"者，法院可认定对方主张的事实为真实）、第 53 条（当事人的法律主张与法院认定事实不一致的处理方式）、第 59 条（逾期举证的处罚标准）、第 63 条（当事人的真实陈述义务）、第 64 条（当事人就案件事实接受法院询问）、第 65 条（当事人就真实陈述进行具结的义务）。

从我国民事诉讼法的历史沿革来看，主张制度的产生和发展经历了三个阶段：第一阶段（1949 ~ 2002 年）：主张制度的萌芽阶段。这一阶段，主张及证明责任、起诉主张的具体化义务在职权主义模式的土壤中萌芽，且初具雏形。第二阶段（2002 ~ 2012 年）：主张制度的确立阶段。在这一阶段，明确了从职权主义向当事人主义转型的方向，确定了结果意义上的证明责任，构建起主张责任——证明责任——辩论主义的基本框架。第三阶段（2012 年至今）：主张制度内容不段丰富和完善的阶段，为适应最新修订的

《民事诉讼法》法典和司法实践中出现的新情况，新的司法解释对于此前没有涉及的主张内容如当事人不知的陈述、禁反言、真实陈述义务都进行了开创性的尝试。可以预见，未来的民事诉讼立法中，主张的规定将会越来越丰富，越来越系统，为实践中突出的问题提供更明确的法律指引。

二、对我国现行立法中民事诉讼主张规范的评析

1. 对"主张"概念的界定不够清晰

第一，"主张"一词的使用没有特定化。在现行《民事诉讼法》和相关司法解释中，"主张"一词所指向的对象颇为广泛。主张可以表示诉讼请求（如《民事诉讼法》第57条）；权利主张（如第53条、第66条）；或者某种法律效果（如第91条）。"主张"一词的泛化使用，还说明"主张"并没有作为一项具有独特功能的独立民事诉讼行为与其他诉讼行为之间进行有效界分。在立法中，"主张"一词使用混乱，在司法实践中，当事人对事实主张也认识不清，尤其容易将主张和诉讼请求相混淆。

另外，现行法对于主张的界定不清还容易导致主张外延的泛化，即将当事人所做的所有陈述都纳入主张的范围。如有观点认为，民事诉讼主张就是民事诉讼主体在民事诉讼中所提出的请求、意见、声明、见解、看法的统称。[①] 笔者认为，在理论研究上对主张做广义和狭义的区分并无不妥，但如果在立法中要将主张作为一项独立的制度来确立，则不宜将其外延设定过宽。主张应该是能够产生某种特定法律效果的诉讼行为，其在功能有独立性，不能为其他诉讼行为所取代，在此基础上确立主张制度才有意义。

第二，"主张"与"当事人陈述"界限模糊。现行《民事诉讼法》第63条将当事人陈述作为证据的法定形式之一种进行规定，第124条规定了当事人陈述作为证据在法庭出示的顺序。同时，第127条又规定原告、被告及其诉讼代理人在法庭辩论中陈述的顺

---

① 陈文曲：《民事诉讼当事人陈述理论重构》，法律出版社2009年版，第155页。

序。从性质上看，第 63、124 条中的陈述是证据方法意义上的陈述，第 127 条中的陈述是主张意义上的陈述，两者无论是法律效果还是诉讼功能截然不同。但是从法条规定来看，除了诉讼阶段的不同，都是来自当事人的"陈述"，两种行为在具体规则上的区别，现行法律中并没有反映。在司法实践中，当事人在法庭辩论上的陈述也常常是对之前事实调查阶段所说的内容进行重复发言，或者就某项事实反复陈述，循环自证，无法进行有效的举证。①

从法官对两类陈述的认知和认定的方法来说，证据意义上的当事人陈述和主张意义上的陈述都有很大差异。证据意义上的当事人陈述，法官应当从证据的真实性、合法性和关联性三个方面来运用自由心证，且自由心证应当以客观标准为基础；而对主张意义上的陈述，法院则应当从当事人的主张能力、事实主张与法律规范中的要件事实的匹配程度、主张的具体化、主张事项的范围等方面来考量，严格以辩论主义的基础，对当事人未主张的事项不得主动加以斟酌。再者，对于不详细、出尔反尔的当事人陈述，法官运用自由心证可以对当事人要证明的事项产生真伪的疑虑，或者对对方当事人证明的相反事项产生认为真实的心证效果；而对于模棱两可的主张，法院则应当直接将该事项排除在斟酌范围外，视为当事人未提出该主张即可。在我国司法实践中，法官对这两种不同的陈述所运用的认知方法也往往没有区分。或者对主张采取客观主义的审查原则，将当事人未主张的事实作为审判基础，甚至主动去审查当事人主张范围外的事项；或者对作为证据的陈述与作为主张的陈述采取同样的审查方法，这些都是不妥当的。

2. 对"主张"的立法视角过于单一

我国现行《民事诉讼法》主要是从"谁主张谁举证"的角度来规定主张责任及证明责任的分配。这一立法视角从 1982 年《民事诉讼法（试行）》（第 56 条）到 1991 年《民事诉讼法》（第 64 条）颁布实施，再到 2007 年《民事诉讼法》第一次修改（第 64

---

①　参见姚瑞光：《民事诉讼法论》，中国政法大学出版社 2011 年版，第 334 页。

条)，直至 2012 年《民事诉讼法》第二次修改（第 64、65 条)，
基本没有改变。事实上，诉讼主张并非只在主张责任的分配中才有
意义，当事人的主张行为，是一个包括外部运行环境和内部运行机
制为一体的独立体系，该体系的核心内容包括：主张行为的作出对
于当事人本人、对方当事人所产生的效果，以及在经过法院司法权
运作后所生的法律效力等。而上述内容现行立法要么没有规定，要
么零散地分布在各种司法解释中，无法构成主张制度的完整体系。
之所以缺乏系统性的规定，笔者认为主要原因在于：我国的民事诉
讼法中约束性的辩论主义没有完全确立。立法上仅仅规定了当事人
"享有辩论权"，可以对有关事项展开"辩论"，但是法律没有明确
规定当事人的辩论内容对法院具有约束力。因此当事人的主张内容
及主张范围也无法约束法院审理和认定的范围。没有确立真正意义
上的辩论主义，主张的约束力就是无本之木，在民事诉讼中无法生
根发芽。

3. 主张制度在内容和配套制度上的缺失

第一，当事人主张规则的主要适用平台——审前程序的相关立
法规定还不完善。当事人的主张具体化义务、主张真实化义务能够
贯彻实施的重要平台，就是在民事诉讼开庭审理前独立于庭审环节
的审前准备阶段，在这个阶段需要完成程序分流、交换证据、争点
整理等任务，如果当事人在法院指定的期间内没有完成相应的事
项，应当负担诉讼法的不利益。现行《民事诉讼法》第 125 条~第
133 条规定了民事诉讼审理前的准备程序，其中，第 133 条明确规
定了庭前程序中应包括交换证据和明确争议焦点两项内容。另外，
根据《民诉法解释》第 226 条规定，人民法院应当根据当事人的
诉讼请求、答辩意见以及证据交换的情况，归纳争议焦点，并就归
纳的争议焦点征求当事人的意见。新增了"庭前会议"这一集中
处理诉讼准备事项的环节，并规定其具体内容包括：法院应当根据
当事人的诉讼请求、答辩意见以及证据交换的情况，归纳争议焦
点，并就归纳的争议焦点征求当事人的意见。从上述规定来看，审
前程序主要功能为解决争议焦点、促进庭审实质化的实现。笔者认
为，修法后的一系列规定对审前阶段的事实主张的整理规定得更为

细化，但仍存在以下问题：现行立法对被告进行审前答辩，当事人相互之间充分披露信息且交换证据没有附加任何义务性规定，仅靠法官主导，确定争议焦点、交换证据难以收到成效。立法只对法院归纳争议焦点这一职权行为作出了规定，就当事人应当予以配合的诉讼义务没有规定，对于当事人在庭前准备程序中能动性发挥的重要性也认识不够。法院可以根据审理案件的需要决定是否召开庭前会议，但当事人在庭前会议如果不配合，拒绝主张或者主张不当，并不会承担任何不利的法律后果。也就是说，作为联结诉讼请求和证明行为的事实主张，是否能实现确定事实的作用，取决于当事人的自由意志和配合度，这显然与审前程序制度设计的主旨不符。

另外，审前阶段中当事人主张的提出时间规定不明确。根据现行《民事诉讼法》规定，当事人可以在法庭辩论终结前的任何阶段提出新的主张和抗辩，也就是说，现行立法并未要求当事人应该审前阶段在将事实主张全部提出，这就意味着，当事人因为过失导致的主张迟延提出不会引发任何的负面效果，当事人基于"诉讼策略"所作出的故意所为的主张突袭，也并不会收到应有的规制。① 在实践中，主张突袭会使诉讼进程或诉讼结果发生不可预期的突发状况，而即便是过失的主张迟延，也会使很多事实和证据较为复杂的案件在经历了数次庭审后方能弄清楚争点，给审判工作带来极大的不便。

第二，我国民事诉讼立法没有明确规定主张的具体化义务。根据现行《民事诉讼法》第119条之规定，当事人起诉应当有具体的诉讼请求和事实、理由。根据全国人大法工委的解释，该条中原告提供的事实主要是纠纷发生的事实经过，即客观情况；在事实的基础上，还应当根据法律规定说明提出诉讼请求的理由。② 第121

---

① 主张突袭是指当事人为取得一定的诉讼上法律效果所实施的错过适当时期提出主张的行为。主张突袭与证据突袭、诉讼请求变更的突袭、管辖权异议的突袭、起诉和答辩的突袭等一起并列为当事人诉讼突袭的典型表现形式。

② 全国人大常委会法制工作委员会民法室编：《民事诉讼法条文说明、立法理由及相关规定》，北京大学出版社2012年版，第119页。

条第三项规定，起诉状应当记明诉讼请求和所根据的事实与理由。立法者对于该部分事实的要求是"实事求是，陈述力求确切"。①事实上，这一阶段的主张应当比立案阶段要求更高。审前阶段在很大程度上承担了发现事实真相的任务，有些事实较为清楚的案件，在审前阶段的"初步审理"中就已经解决，而不必进入到"主要庭审"。因此，在审前程序中，法院就需要对案件事实特别是满足实体法规定中要件事实的各要素进行正当性和有理性的审查。尤其是在我国允许主张随时提出的立法现状下，讨论审前阶段的主张具体化标准更有意义。

笔者认为，先行立法的规定在确立真正的具体化义务上还有完善空间。理由如下：首先，具体化义务在诉讼法上需要效力保障，如果法律没有规定任何失权效或者诉讼不利益的负担，就不是真正意义上的具体化义务。其次，现行法律规定当事人提出的诉讼请求和事实应当"具体"，其目的在于明确原告诉讼请求和事实依据的内容和范围，以便在审查起诉要件时能够确定能否受理，其立法意图在于立案审查的便利。但现行法律并不禁止当事人在庭审阶段提出起诉状中未载明的事项，因此超过举证期限提出证据在实践中也是常有的事情，这说明第 119 条规定中当事人起诉的具体化要求在功能上较为单一。真正意义上的具体化义务除了能促进诉讼，在平衡当事人攻击防御手段上也具有重要意义。且具体化义务的承担并不限于原告，在民事诉讼程序中，主张者和抗辩者都负有具体化义务，只有双方当事人都履行了这一义务，才能让庭审对抗进行得更集中，让事证开示更彻底。最后，现行立法仅规定了起诉状中的相关事项应当具体，这是当事人主张具体化的体现之一，具体化义务更体现在审前程序法官整理争点时，以及庭审开始之后，而这些法律均没有规定。

第三，我国《民事诉讼法》没有确立主张的真实化义务。现行《民事诉讼法》第 13 条第 1 款规定：民事诉讼应当遵循诚实信

①　全国人大常委会法制工作委员会民法室编：《民事诉讼法条文说明、立法理由及相关规定》，北京大学出版社 2012 年版，第 122 页。

用原则。第112、113条规定了两种常见的违反诚实信用原则的情形。一般认为，民事诉讼法上的诚实信用原则包含四个方面的内容：禁止恶意制造诉讼状态；禁止矛盾诉讼行为；禁止滥用程序权利；禁止妨碍他人诉讼行为。[1] 真实化义务是否能当然从诚信义务原则推导出来尚存在有疑问。[2] 真实化义务的含义在于当事人对自己所认识的事实进行如实陈述，且不会对明知存在（真实）的事实进行随意否认（单纯的否认），也即真实化义务强调的是当事人的主观真实，而非客观真实，因此真实义务在发现事实上的作用有限。真实化义务的功能主要是诉讼促进义务，在于提高诉讼效率，避免法院在不必要的事项上花费过多的时间和精力进行调查取证，分散对争议焦点的事实调查，在这一点上，主张的真实化义务与诚实信用原则在功能上有明显的差异。其次，2019年修正后发布的《民事证据规定》第63条规定："当事人应当就案件事实作真实、完整的陈述……当事人故意作虚假陈述妨碍人民法院审理的，人民法院应当根据情节，依照民事诉讼法第111条的规定处理。"笔者认为，这一条规定的并非主张责任意义上的真实义务，而是当事人以证人身份在证据调查阶段接受法院询问时所负的义务。原因在于，《民事诉讼法》第111条第1项规定的是关于诉讼参与人伪造、毁灭重要证据，妨碍人民法院审理案件的法律责任。也正因为如此，违反《民事诉讼法》第62条规定所承担的责任，才应被定位为不负举证责任之当事人的证明妨碍行为引发的责任，由此准用

---

① 参见杜丹著：《诉讼诚信论——民事诉讼诚实信用原则之理论及制度构建》，法律出版社2010年版，第135页。

② 从真实化义务与诚信原则的产生历史来看，前者是否附属于后者在理论上存在争议。德国在1993年所增订的当事人之真实义务之前，关于民事诉讼法上有无诚信原则适用之问题，以否定说为主流之观点。由于1993年民事诉讼法的修正，在第138条中增订关于真实义务之规定，才成为学说及事务局界承认民事诉讼法适用诚信原则之契机。另外，依德国1993年民诉法修正，真实义务的确立都出自于辩论主义修正之必要性，而较少出于诚信义务理解。参见姜世明：《民事诉讼中当事人之真实义务》，载《东吴法学报》（第十六卷第三期），第158页。

《民事诉讼法》第 111 条第 1 项之规定。可见，《民事证据规定》
第 63 条是将当事人比照证人身份来规定其应当承担的证据协力义
务，而非负主张责任的当事人应承担的主张真实性义务。

另外，《民诉法解释》新增加的第 229 条对于禁反言的内容有
所充实，但还有很大的提升空间。根据该条，当事人不得随意推翻
审前准备阶段的自认。① 严格意义上的自认只有在庭审中作出才具
有约束效力，当事人在审前程序、庭审外、和解和调解程序中所做
的认可行为并没有约束效力。第 229 条实际上是赋予了当事人在审
前阶段的"自认"行为的约束效力，并对当事人附加了反悔就必
须说明或举证的义务，这对当事人提出了更高的诚信要求。第 229
条中关于"当事人在庭审中对其在审理前的准备阶段认可的事实
和证据提出不同意见"的"理由"，根据合理推测主要包括：无法
证明自己是基于一般过失的认识错误或理解错误而作出推翻认可的
行为，这时会被法院认定为故意拖延诉讼或扰乱对方诉讼策略的行
为。体现禁反言内容的另一法条是第 342 条，② 根据该条规定，在
第二审程序中，当事人对自己此前在第一审程序中进行的主张和陈
述推翻，且没有正当理由的，法院不予支持。但是，对于当事人在
审前阶段自己所提的主张，开庭后就同一事项进行相悖主张的情
形，则不属于第 229 条和第 342 条规制的范围，现行法律也没有明
确规定。2019 年修正后的《民事证据规定》第 63 条第 2 款规定：
"当事人的陈述与此前陈述不一致的，人民法院应当责令其说明理
由，并结合当事人的诉讼能力、证据和案件具体情况进行审查认
定。"这条目的在于"禁反言"，但对于后果同样参照《民事诉讼
法》第 111 条进行处罚，法官不能针对该主张行为作出不利于

---

① 《民诉法解释》第 229 条规定："当事人在庭审中对其在审理前的准
备阶段认可的事实和证据提出不同意见的，人民法院应当责令其说明理由。
必要时，可以责令其提供相应证据。人民法院应当结合当事人的诉讼能力、
证据和案件的具体情况进行审查。理由成立的，可以列入争议焦点进行审
理。"

② 《民诉法解释》第 342 条规定："当事人在第一审程序中实施的诉讼
行为，在第二审程序中对该当事人仍具有拘束力。"

"反言"当事人的认定。可见，上述法条并不能完全解决实践中当事人随意更改、反悔原主张的问题。

第四，我国《民事诉讼法》没有规定主张提出上的期间限制及相应的失权规则。诉讼促进义务要求当事人行使权利和进行诉讼行为时不应有拖延，如果当事人违反法定的限制期限，就应承担失权的风险。现行法律的失权规则规定了以下几种特定的诉讼权利：管辖权异议的提出；申请回避权的提出；证据的提出；诉讼请求权的变更、增加和放弃；反诉、撤诉、上诉的提出等。而对于包括主张在内的当事人攻击防御方法的提出期限，法律没有提及。

尽管如此，从与当事人事实主张的提出联系最密切的证据失权规则，还是能够看出立法者对当事人违反诉讼促进义务时采取的态度。根据《民诉法解释》第101条、102条的规定，法院应当在审前准备阶段确定举证期限，并进行证据交换。当事人如果逾期举证的，在负担了说明义务（第101条第一项）后，视情况法院仍应采纳。如果当事人有明显主观过错的，且该证据是与和案件基本事实相关的证据，在处以训诫、罚款（第102条第一项）后，法院也应采纳；如果当事人没有明显主观过错的，在处以训诫后（第102条第二项）后，无论该证据是否与案件基本事实相关，法院都应当采纳。另外，第102条规定的训诫或者罚款对于当事人而言都不如直接禁止其就逾期提出的证据进行质证更为严厉，可见，《民诉法解释》规定的是以追求实体正义为优先目标的失权制度。立法者对于逾期提交证据的行为较为宽容，在立法上将是否采纳逾期证据交予法官自由裁量，并对不予采纳的情形进行了严格限制。在实践中也如此，不少法院（包括中级法院在内），在执行证据失权规定的时候，都不同程度地采取了更为弹性的态度对待逾期提交的证据，对于不予采纳的证据采取非常谨慎地态度。① 总体来看，我国民事诉讼法对当事人违反诉讼促进义务的行为虽然也规定了失权的后果，但遗憾的是，现行法律对诉讼效率的追求上，仅在止步于

① 参见杜丹著：《诉讼诚信论——民事诉讼诚实信用原则之理论及制度构建》，法律出版社2010年版，第198页。

证据的及时提出,对主张的提出时期没有规定。笔者认为,对证据失权的关注说明立法者对于提高诉讼效率、追求程序正义的重视,但是仅规定及时举证,却回避了与争点整理及庭审辩论直接相关的攻击防御行为的适时提出,有失妥当。

第二节 我国民事诉讼主张规范的
适用现状及问题
——以湖北省两级法院的实证调研为分析对象

一、我国民事诉讼主张规范的适用现状

为掌握民事诉讼主张规范在司法实践中的运行情况,笔者设计了一份问卷,发放给五个人民法院(包括基层法院和中级人民法院)的120名法官。

以下是此次问卷设计问题的分布情况(问卷具体内容见附录):

题目内容	原告主张	被告主张	法院整理争点	当事人的主张突袭	主张责任与主张的认定	法官的心证公开	逾期证据的认定	主张的迟延	矛盾的主张
题目分布	第1、2、6题	第3、4题	第5、7题	第8题	第15、18题	第9、10题	第11、12、13题	第14、17题	第16题
题目数量	3题	2题	2题	1题	2题	2题	3题	2题	1题

通过整理调查问卷的结果和座谈反馈的信息来看,目前我国民事诉讼规范的适用情况可以总结为以下几方面:

（一）诉讼主张一词在实践中所指向的对象不明确

通过与法官进行座谈，笔者发现，大部分法官对于"主张"一词的理解在不同程度都上存在偏差。有的法官认为主张就是诉讼请求，有的法官认为主张是权利主张，只有少部分法官将诉讼主张与事实主张联系起来。为了准确地传达笔者的语义，笔者充分听取了法官提出的修改意见，将原来设计的问卷中所使用的"主张"一词换成了"事实"，并对问卷的其他内容也相应作出调整才将问卷发放出去。另外，一些法官认为对当事人"主张行为"进行研究没有很大意义，因为"当事人提出的事实有真有假，语义模糊、前后矛盾颠倒的情况很常见，尤其是没有请律师的案件中，法律也无法对他们的主张行为进行强制性的规范"。法官更认为当前突出的问题在于事实认定存在困难，但是又不能拒绝裁判。在回答问卷第 19 题"您觉得，在司法实践中，有关于当事人的事实主张，以及在审查和认定事实时，最突出的问题或困难是什么？"时，收回的问卷中，有以下具有代表性的回答："双方均进行虚假陈述。""随意撒谎，对待法庭不严肃，作伪证无相应后果。""当事人会忽略对其主张有重大意义的关键证据。""当事人主张的随意性和不确定性。""当事人对主张的权利和事实不明确。""经常有一方当事人未到庭，无法形成对抗，无法查清事实。""逾期提出新的事实和证据，严重拖延了案件审理。""事实主张模糊不清，随意更改。""当事人无法明白生活事实和法律事实的区别。""当事人作伪证及撒谎，指出其矛盾处又闭口不说。""当事人诉状中的诉请不清楚，或者存在矛盾冲突。""当事人主张的事实证据比较单一有些当事人无法举证，法官是否应依照职权取证的问题，民事证据的原则与司法为民的原则相冲突。""原告无相关证据原件而被告未到庭应诉或者抗辩不予认定，法院无法核真伪。"

（二）法院的裁判过程中对主张的认定方式差异较大

根据辩论主义的要求，法官应当在充分给予当事人以攻击和防御机会的基础上进行裁判，裁判应当以当事人言辞辩论的范围为限。但是，在司法实务中，不少法官或者没有严格遵守辩论主义，或者对当事人的心证公开程度不够，所作出的裁判超过了当事人的预期。其中，认定事实的突袭就是法官突袭裁判最为常见的一种，即在进行事实认定时，在当事人不能对某事实成为法官判案的基础形成合理的预期，对该事实的具体内容也缺乏应有的预测的情况下，受到法院的裁判。认定事实的突袭在实践中通常表现为以下几种情形：法院裁判中认定的事实超出了当事人主张的范围；法院忽略当事人的主张，本应当被法官斟酌的事项却没有在裁判中体现；法院未将已经在当事人的诉讼资料中显示、但未被主张的事实作为纳入裁判对象。那么是否法院在遵守辩论原则的前提下，就一定不会对当事人造成突袭裁判呢？也不尽然。辩论主义只是就当事人所提出的主要事实对法官的裁判有约束力，但是如果法官从大量的证据和事实中获取的与主要事实相关联的间接事实，并以之为审理对象进行判决时，法官的心证公开就显得尤为重要。

实务中也存在法官就法的观点的裁判突袭的情形。主要有两种情形：第一，法院的裁判文书欠缺说理性，庭审中当事人的法的观点的主张在裁判文书中得不到回应。尤其是对双方当事人争议的事实、法律观点的归纳和整理不准确，对当事人与法院之间的不同观点、采纳或不采纳的理由缺乏说理，甚至避而不谈。[①] 由此造成的结果有两个：（1）当事人对判决结果不接受、不信赖，导致执行难。裁判文书缺乏说理性，当事人对自己的主张是否实际影响了法官的审理行为无从得知，对自己的攻击防御行为是否有效进行了也无从判断，因此，当事人收到判决结果后不能接受或拒绝执行。（2）当事人无法透彻领会裁判文书中的判决理由，由此进行的救济（上诉或再审）也无法理性。法院裁判文书只注重结果，不注重说理过程，当事人无法获得详细的论证过程和论证理由，甚至是曲解判决的意思。因此，上诉（再审）理由难免不理性。第二，不少法官只在判决理由中公开心证过程，在公开的时间上太滞后，当事人如果在此时才得知心证内容并存有疑义，也只能事后救济。在问卷调查中，回答"您在庭审中，如果当事人（律师）与您在

---

① 杨艺红：《诉讼突袭——一个问题的初步展开》，载《河北法学》2011 年第 12 期。

法律适用或者法律观点上有不同的认识，您会如何处理？"时，75%的法官选择"庭审中不做说明和交流，会在判决书中进行说明"；12%的法官选择"庭审中会向当事人（律师）表明观点"；12%的法官选择"在法庭下（如休庭时）向当事人（律师）表明观点"。大多数法官不会就适用法律的观点与当事人交流，当事人没有预见的情况下收到判决会觉得难以接受。比如，法官在认定间接事实的时候，如果疏忽对客观证明责任分配、证明标准等重要事项的公开，也会造成对当事人的裁判突袭。

（三）　法官在对主张行使阐明权时存在误区

法官行使阐明权的作用在于，通过发问、提醒，促使当事人将不明了的事项予以澄清，或对不充足的事项予以补充，或把不当的主张和陈述予以排除，或提出原来所没有提出的新诉讼资料。[①]《民诉法解释》第198条就法官针对原告的标的额主张进行阐明的范围和当事人主张的采纳进行了规定。根据该条规定，法官应当就起诉时难以确定价值的标的物，向原告阐明主张标的额过高或过低的诉讼风险，但最终的诉讼标的金额仍以原告主张的价值为准。另外，《民诉法解释》第268条规定了法官应当对当事人就回避、自认、举证证明责任以及行使诉讼权利、履行诉讼义务等问题进行解释和说明，但该条没有规定法院对当事人的事实主张不清楚所进行的阐明。综观我国现行法律关于法官阐明制度的规定较为零散，在缺乏完善的阐明制度下，当事人不得不依靠自身的力量确定诉讼策略。加上法官心证公开机制不健全、心证公开时间滞后，更增加了当事人对诉讼结果进行有效预见的障碍，也严重制约了当事人理性选择诉讼策略的机会。

由于法官的认知、习惯、法律背景的不同，在进行阐明时也存在明显的个体差异，很多法官也对当事人的诉讼行为进行了阐明，但是做法不一，问题也不少。

表现之一：法院职权主义运行的范围划分界限不清，从立法到

---

①　参见骆永家等：《阐明权》，载民事诉讼法研究基金会：《民事诉讼法之研讨（四）》，台湾三民书局1993年版，第168页。

司法领域对"客观真实"和"实体公正"的不当理解和追求，导致法官要么过于消极，对于该行使阐明权的时候没有阐明，甚至对当事人主张的事项直接忽略，影响了当事人主张权的充分行使；要么过于主动，对于该当事人主张的事项干预过多或要求过多，限制了当事人的诉讼主张的自由。这些都是造成主张约束效力无法发挥其应有作用的关键因素。

　　表现之二：法官将职权主义思维直接带入到阐明权的行使中，误将阐明权的内容作为当事人必须听从的强制性内容。事实上，阐明权是以辩论主义为基础的制度，行使阐明权对于法院来说是不得不为的义务，但是阐明权的内容对当事人来说则是可以自由取舍的。以时效抗辩为例，曾经有些法官在审理案件时，会主动审查原告的诉讼请求是否超过了诉讼时效，即便被告没有提出时效抗辩，法官也会告知原被告并将该事项纳入审查范围，这种做法明显违反辩论原则。时效抗辩也属于抗辩权利的一种，当事人主张与否，法官都应当充分尊重当事人的处分权，不管当事人未主张是出于认知限制还是其他原因。因此，最高人民法院 2008 年出台了《关于审理民事案件适用诉讼时效制度若干问题的规定》，其中第 3 条明确规定："当事人未提出诉讼时效抗辩，人民法院不应对诉讼时效问题进行释明及主动适用诉讼时效的规定进行裁判。"根据该条规定，如果当事人只是提出了符合该抗辩要件的自然事实，而没有言明法律意义上的"时效抗辩"，法官也不能通过行使阐明权，询问当事人是否主张时效抗辩。但是这一处理方式是否过于一刀切，笔者持保留观点。当事人若提出"三年间，对方都没有提过这个债务"的事实，但是因为对时效抗辩的法律规定不了解，就视为其放弃主张时效抗辩，这对当事人的法律素养的要求较高，在没有律师的帮助下，以我国民众的通识法律素养来看，也能难达到这个要求，因此，笔者认为这种规定有欠妥当。

　　3. 混淆起诉阶段的主张具体化要求与诉讼中的主张具体化。党的十八届四中全会《中共中央关于全面推进依法治国若干重大问题的决定》明确提出改革法院案件受理制度，变立案审查制为立案登记制。之后，《立案登记制改革意见》和《登记立案规定》

相继出台；《民诉法解释》第 208 条也明确规定当事人起诉的立案登记制。确立立案登记制的初衷在于保障当事人的诉权，做到"有案必立、有诉必理"，但是《登记立案规定》中也强调起诉状必须规范；《立案登记制改革意见》第 2 条关于登记立案的条件也必须符合《民事诉讼法》第 119、124 条的规定。① 可见，立案登记制并非指法院对起诉状不加以任何审核就立案，仍需要符合法律规定的起诉状的要件。根据《民事诉讼法》第 119 条规定，当事人在起诉状中应当记载具体的诉讼请求和事实、理由。对上述法条中"具体的事实、理由"的正确理解应当是：起诉阶段的主张具体化与诉讼中的主张具体化要求并不相同，起诉阶段的当事人主张其功能是确定诉讼系属，因此，只需要做到纠纷的特定化即可，并不需要记载所有的事实和证据。事实上，大部分国家的对于起诉状中的事实具体化要求并不高，比如美国，很多州的民事诉讼起诉只需要以填空的形式将原因事实以简明扼要的方式言明即可。② 但如此简单的事实主张是不可能承担整理诉讼争点的功能的，因此，当事人才需要在诉中（包括审前阶段和开庭审理阶段）提出更为具体的主张，以满足法院整理争点的要求。

而在我国司法实践中，法院对起诉阶段的主张具体化要求与诉讼中的主张具体化要求的区别认识还未达到一致，一些法院的立案庭会以起诉状中的事实不够具体和详细，要求当事人进行补正甚至不予受理，这实际是将诉讼中的审理职能提前到了立案阶段，这无疑加重了当事人的诉讼负担，变相提高了当事人起诉的门槛。

（四）对特殊类型的主张所积累的司法经验不够

1. 主张共通

主张共通是指共同诉讼人进行的某项主张，其他共同诉讼人没有积极进行相抵触的主张，以有利于其他共同诉讼人为限，效果及

---

① 参见蔡虹、李棠洁：《民事立案登记制度之反思——写在立案登记制度实施之后》，载《湖南社会科学》2016 年第 1 期。

② 参见［美］约翰·M. 康利 威廉·M. 欧巴尔：《法律、语言与权力》（第二版），程朝阳译，法律出版社 2007 年版，第 114~115 页。

于其他共同诉讼人。学者常常将主张共通和证据共通放在一起讨论。两者联系密切，但也存在差异。主张共通与证据共通间的重要区别在于：证据共通除了共同诉讼人的证据共通之外，还包括对立当事人之间的证据共通；而主张共通却并不适用于对立当事人的情形。原因如下：在证据共通中，一旦开启证据调查程序，一方当事人就某项事实进行举证，就意味着辩论主义所规制的在当事人之间分配诉讼资料收集的作用就已经发挥完毕，同时，法官的自由心证就开始发挥作用。法院的心证过程属于法院职权发挥的范畴，为辩论主义适用领域之外的问题，一方当事人所举出的证据，即便对方当事人没有主动援引，也不妨碍该证据对对方当事人发挥有利的作用。从另一个角度看，如果该证据仅能证明举证者主张的事实，而于对方当事人有利却不能被承认，则会出现法院已经对某一事实形成心证，却不能认定其存在的不合理结果，这显然也不妥。主张共通则不同，当事人主张行为在进行举证之前，还未到触发法官自由心证的阶段，因此主张行为正处于辩论主义适用的范畴，应当严格遵循事证资料搜集在当事人之间的分配规则。因此，主张共通主要适用共同诉讼人之间。负有主张责任的当事人进行的事实主张，只能作为己方的事实资料使用，如果对方当事人需援引该事实，就应当积极主张。

2. 备位主张

备位主张是相对主位主张存在的概念。在常见的民事诉讼中，当事人通常就一个争议事项只提出一个主张。但是也会出现这种特殊情况：当事人为使诉讼请求得以实现，将所有可能支持诉请的主张全部列出，则在同一性质的攻击防御方法中，处在第一顺位的主张，即为主位主张。为辅助和帮助请求中要件事实的成立而附带提出的主张则称为备位主张。主位主张如果没有得到法官的支持，则备位主张接替补充，以支持当事人的诉讼请求。备位主张只有在主位主张被驳回时才会生效，否则不会被纳入法院的审查范围。该多个事实可以是递补成立的，如以抵销抗辩为主位主张，以时效抗辩为备位主张。特殊情况下也可以是不能并存的主张，如在"假定之抵销抗辩"中，被告否认原告主张的债权成立，并主张即便成立也因被告持有的原告另一债权而抵销。① 备位主张的生效以主位主张被驳回为前提，如果主位主张被认可，备位主张不会被纳入审查，因此备位主张属于附条件的诉讼行为。值得注意的是，由于主张属于当事人的诉讼行为，为保障诉讼程序的稳定性，大陆法系一般认为诉讼行为不应附加条件。但是备位主张与主位主张属于同一性质的攻击防御方法，只需要其中一项就能使法官产生心证，影响诉讼裁判，因此并不会导致诉讼的不安定。另外，允许当事人提出有助于本案诉请实现的多项主张，也可以避免因为漏提而导致的败诉。

一般来说，法官在对备位主张进行审查时，不受当事人所提主张顺序的限制，可以按照审查的方便或难易程度来安排审理顺序。我国《民事诉讼法》对备位主张没有规定，也没有从一般意义上认同诉的预备合并制度。加上在司法实践中，完全实现当事人为导向的诉讼模式还需假以时日，因此，当事人所享有的自由主张的空间较为有限。实践中，在诉讼当事人如果提出假定性的主张，也极有可能会因为"请求不明确"而被驳回。

二、我国民事诉讼主张在司法实践中存在的问题

主张规则对诉讼当事人具有行为准则的功能，符合主张规则的行为能够获得法律的正面评价，而违背主张规则的行为则无法起到预期的法律效果，甚至受到法律的制裁。对当事人来说，法律的正面评价与胜诉利益很多时候无法兼得，在现实生活中，当事人基于趋利性的本能会使用一些与主张规则相悖的所谓"诉讼技巧"来求得胜诉，诉讼代理人在代为主张时也会采取不当行为。根据法院回收的问卷调查结果分析，结合笔者与法官座谈的整理记录，目前在我国司法实践中，当事人的民事诉讼主张在司法实践中存在的主要问题有：

---

① 参见王甲乙、杨建华、郑建才著：《新民事诉讼法（上）》，台湾三民书局 2005 年版，第 111 页。

（一）主张和主张防御的突袭

1. 当事人的主张突袭行为。根据主张突袭的内容不同可以包括事实主张的突袭和权利主张的突袭。事实主张的突袭一般表现为：主张提出的不完整；分层次提出主张或者抗辩等。实践中，常常出现当事人为了拖延诉讼，扰乱对方防御手段和法院审判焦点，明明可以一次提出的主张，却故意分步、分层次提出的情况。有的官司甚至打了几年，争议焦点还没有整理清楚。①

当事人的主张突袭还表现在拖延提出主张。由于法律没有规定当事人必须在起诉状中列明所有的主要事实，因此在问卷调查中，回答"在您办理的案件中，如果当事人在庭审过程中提出在起诉状中没有主张的新事实，您是否允许？"时，有 38 位法官回答"一般都允许，并进行审查"；有 58 名法官回答"在要求其说明理由后，视情况决定是否允许"；只有 6 名法官回答"一般都不允许，不予审查"。通过与法官座谈，笔者发现，当事人在庭审中提出起诉状没有列明的事实，这种情况较为常见。

权利主张的突袭一般表现为当事人诉讼请求的突然变更。诉讼请求决定当事人诉讼权利行使的方式、效力和范围，当事人如果突然变更诉讼请求或增加新的诉讼请求，会直接导致原诉讼标的的变化，对法官已经形成的心证也会动摇。

2. 当事人的抗辩突袭行为。主要表现为当事人不提交答辩状或者提交答辩状的事项不完整。2012 年《民事诉讼法》第 125 条修改了被告提交答辩状的相关规定。与修改前的第 113 条相比，第 125 条进一步细化了答辩状的记载事项，但是立法保持了原来的"任意性的提交答辩状"制度，即被告不提出答辩状的，不仅不影响法院审理，也不会影响自己的诉讼权利。被告按照《民事诉讼法》第 141 条规定的法庭辩论的顺序参加答辩和互相辩论，也并不会因为答辩期内没有提交答辩状受到影响。《民事证据规定》第 49 条规定："被告应当在答辩期届满前提出书面答辩，阐明其对原

---

① 参见杨艺红：《诉讼突袭——一个问题的初步展开》，载《河北法学》2011 年第 12 期。

告诉讼请求及所依据的事实和理由的意见。"该规定似乎将被告提交答辩状界定为诉讼义务，但并没有进一步规定不提交答辩状应承担的法律责任，对于答辩状在事实主张和证据资料的内容要求上也没有作出规定。没有失权效作为保障的答辩状准义务化规范仍然发挥不了作用。

在现实生活中，被告不提交、不及时提交答辩状的现象非常普遍。调查问卷中，在回答"您办理的案件中，在开庭之前，被告不提交答辩状的情况是："时，有 56% 的法官选择"一般都不提交，少数被告提交"；26% 的法官选择"不提交答辩状的偏多"；只有 8% 的法官选择"少数被告不提交"和"提交答辩状的偏多"。而这些被告并不是放弃答辩，而是等在庭审中给对方出其不意地抗辩。这种抗辩突袭使原被告之间在诉讼资料的获取上很多时候无法达到实质上的"武器平等"，也使当事人很难在正式审理程序开启前理性地选择最佳的事实主张。事实主张在很大程度上成为当事人互相猜忌和互相试探的活动。这是庭前交换证据环节和法官整理争议焦点在很多时候变为空谈的重要原因之一。

另外，有的被告虽然提交答辩状，但是对于答辩事项有所隐瞒，或者不诚实地、过于狭窄地对抗辩事实和理由进行解释，待到正式庭审的时候，出其不意地提出新的抗辩事实和证据资料，这不仅迫使对方不得不重新主张和举证，扰乱正常的诉讼秩序，还使此前的争点整理工作前功尽弃，浪费诉讼资源。

3. 当事人随意作出防御行为。当事人所做的实体法上的抗辩是针对主张者提出的要件事实所做的独立的权利障碍事实、权利消灭事实和权利阻止事实所做的立论性的陈述，因此在本质上也属于主张性的陈述。① 这些事实的主张是否特定化直接影响到双方攻击防御范围的确定，因此，抗辩和否认理所当然也应当符合具体化义务。但在实践中，常有当事人对对方的主张随意进行抗辩和否认，在陈述时又无法举出具体化的事实和理由，仅仅作出"不知道"

---

① 参见占善刚：《民事诉讼中的抗辩论析》，载《烟台大学学报》（哲学社会科学版）2010 年第 3 期。

或者"不记得"的陈述。还有一些当事人在进行自认以后随意撤回，导致此前法官形成的心证都被推翻，这些都会导致诉讼资源不必要的浪费。

（二）当事人的矛盾主张

我国《民事诉讼法》规定，当事人在法庭辩论终结前，原则上可以随时撤回其主张或变更主张。同一当事人的主张，前后矛盾时，之前的陈述，多视为被之后的主张所取消或变更。如果前后主张不仅互相矛盾，并且逻辑混乱无条理，在经过法院行使阐明权后，仍无法理清当事人主张之意时，则视为前后主张均无效，裁判时不予考虑。① 在我国非律师强制代理诉讼的司法背景下，当事人因为缺乏专业知识而无法作出慎重的主张，由此频繁调整诉讼策略的情形则更为常见，当事人的这种随着诉讼的进行，对主张进行完善和调整的行为为法律所允许。除了当事人在作出主张后马上撤回的情形外，法律还允许在法庭辩论终结前当事人要求撤回且经过对方当事人同意的主张。后一种情形属于对方当事人对适用禁反言原则所获诉讼利益的放弃，法院可以尊重其意志。概言之，除了对方当事人同意的主张反悔行为，马上撤回的主张和基于一般过失而作出的主张反悔都属于适法行为。

但是，如果当事人更改、撤回主张的行为是故意为之，甚至是出于扰乱对方诉讼行为和拖延时间所做的恶意反悔，则属于违反诚实信用原则的"反言"，与诉讼主张的自由提出不能等同。在实践中存在这种情况：当事人在诉讼中提出某一事实，并且极力主张和证明该事实的存在，后来对方当事人对这一事实进行认可，并在此基础上进一步提出有利于自己的事实和理由时，该当事人又否认上述事实。在这类案件中，当事人的前后矛盾主张是在同一诉讼程序中作出的明显违反诚信原则的矛盾主张，显然对于法官的心证形成以及对方的主张和举证都会造成干扰。还有一类矛盾主张存在于不同的诉讼程序中，如继承人在收到死者作为被告的起诉状后，申请

---

① 参见王甲乙、杨建华、郑健才：《民事诉讼法新论》，台湾三民书局2002年版，第111页。

诉讼继承，并亲自进行了第一审和第二审的诉讼。在第二审败诉后，又以原被告已死亡为由，主张前面一系列的诉讼行为都无效。上述两类矛盾主张都是违反禁反言原则，严重影响诉讼秩序的行为。

因为当事人随意、矛盾的主张，给拖延审判的情形也十分常见。在回答"您认为，由于当事人主张事实的随意性，而导致诉讼拖延的情况在实践中有多少？"选择"经常会有这样的情况出现"的有55%；选择"有这样的情况，但不算多"的有39%；只有6%选择"基本没有这样的情况出现"。

（三）当事人的事实主张不清楚或不明确

在问卷调查中，回答开放式问题"您觉得，在司法实践中，有关于当事人的事实主张，以及在审查和认定事实时，最突出的问题或困难是什么？"时，不少法官回答："当事人会忽略对其主张有重大意义的关键证据。""当事人主张的随意性和不确定性。"；"当事人对主张的权利和事实不明确。""事实主张模糊不清，随意更改"；"当事人诉状中的诉请不清楚，或者存在矛盾冲突。"

出于对胜诉的迫切追求，大多数当事人的关注重心是诉讼请求，在庭审中对诉请反复陈述和强调，却忽略了支持诉讼请求的事实主张，特别是要件事实的主张。司法实践中时常出现这样的情况：当事人递交的起诉状中，或者对法律中规定的要件事实没有逐条理清，或者没有对照事实主张一一举证，甚至重要的事实一笔带过。这样不仅增加了当事人本人的败诉风险——非常容易遗漏重要的诉讼要点；也给法院审判工作带来不便——增加了法官整理争点和行使阐明权的难度，能及时、准确地形成举证重点，影响诉讼效率。

（四）当事人的虚假陈述

在问卷调查中，回答开放式问题"您觉得，在司法实践中，有关于当事人的事实主张，以及在审查和认定事实时，最突出的问题或困难是什么？"时，不少法官写道："双方均进行虚假陈述。""随意撒谎，对待法庭不严肃。""当事人撒谎，指出其矛盾处又闭口不说。"在座谈中，笔者发现，当事人的虚假陈述不仅存在于口头主张中，也存在于诉状中。当事人所做的虚假陈述将法官的事实调查诱导向错误的方向，扰乱法官对争议焦点的把握。如果是双方都进行虚假陈述，更会极大地浪费诉讼资源，而在我国现行法律中的"作伪证"主要规制的是证人，因此不少法官认为，对当事人虚假陈述，并没有明确的法律加以禁止。

（五）诉讼代理人代为主张的不当行为

诉讼代理人代为主张的不当行为主要包括两类：一是超越代理权行使主张及其他诉讼权利的行为。律师代为陈述的范围根据当事人授权的不同而不同，除非当事人有特别授权，代理人一般只能就证据本身以及与事实主张之间的关联进行论证性陈述，对案件事实的亲历式描述即所谓断言性陈述只能由当事人亲自陈述。但是实践中，有的律师超越权限、违背当事人意愿，未经当事人许可所进行违反诚信原则的主张行为，而根据法律规定该行为的效果却及于当事人。二是违反真实义务所进行的代理行为。律师的主张真实性义务是指禁止律师在诉讼上说谎，包括书面文书和言词陈述，且其明知对方所主张的事实为真实的，不可加以争执。① 在实践中，常有律师以"当事人委托，所以应坚持当事人的所有主张"为由，对委托人的不实陈述径行主张，作出违反真实性义务的代理。另外，还有律师对于委托人之相对人的主张明知是真实的，因为委托人的授意仍然做争执。笔者认为，这也违反了诉讼代理人的真实性义务。

---

① 参见姜世明著：《民事证据法实例研习》，台湾正点文教出版顾问有限公司 2005 年版，第 312 页。

第六章　我国民事诉讼主张规范的完善

第一节　立法层面的完善

一、完善审前程序中主张及防御之规定

（一）确立审前程序中被告的答辩义务

在英美法系和大陆法系的许多国家，民事诉讼正式开始前都设置有审前准备程序，尽管在程序的具体内容、繁简程度上存在差异，但都有一个共通的功能即确定争议焦点。为了完成整理争点的工作，法律规定在审前程序中规定被告按照要求的时间提出答辩，不仅如此，还规定了被告逾期不提出答辩的后果。

《美国联邦民事诉讼规则》第 8 条第 4 款规定，对于必须回答的诉答书状中的一切主张，除有关损害赔偿金额的主张外，如果在答复诉答文书中未加否认，即视为自认，即构成对所有在起诉状中主张事实的承认。①《英国民事诉讼规则》第 12.3 条规定，当被告对原告的诉讼请求的全部或一部分予以抗辩的，应当提出答辩。如果被告不提出答辩，原告便可以取得缺席判决。②《日本民事诉讼

---

① 参见 Larry L. Teply，Ralph U. Whittten：Civil Procedure，Second Edition，Foundation Press，2000，p. 736。

② 《英国民事诉讼规则》第 12.3 条规定："（2）惟有符合如下要件的，原告方可基于被告未提出答辩状而取得缺席判决——（a）被告已提出送达认收书，但未提出答辩的；以及（b）提出答辩的期间已经届满。"参见徐昕译：《英国民事诉讼规则》，中国法制出版社 2001 年版，第 55 页。

法》第 161 条第 2 款不仅规定法官可以指定被告提交答辩状的期限，还规定了如果被告没有出庭口头答辩，则不得在答辩状记载事实之外，提出其他主张（防御）的失权后果。① 《德国民事诉讼法》第 275 条第 1 款也规定了被告应当提出书面答辩，以及由审判长来指定书面答辩的期间。提出书面答辩的期间至少为两周，没有上限。② 我国台湾地区"民事诉讼法"第 276 条规定，未于准备程序主张的事实，除法律规定的四种情形外，于准备程序后行言词辩论时，不得主张。③ 第 287 条规定了迟误准备程序的失权效果，且第 287 条是诸多其他失权规则的准用条文。在司法实践中，适用最多的失权规定也是第 287 条，而其他的失权规定的适用相当罕见，可谓"标准之失权规定"。由此可见，在准备程序中规定当事人尤其是被告及时提出诉状是多么重要。④

我国民事诉讼虽然规定"被告应当在答辩期限届满前提出书面答辩"，但是，并没有规定答辩失权，且"被告不提出答辩状

---

① 《日本民事诉讼法》第 161 条第 2 款规定："准备书状应记载下列事项：（一）攻击或防御的方法；（二）对于对方当事人的请求及攻击或防御的方法的陈述。"第 3 款规定："在对方当事人没有出庭口头辩论时，除非在准备书状上记载的事实，不得进行主张。"第 162 条规定："审判长可以指定应提出答辩状或记载主张有关特定事项的准备书状或者应申请有关特定事项证据的期限。"参见白绿铉编译《日本新民事诉讼法》，中国法制出版社 2000 年版。

② 《德国民事诉讼法》第 275 条第 1 款规定："为准备言词辩论的先期首次期日，受诉法院的审判长或他所指定的法院成员可以给被告规定期间，命其提出书面答辩状。或者应当要求被告将他要先提出的防御方法立即通过他所选任的律师以书状提交给法院。"参见丁启明译：《德国民事诉讼法》，厦门大学出版社 2015 年版，第 64 页。

③ 我国台湾地区"民事诉讼法"第 276 条规定："未于准备程序主张之事项，除有下列情形之一者外，于准备程序后行言词辩论时，不得主张之：一、法院应依职权调查之事项。二、该事项不甚延滞诉讼者。三、因不可规则于当事人之事由不能于准备程序提出者。四、依其他情形显失公平者。前项第三款事由应释明之。"

④ 参见吴从周：《论迟误准备程序之失权》，载《东吴法学学报》第十六卷第三期，第 51 页。

的，不影响人民法院审理"。被告在之后提出书面答辩的行为，并不被法律禁止，这不仅会造成对原告的诉讼突袭和诉讼迟延，还会直接导致当事人之间关于事实和法律的主张争议很难在审理前明确。这一问题在我国当前法院案件任务重的现状下显得尤为突出，特别是在基层法院，法官往往在开一次庭后隔很久才第二次开庭，无法做到连续审理，审理的公正和效率也大打折扣。我国《民事诉讼法》也没有确立主张的适时提出，当事人可以在法庭辩论终结前的任何阶段提出新的主张和抗辩，这使很多事实和证据较为复杂的案件在经历了数次庭审后方能弄清楚争点，给审判工作带来极大的不便。允许被告不提交答辩状，还意味着被告可以在法庭上向当事人发动突然袭击来取得诉讼主动权。原告想要胜诉完全取决于自己（或律师）是否能在庭审前就已经预设各种可能的对抗手段，以及在庭审中随时提出完善的对策和证据，这使原告与被告之间在实质上"武器"不平等，不符合程序公正的机理。

笔者建议，在法律中明确规定：人民法院可以指令被告自收到起诉状之日起一定期限内提交答辩状。被告不提交答辩状，又在开庭审理时出庭答辩的，人民法院应当责令其说明理由。拒不说明理由或者理由不成立的，人民法院可以根据不同情形可以认定起诉状中主张的事实成立，或者允许被告答辩但予以训诫、罚款。具体理由如下：

第一，不仅要规定答辩被告的义务，还应明确规定被告就不提交答辩状的行为应当承担相应的法律责任。《民事诉讼法》第125条"被告不提出答辩状的，不影响人民法院审理"之规定，在2012年修改《民事诉讼法》时就有学者建议废除。① 这条规定产生于1991年《民事诉讼法》，一直沿用至今。立法机关从最初认为："被告提出答辩状并非其必须履行的法定义务……在审判实践

---

① 有的专家建议增加规定被告有义务答辩。有的专家提出，仅删除被告不答辩不影响审理的规定不够，建议增加被告不答辩法律后果的规定。参见全国人大法工委民法室编：《民事诉讼法立法背景和观点全集》，法律出版社2012年版，第130页。

中，被告不作答辩的现象比较普遍，为了审判程序不受延滞，规定被告是否答辩不影响法院对案件的审理有必要。"① 到认为 "答辩本身即是被告的一项诉讼权利，又是被告的一项诉讼义务。"② 立法机关对于 "答辩" 的义务性质在认识上有非常大的改变。同时，立法机关还认为："义务之所以为义务，是因为不履行义务就需承担相应的责任。如果被告不应诉，法院可以作出缺席判决，被告必须接受法院的缺席判决。"③ 也就是说，先行法律框架下，被告逾期答辩且不出庭要承担的后果仅仅是缺席判决，并不会导致自认或者认诺等失权效，被告超过答辩期之后在庭审中进行口头答辩的行为在立法和司法中不被禁止。

　　笔者认为，目前关于 "答辩" 行为的认识存在以下问题：对被告在无正当理由的情况下不提交答辩状的行为的性质认识有误。在私法上，被告对答辩权有处分自由，如果放弃答辩属于放弃权利的行为，法律不干涉。但是被告不提交答辩状，之后在庭审中进行答辩，不属于上述情形。在举证期限内被告就应当考虑清楚是否应诉，如果被告不放弃答辩权，其行使私权的行为经由诉讼系属就转化为诉讼行为，属于法官诉讼指挥权的范畴，应当受到法律的规制。因此，笔者认为被告有抗辩事由，但不提交答辩状属于未尽协力义务，是影响诉讼进程及妨碍对方当事人开展攻防手段的行为。法律应该根据被告不提交答辩状行为的情节轻重，规定被告承担的两方面的责任：一是私法上的负面评价，即失权。被告不提交答辩状的行为情节严重，故意造成诉讼程序拖延的，之后在庭审中提出答辩的，法院不予准许，被告将承担拟制自认甚至败诉的法律后果。二是公法上的责任，如训诫、罚款等。如果情节较轻，即便失权豁免，也应当承担相对较轻的公法上的处罚。这一法律责任的设

① 全国人大法工委民法室编：《中华人民共和国民事诉讼法条文说明、立法理由及相关规定》，北京大学出版社 2007 年版，第 215~216 页。

② 最高人民法院民事审判第一庭编著：《最高人民法院新民事诉讼证据规定理解与适用（下）》，人民法院出版社 2020 年版，第 467 页。

③ 最高人民法院民事审判第一庭编著：《最高人民法院新民事诉讼证据规定理解与适用（下）》，人民法院出版社 2020 年版，第 467 页。

置原因有二：一是采取宽严相济的措施，将"酌情"之自由裁量赋予法官，可以在司法公正和司法效率中找到合适的平衡点，使法官可以根据实际情况灵活处理。二是这一处罚措施可与《民事诉讼法》第65条规定之新的证据失权规则相呼应，逾期抗辩的失权效与逾期的证据失权效共同构成适时提出攻击防御手段制度的一部分。

第二，提交答辩状的期间。根据我国《民事诉讼法》第125条第1款规定，被告提交答辩状的时间为15日。但由于法律对于逾期或者不提交答辩状的行为并未设置任何法律后果。因此，"15日"的规定没有实际意义。将被告提交答辩状上升为诉讼法上的义务后，期间设定的长短直接影响被告准备答辩事项的效果，以及逾期要承担的法律责任。如果要求被告在提交答辩状时就应承担相应的具体化义务，在事实和证据较为复杂的案件中，15日的准备期间恐怕不够。因此，笔者建议，提交答辩状的期间应由法院来指定，不在法律中做硬性规定，法院可以根据案件的繁简程度和当事人的诉求综合考虑。

第三，关于"逾期答辩的正当理由"的认定。失权结果对当事人的实体权利和诉讼权利影响重大，为慎重起见，法官应当给予被告就不提交答辩状的行为说明理由的机会。一般而言，故意拖延情况是不能容忍的，由于过失或客观原因导致的迟滞则应由法官酌情处理。被告因为不可抗拒的事由或者其他正当理由耽误期限的，应当允许其援引《民事诉讼法》第83条规定，在障碍消除后的十日内，可以申请顺延期限（可以适当缩短），由人民法院重新指定答辩期间。顺延期限一般适用于不可抗力，而对于一般的"客观困难"，比如被告在寻求法律援助或在找律师时遇到困难导致逾期，这些情况可交由法官判断，法官应当综合考虑当事人的实际能力和认识水平作出；该"客观困难"是否会导致诉讼终结的明显延迟；以及当事人是否已经尽到一切努力避免逾期的发生。

第四，被告不提交答辩状的失权条款之法定除外适用情形：

1. 答辩失权条款不适用直接送达、留置送达之外的其他送达方式。在电子送达的情况下，被告如果拒绝提交答辩状，法院也很难获取其传真、电子邮件，被告一般也不会向法院主动提供电子送达地址或者签署送达地址确认书，或者法官虽然通过其他途径获取，但有可能是无效地址。所以电子送达下起诉状副本收悉的及时性无法保证，不适用失权条款。考虑到委托送达和公告送达中送达方式的特殊性，被告收悉的可靠性也无法保证，因此也不适用该条款。

2. 答辩失权条款不适用涉及职权调查的案件类型。包括家事诉讼、涉及国家利益和社会公共利益的诉讼等。答辩失权制度的作用在于促进审前阶段争议焦点和证据的固定，开庭审理后被告主要证明主张和适用法律上发表意见，重心不再是提出答辩事实，这样的"审前速决程序"设置的目的在于保障司法效率，并非对当事人进行惩罚。但是在涉及职权调查的案件中，诉讼效率相较于实体公正处在次要的位置，因此不宜适用答辩失权制度。目前来看，能够适用答辩失权的案件主要是财产纠纷案件。

3. 答辩失权条款不适用简易程序（含小额诉讼程序）。目前，我国80%以上的第一审民商事案件适用简易程序。[①] 因简易程序是无需进行审前准备程序而直接"一步开庭"的程序，已属追求诉讼效率的"简化"程序，为了平衡司法公正原则在简易程序中的地位，同时消减基层法院中因为法官的案件任务繁重带来的影响，也不宜适用答辩失权制度。作为简易程序中的小额诉讼，采取一审终审，也不应适用答辩失权的规定。

最后，为和现行法中"证据失权"的规定相配套，确立答辩失权制度还应当规定，法院应要求被告就不答辩的情况说明理由，必要时还应当提供相应的证据，同时，也应当允许原告就该理由提出异议，或者进行辩论。

（二）完善庭前准备程序中的当事人的各项配合义务

我国当前民事诉讼的庭前会议主要包括四项内容：第一，明确

---

① 参见毕玉谦：《对我国民事诉讼审前程序与审理程序对接的功能性反思与建构——从比较法的视野看我国〈民事诉讼法〉的修改》，载《比较法研究》2012年第5期。

各方当事人的权利主张。包括原告的诉讼请求、被告的答辩、增加和变更的诉讼请求、反诉、第三人的诉讼请求。第二，进行与证据有关的准备活动。包括依当事人申请进行的证据收集和证据保全，以及组织当事人交换证据。第三，明确当事人的事实主张，归纳争议焦点。第四，进行审理前的调解。根据《民诉法解释》第 226 条规定：人民法院应当根据当事人的诉讼请求、答辩意见以及证据交换的情况，归纳争议焦点，并就归纳的争议焦点征求当事人的意见。同法第 224、225 条又规定，法院可以在审理前召集庭前会议，庭前会议可以包括归纳争议焦点。可见，审理前的各项准备工作是必要的，但是否采取庭前会议的方式，则较为自由。实践中，法官对于庭前会议的作用和功能认识也不一致。在问卷调查中，在回答"您认为，目前我国《民事诉讼法司法解释》中规定的"庭前会议"与以前的审前程序相比，在交换证据和归纳争议焦点上的改善作用如何？"时，只有 12% 的法官回答"相比作用非常明显"；回答"相比有作用，但不是很明显"的占 42%，回答"相比没有作用"的占 31%；还有 15% 的法官回答"不太了解'庭前会议'的规定"。在座谈中，也有法官谈到，组织庭前会议的情况较少。可见庭前会议在实践中实施空间还有待提高。主张与证明是当事人实现诉讼请求的"两翼"，但只有案情较为复杂、证据较多的案件才需要通过庭前会议交换证据、明确争议焦点。实践中相当一部分案件都是案情简单，可适用简易程序的案件，因此庭前会议是否有必要召开，应当交由法院判断。

从庭前会议的主要功能来，主要体现在让法官能够尽早的掌握案件的基本争议焦点。在调查问卷中，回答"您办理的案件中，在哪个诉讼阶段感到可以掌握案件的基本争议焦点？"时，有 20% 的法官回答"见到诉讼材料（起诉状、答辩状）之后，证据交换之前"；47% 的法官回答"证据交换之后，开庭审理之前"；33% 的法官回答"庭审调查辩论阶段"。在座谈中，很多法官谈到，无法在庭审前掌握争议焦点的阻碍主要来源于：当事人在庭审中会提出新的主张和诉讼请求，被告也会提出新的答辩事由；有的当事人诉状中的请求和事实模糊不清，或者存在矛盾；还有的当事人事实主张随意更改。可见，即便法律规定了审前准备程序和庭前会议，还需要当事人配合予以实施相应的诉讼行为，审前准备程序才能发挥应有的功效。关于当事人在庭前会议中所承担的事项之性质，应当明确一点，如果法院根据案件情况认为有必要召开庭前会议的，当事人在庭前会议中进行的诉讼活动的权利则经过司法指挥权转化为公法上的协力义务。换句话说，当事人应当对法院要求的庭前会议的相关事项进行配合。因此，笔者建议在《民诉法解释》第 224 条下增加第 2 款："法院召开庭前会议，并要求当事人进行相关活动的，当事人应当配合。"

二、确立主张的适时提出义务

德国、日本的民事诉讼法中对逾期提出攻击防御方法的规制都有规定。大陆法系的失权制度最早发端于 1924 年的《德国民事诉讼法》，之后在 1976 年修改进一步加强了失权制裁，确立诉讼促进义务。① 《德国民事诉讼法》规定，逾期提出攻击防御方法者，除非其逾期提出不导致诉讼终结的迟延，或者有充分的免责事由，否则会发生失权效果。② 日本则是在 1996 年《民事诉讼法》中确立了诉讼促进义务，《日本民事诉讼法》对逾期提出攻击防御方法的处理原则为，只有出于故意或重大过失且以诉讼终结延迟为目的逾

---

① 参见 ［德］ Wiezorek/Schutze/ Prütting, ZPO, Einl. Rn. 5。转引自吴从周：《"集中审理原则"实施满五周年再考——着重于回顾其在德国民事诉讼法史上之起源与在台湾之双重继受》，载杨日然教授纪念文集编辑委员会主编：《杨日然教授纪念文集》，台湾元照出版有限公司 2006 年版，第 399 页。

② 《德国民事诉讼法》第 282 条第 1 款规定："当事人各方都应当在言词辩论中，按照诉讼的程度和程序上的要求，在进行诉讼所必要的与适当的时候，提出他的攻击和防御方法，特别是各种主张、否认、异议、抗辩、证据方法和证据抗辩。"第 296 条第 1 款规定："已逾各有关的法定期间……而提出攻击和防御方法时，只有在法院依其自由心证认为准许提出不至于延迟诉讼的终结或当事人就逾期无过失时，方可准许。"参见《德国民事诉讼法》，参见丁启明译《德国民事诉讼法》，厦门大学出版社 2015 年版，第 67、69、70 页。

期行为，方可导致失权①。虽然各国对于迟延提出主张的失权在具体适用规则有所区别，但在迟延违反诉讼促进义务而产生法律负面评价这一点上认识一致。在各国应对诉讼迟延的改革措施中，不约而同地将完善失权制度尤其是审前程序中的失权制度作为关键突破点，这一点对我们启示很大。②

我国现行民诉法及司法解释规定当事人可以在法庭上提出"新的证据"和"新的诉讼请求"（《民诉法解释》第232条），但是对当事人在法庭审理阶段提出诉状或庭前审理程序中未主张的新事实如何规制采取回避的态度。笔者认为，在我国《民事诉讼法》中确立主张的适时提出非常必要，在立法技术上则应借鉴现有的民事诉讼的相近制度的立法经验进行设计。

对主张的适时提出有着重要借鉴意义的就是证据失权制度。作为攻击防御适时提出的制度之一——证据失权制度在2002年实施的《民事证据规定》中确立。2002年《民事证据规定》第41条将"新的证据"界定为：当事人在举证期限或一审庭审结束后新发现的证据；当事人因客观原因无法在举证期限内提供且在延长举证期限后仍然无法提供的证据；当事人在一审举证期限届满前申请法院调查取证未获准许，二审法院经审查认为应当准许并调取的证据。该规定将当事人超过举证时效提交的证据分为"新的证据"和"新证据之外的证据"，区分标准为客观原因。2002年《民事证

---

① 《日本新民事诉讼法》第157条规定："对于当事人因故意或重大过失而提出的延误时机的攻击或防御方法，法院认为其目的是由此致使诉讼终结延迟时，根据申请或依职权，可以作出裁定驳回。"参见白绿铉编译：《日本新民事诉讼法》，中国法制出版社2000年版，第73页。

② 法国加强法官对审前证据开示程序的监督和管理开始于1965年，审前法官可以对逾期行为罚款。德国在1967年创造的斯图加特审理模式中规定了"早期第一次口头辩论"和"书面准备程序"供法官选择，在这两种程序中未提出的证据，之后开庭不得提出，使审前程序实质化。美国2000年改革证据开示程序，限制证据开示的时间和范围。参见陈刚：《比较民事诉讼法》（2007—2008年合卷·总第七卷），中国法制出版社2008年版，第220～234页。

据规定》第43条规定，除了第41条规定的情形，当事人在举证期限届满后提供的证据不是新的证据的，人民法院不予采纳。上述条款确立了严格的证据失权制度，但是在司法实践中施行的效果并不理想。不仅当事人对严苛的证据失权表示不满，不少法官也认为因证据失权会作出有悖于实体公正的判决，导致实务界取消证据失权的呼声日益高涨。① 2012年《民事诉讼法》对证据失权制度进行大幅度的修改，缓和了失权效的适用条件。为贯彻民诉法的精神，2020年《民事证据规定》进行修正删除了原第41条、第43条的关于"新的证据"内容的规定，在规定超过举证期限提交证据的认定时，也使用"逾期提供的证据"代替"新的证据"一词。在认定标准上，允许当事人就逾期提供证据的理由进行说明、质疑和辩论，必要时可以举证，对于一般过失或者无过失逾期提供证据的，由法院决定是否采纳；对认定事实有实质影响的证据，法院应当采纳。这一系列转变，实际是对2002年《民事证据规定》中的证据失权制度的一种立法上的"回转"，承认司法实践中的"法官自由裁量"式的证据失权，结合当事人的说明义务，以缓和的失权制度代替此前"一刀切"式的证据失权。

虽然2002年《民事证据规定》中的证据失权制度因为过于追求诉讼效率而显得严苛，导致在司法实践中运行受阻，在2019年进行了重大修正，但有一点应该肯定，支撑失权制度的理念——诉讼促进义务是先进的，无论是证据资料还是攻击防御方法的提出，由随时提出主义变为适时提出主义是必然的发展趋势。事实上，在实践中，很多法官认为，当事人能够在诉讼程序的较早阶段一次性提出所有主张而不提，拖延到审理中再分层次提出的行为是导致多次开庭、诉讼拖延、浪费诉讼资源的主要原因之一。在问卷调查中，在回答"某民间借贷纠纷中，案件开始审理后，原告甲提出借条，被告乙否认借条的真实性。当法院对借条认定为真时，乙突然提出这笔钱已经还清。当法院认定并未还清时，乙又提出新的事

---

① 参见杜丹著：《诉讼诚信论——民事诉讼诚实信用原则之理论及制度构建》，法律出版社2010年版，第198页。

实,指出借条实为赌债。如果您是本案的主审法官,您会如何处理?"时,有57%的法官选择"对新事实进行审查,并责令当事人一次性提出的所有事实主张";有37%的法官选择"对新事实进行审查,但对乙进行训诫或其他处罚";有5%的法官选择"对新事实不予审查"。可见,大部分法官认为当事人应当尽早将主张提出,少部分法官会对逾期提出的事实不予审查。

笔者认为,在民事诉讼法中确立主张的适时提出主义,应当汲取《民事证据规定》中失权制度在实践中落空的教训,在立法思路和立法设计上应当充分考虑我国的法治背景和法治现状。具体构建思路如下:

第一,在构建主张适时提出制度时,既不能对当事人提出主张不加限制,让当事人有机会随意提出主张来获取不正当的诉讼利益;也不能对主张的提出设置过于严格的限制和失权,限制当事人正当的程序自由。在德国、日本等国家,立法均规定逾期提出攻击防御者并非一概失权。主张适时提出的目的在于促进诉讼更有效率地进行,因此,未导致诉讼终结的迟延行为或不以诉讼终结的迟延为目的的过失行为,一般不作为法院驳回的情形。在这些国家,失权制裁是建立在诉讼促进义务的基础之上,诉讼促进义务分为一般诉讼促进义务和特别诉讼促进义务(即期间设定),将违反上述两种义务分别进行失权规定,我国并没有规定当事人的诉讼促进义务,因此,失权制度缺乏相应的理论基础。另外,在上述国家,即便规定了诉讼迟延可以导致失权,但对于如何既定诉讼迟延的程度在观点上有较大差异,未形成共识。因此,无法在立法中界定迟延的程度。①

在我国,很多法官也认为,在立法中规定当事人尽早提出主张很有必要。在问卷调查中,回答"您认为,是否有必要在法律中规定,当事人应当在诉讼阶段中尽可能早地提出所有主要事实,如果当事人故意拖延或突袭,应当承担不利后果?"时,有92%的法

---

① 参见刘显鹏:《民事诉讼当事人失权制度研究》,武汉大学出版社2013年版,第21页。

官选择"应当作此规定";8%的法官选择"没有必要"。在理由一栏,法官认为,确立主张的适时提出有利于提高诉讼效率解决案多人少的问题;可缩短审理过程,减少诉讼资源的浪费。但是,在没有丰富的司法实践经验作为参照的情况下,直接规定主张的逾期适用失权难免草率。因此,笔者建议,在我国目前的立法现状下,更适宜在法律中用原则性、宣誓性的规定来确立"适时提出"的理念,而暂对失权不予规定。在法院内部规范中,可先行尝试规定法官应在律师阐明权时强调和督促主张的适时提出,当类似的案例积累到足以总结出符合我国国情的失权规则时,再上升到较高位阶的立法中进行规定。

第二,在审前阶段规定当事人适时提出主张和答辩的义务。在问卷调查中,回答"您觉得,是否有必要通过法律规定,要求当事人应当在审前阶段将自己主张的主要事实全部提出,且没有特别情况,在之后的庭审阶段不得再提出新的主张?"时,有 64 位法官回答"有必要",有 38 位法官回答"没有必要"。大多数法官认为审前固定起诉请求、事实和理由有利于规范庭审、提高诉讼效率;通过一次开庭即可调查案件事实,不用二次开庭,可以节省诉讼资源。也有法官认为,只要对查明事实有用,当事人有权在庭审前或之后提出新的主张。笔者认为,在审前阶段规定当事人适时提出主张的可行性在于:(1)易于判断"适时"的节点,庭审前提出的主张为适时提出,开庭后提出的主张为逾期提出。(2)审前阶段的主张适时提出与被告提交答辩状的义务相呼应,为充分展开攻防手段做准备。(3)对于开庭后逾期提出的主张,是否驳回,交由法官自由裁量。规定审前阶段逾期主张失权制度的国家,其审前程序的功能已经非常成熟,尤其是在事实调查上,甚至部分取代了庭审阶段的作用,我国并没有这样的制度基础。因此,"一刀切"的失权效不具有可行性,将是否驳回逾期主张交由法官自由裁量更符合我国当前的实际情况。

第三,使用"逾期提出的主张"代替"新的主张"。现行立法在规定"新的主张"时,赋予了该用语以积极评价,因此,在立法技术和司法实践上,都要经过两步逻辑推理才能得出结论:第一步，界定"新的主张"的内涵和外延，确定哪些属于"新的主张"；哪些属于"新的主张之外的主张"；哪些视为"新的主张"。第二步，对应上述情形分别规定法院的处理方式和对当事人的法律效果。笔者建议使用"逾期提出的主张"，该用语是对客观状态的中性描述，不包含任何的法律评价，法律只需直接规定法院对于"逾期提出的主张"如何根据逾期的原因、具体情形的不同分情况处理即可，在一定程度上降低了立法和法律适用的繁复性。

三、构建主张的具体化义务

从域外的立法来看，有的国家的主张具体化义务并不是在法律中明文规定，而是通过从大量司法判例中总结归纳形成的司法经验，这些司法经验蕴含了主张规则、证明规则的机理和要求。有的国家，具体化义务在成文法中没有概念化的表述，但在起诉状的要求、否认的法律效力等规定中体现了具体化义务的要求。德国，作为具体化义务发端的国家，其《民事诉讼法》中没有直接规定具体化义务的条文，但是在《德国民事诉讼法》的第 138 条、第 139 条中，暗含了具体化义务要求。① 日本，是第一个从德国民诉法中继受具体化义务的国家，在其《民事诉讼法》第 180 条规定了证据声请的具体化义务，② 在其最高裁判所的《民事诉讼规则》第

---

① 《德国民事诉讼法》第 138 条规定："（1）当事人应就事实状况作出完全而真实的陈述。（2）当事人对于对方当事人所主张的事实，应作出陈述。（3）没有明显争议的事实，如果从当事人的其他陈述中不能看出有争议时，即视为已经自认的事实。（4）对于某种事实，只有在它既非当事人自己的行为，又非当事人自己所亲自感知的对象时，才准许说不知。"第 139 条第一款："……法院应当使当事人就一切重要的事实作出及时、完整的说明，特别是在对所提事实说明不够时要使当事人加以补充，表明证据方法、提出有关申请。"参见《德国民事诉讼法》，参见丁启明译《德国民事诉讼法》，厦门大学出版社 2015 年版，第 36 页。

② 《日本民事诉讼法》第 180 条第 1 款规定："申请证据，应写明需要证明的事实。"参见白绿铉编译：《日本新民事诉讼法》，中国法制出版社1999 年版，第 79 页。

53 条规定了当事人诉状的具体化义务。① 根据日本《民事诉讼规则》的第 53 条第一项，起诉状中需要具体记载请求的事实、举证需要的事由以及与该事实相关的重要事实和证据。② 尽管在这些国家，具体化义务的规定在成文法中分布零散，但并不妨碍其在实践中的运行效果，原因在于：在这些国家，民事诉讼的理论研究与司法实践中的问题贴合度高，且判例在理论研究和审判实践发挥重要的指导作用。从司法实践中提炼和归纳的规则不但不会法意模糊，反而随着学术研究的不断深入和实践部门判例的不断丰富，以及两者融合作用的加强，具体规则会越来越清晰和明朗。即便这些规则在法条中没有对应的概念化的表述，在实践中的运行效果一样很好。

笔者认为，在我国确立当事人的主张具体化义务，应当遵循与德、日传统大陆法系国家不同的思路。在我国，法学的理论研究与司法实践之间还存在一定的"代沟"，案例指导在统一司法上的作用也有限，在此背景下，在法律中明确规定当事人的主张具体化义务更有利于实现司法统一，也有利于在当事人间树立具体化义务的诉讼观念。具体的构建思路如下：

第一，区分立案审查中的事实主张具体化和审理阶段的事实主张具体化的要求。现行《民事诉讼法》要求当事人在起诉状中应当记载具体的诉讼请求和事实、理由。当事人在诉状中负有的具体化义务与案件受理后的具体化义务在要求是有差异的。因此，首先

---

① 《日本民事诉讼规则》第 53 条规定："1. 诉状中，除记载请求的要旨及申请原因（指对特定请求所必须的事实）外，必须具体记载附理由请求的事实。且必须记载每一项需举证的事实、与该事实关联的事实中重要的部分和证据。2. 诉状中关于事实主张的记载，在尽可能的情况下，必须将有关附理由的请求事实的主张及该事实关联事实的主张分别记载。3. 记载了攻击或防御方法的诉状，视为兼备准备书面之用。4. 诉状中，除第一项规定的事项外，必须记载当事人或其代理人的邮编和电话号码。"原文参见日本最高裁判所网站：http：//www.courts.go.jp，最后访问时间：2019 年 12 月 28 日。

② 参见蔡虹、李棠洁：《民事立案登记制度之反思——写在立案登记制度实施之后》，载《湖南社会科学》2016 年第 1 期。

要明确起诉状具有两层功能：起诉功能和准备功能。以此为标准可将起诉状的记载事项划分为必要记载事项和任意记载事项。诉状的必要记载事项包括请求的宗旨和原因。请求的宗旨是记载当事人谋求法院判决的请求内容；请求的原因则是作为请求基础的事实关系，对事实关系的描述应当具体化和特定化，达到"与其他诉相区分"的辨识程度。可见，立案阶段的具体化标准为：与同类法律关系区分。但是，进入到审前阶段后，当事人的具体化义务应当扩展到诉状中未涉及的任意记载事项，当事人应当将影响案件结果的主要事实、间接事实和辅助事实进行完全、具体地陈述，达到争点固定，并能充分保障证据交换的程度。具体来说，原告和被告在审前阶段负有充分地、具体地就事实问题和法律问题进行主张、抗辩和否认的义务。

在我国司法实践中，仍然有很多当事人提交的起诉状的内容不够明确。在问卷调查中，回答"您办理的案件中，是否会有当事人含糊地在起诉状中说明事实，使得被告不能展开有针对性的答辩，之后在庭审中，原告再将主张具体化的情况?"时，选择"有这样的情况，但不算多"的法官占68%；选择"经常会有这样的情况出现"的占24%；只有8%的法官选择"基本没有这样的情况出现"。可见，实践中当事人提交的起诉状的具体化程度还有很大的提升空间。对于任意记载事项，允许当事人在审前准备程序中再进行具体陈述，如果将当事人在起诉阶段的主张具体化要求规定得过于严苛，则有人为地制造立案障碍，损害当事人的起诉利益的嫌疑。

第二，明确当事人在审前程序中的具体化义务。明确审前程序中的具体化义务的前提是完善审前程序的各项议程，构建具体化义务运行的平台。2012年《民事诉讼法》修改，增加了审前程序中庭前会议的内容，也明确了整理争点的诉讼活动，但其适用案件的范围还明确，当事人缺位的问题也很突出。这直接导致我国民诉法中的审前程序在交换证据和固定争点的作用发挥效果不好，影响了当事人具体化义务的落实。明确当事人在审前程序中的具体化义务，就是要在立法上明确原告和被告负有充分地、具体地就事实问题和法律问题进行主张、抗辩和否认的义务；并规定在审前阶段，当事人双方都有义务配合法官在庭前会议或其他环节提出事实和交换证据，协助法官固定争议焦点。只有在具体化义务的运行环境获得保障的前提下，当事人的攻防利益才能有所保障，才能有效避免主张突袭。

第三，完善审理程序中的具体化义务。审理过程中的具体化义务包括一般意义上的具体化义务，还包括特殊情形下的具体化义务。后者主要是指禁止当事人进行单纯的否认，以及禁止做不知的陈述。《民事证据规定》第4条规定："一方当事人对于另一方当事人主张的于己不利的事实既不承认也不否认，经审判人员说明并询问后，其仍然不明确表示肯定或者否定的，视为对该事实的承认。"依据该项规定，法官无须对当事人进行不知晓或不记忆陈述的原因进行探究，无论当事人是主观上确实无法就对方当事人主张的事实进行具体陈述，还是出于回避的原因对该事实进行不知的陈述，法官均可认定当事人自认。该规定过于"一刀切"，不利于当事人合法权益的保护。另外，规制不知的陈述的重要前提在于不负主张、举证责任的当事人负有资讯探知义务。这一义务虽然在我国法律中没有规定，但在实务中，尤其是证据分布不均衡的案件中，不少法官仍会要求不负证明责任的当事人陈述案情。在问卷调查中，在回答"您认为，不负证明责任的当事人对于自己所知晓的案件事实是否有义务进行陈述"时，有26%的法官选择"有义务"，有12%的法官选择"没有义务"，有61%的法官选择"如果负证明责任一方对该事实掌握确有困难，而对方当事人对该事实可能知晓，会要求其进行陈述"，还有4%的法官选择"其他"。可见，大多数法官认为，即便当事人不负证明责任，但其对案件知情时，也应当配合事实调查进行陈述。笔者建议，在立法中应当进一步明确，当事人在进行不知的陈述，以及否认时应当附理由，并且就理由向法院释明，如果因为对方当事人的主张不具体导致否认在客观上无法具体时，否认也应当具有争执的效力。

四、明确主张的真实性义务

民事诉讼中关于当事人真实义务的核心问题，在于当事人在民事诉讼中是否被容许说谎，以及当事人对不利于己的事实是否有据实完全陈述的义务。在真实义务的发端地德国，对于当事人是否应当负有真实化义务，学界曾经有过争论，反对观点认为民事诉讼是当事人双方之间的对抗，应当容许且可预见双方运用所有技巧手段。① 支持者则认为，"如果民事诉讼法不将诉讼欺诈视为违法而加以禁止，吾等将为过去及现在因有此一民事诉讼法而感到羞愧"。②关于真实义务是否应被承认的争议，直到 1933 年德国民事诉讼法明文确立真实义务才告一段落（第 138 条第一项）。

《民事证据规定》第 63 条第 1 款规定："当事人应当就案件事实作真实、完整的陈述。"如前所述，笔者认为这并不属于事实主张的真实义务，而是证据协力义务（详见本书第五章的相关内容）。在实践中，法官对违反真实陈述义务行为的处理也做法不一。在问卷调查中，回答"当事人如果在庭审中先主张一个 A 事实，之后又反悔，主张与 A 事实矛盾的 B 事实，您会如何处理?"时，无人选择"只审查 A 事实，不审查 B 事实"；9%的法官选择"只审查 B 事实，不审查 A 事实"；20%的法官选择"两个事实都审查"；71%的法官选择"两个事实都审查，但认为当事人违反诚信原则和法庭规则，对其进行训诫或其他处罚"。可见，当事人在提出一个明显矛盾的主张时，对于新的主张法官都会审查。但是原主张是否审查，或者对当事人是否给予惩戒，则做法不一。法官的处理方式不统一，给审判工作也带来不便，不少法官在座谈中谈到，作出矛盾主张的当事人大多目的在于隐瞒对自己不利的事实，

① 参见 Vgl. Phillipsborn, Wahrheitspflicht, Prozessbetrug und Prozessschikane, FS f. Franz v. Liszt, 1911, S. 191; Welzel, Die Wahrheitspflicht im Zivilprozess, 1935, S. 6。

② Hellwig, Lehrbuch des Deutschen Zivilprozessrechts, II. Band, 1907, S. 41ff.

法官需要花费很多时间和精力从这些虚实难辨的事实中抓住主要争议。因此，笔者认为，在我国应当确立当事人的主张真实义务，详述如下：

第一，应当在我国现有的诚实信用原则的框架下规定主张真实化义务，并将主张真实性义务规定在《民事诉讼法》的言词辩论阶段的相应章节中。主张真实化的含义是禁止当事人对自己明知为真的事实进行虚假陈述，最初设立主张真实化义务的目的并非出于发现真实，而是"防免法院被误导或其工作劳力被滥用"。① 可见，从真实义务的发端来看，其最初是用作促进法院的审判效率的制度进行设计的。之后，随着"真实义务"和"诚实义务"制度的发展和内容的不断丰富，最终殊途同归，在制度精神上互相呼应。在我国《民事诉讼法》中，第13条规定了诚实信用原则，第112、113条规定了违反诚实信用原则的具体体现——恶意串通、侵犯他人合法权益的行为，但是没有规定当事人的主张真实义务。恶意诉讼从客观行为和侵害结果的角度体现诚实信用原则，主张真实性义务则是从主观真实的角度——强调当事人的陈述与主观认识而非客观事实一致，来体现诚实信用原则。我国台湾地区"民事诉讼法"在第五节言词辩论的第195条规定，当事人就其提出之事实，应为真实及完全之陈述。当事人对于他造提出之事实及证据，应为陈述。其中第一项规定的就是当事人的主张真实义务，第二项规定的是当事人的证据协力义务。可见，当事人的主张真实义务与证据协力义务并非同一指向，不可混为一谈。② 因此，笔者建议将主张真实义务作为诚信原则的具体表现之一，与禁止虚假诉讼互相补充，共同充实诚信原则的具体内容。

第二，确立当事人的完全陈述义务，将完全陈述义务和禁止虚假诉讼作为真实义务的补充。完全义务所适用的规则可以概括为：

---

① 姜世明：《民事诉讼中当事人之真实义务》，载《东吴法学报》（第十六卷第三期），第171页。

② 参见姜世明：《民事诉讼中当事人之真实义务》，载《东吴法学报》（第十六卷第三期），第195页。

原告就权利发生要件事实，有主张责任，也有完全陈述的义务；被告对于权利障碍要件事实、权利消灭事实及权利抑制要件事实有主张及完全陈述的义务。被告对于原告所主张的权利发生要件事实，也有陈述的义务，就此，应同时受真实义务及完全义务规范的拘束。[4]《民事诉讼法》第 13 条规定了诚实信用原则，第 112、113 条规定了违反诚实信用原则的具体体现——恶意串通、侵犯他人合法权益的行为。恶意诉讼从客观行为和侵害结果的角度体现诚实信用原则，主张真实性义务则是从主观真实的角度——强调当事人的陈述与主观认识而非客观事实一致，来体现诚实信用原则。因此，应在立法中明确规定完全陈述义务和主张真实义务，作为诚信原则的具体制度，与禁止虚假诉讼互相补充。当然，为避免对辩论原则的冲击，应当对完全陈述义务的适用进行一定的限制以避免泛化。在信息网络侵权的事实认定环节中，不负证明责任的当事人只对涉及专业性的、技术性的事项，例如是否尽到注意义务，是否存在主观过错等事项负有完全陈述义务。这里包含两个要素，一是，当事人就对方因客观原因证据收集手段不足或有认知障碍的事项有完全陈述义务，主要指牵涉专业知识的事项。至于不存在明显举证障碍的事项如损害后果，仍应由负主张责任的当事人本人详细陈述。二是，完全陈述具有可能性，当事人不至于因此背负过于沉重的证明负担。三是信息管理人进行完全陈述，应在法官的阐明下进行。如法官根据当事人的陈述发现，双方在对信息泄露的过错及是否尽到注意义务等事项上认知能力明显不对等，且作为具有专业知识的被告一方，具有解明案情、补充原告陈述的期待可能性时，基于诉讼法上的诚实信用原则，法官可要求当事人对相应事项进行陈述。但如果法官就超过当事人本意范围外无线索可寻的新的意思、新的事实进行阐明就有过度阐明之嫌，这会损害法官的中立性。从这个意义上来说，不负证明责任的当事人所负担的协力义务，是基于促进诉讼、整理事实争点而生，当事人在辩论主义下对自己的主张和举证仍有主导权和决定权。总之，不负证明责任的当事人一方的完全陈述义务的适用应当有严格的前提条件，不宜做扩大解释。

　　第三，界定不同类型当事人的虚假陈述行为的性质，明确其应承担的诉讼义务。传统的辩论主义将事实和证据的开示义务在当事人之间预先进行分配，这一固化的模式越来越不能适应新型诉讼和现代诉讼，尤其是在证据偏在型的诉讼中，事实上掌握证据的一往往不是负担证明责任的一方；另一方面，只关注和规制负证明责任的当事人的虚假陈述，显然也不足以预防和发现虚假诉讼。因此，应当对不同类型当事人的虚假陈述行为进行界定，明确其应承担的诉讼义务，才能构建虚假陈述规制的理论基础。在对当事人虚假陈述做类型化分析的基础上，根结合事实情节及后果，分别设置以不同的规制措施。具体包括：私法上的负面评价——失权，相反心证，证据不予认定等；公法上的负面评价——训诫，罚款，强制负担诉讼费用等。口头的虚假陈述在实践中多体现为当事人在庭审中进行前后矛盾的陈述。口头虚假陈述的规制一般适用民事诉讼中"禁反言"规则，法官还可以结合当事人询问及其他证据综合判断。口头的虚假陈述一般情节较为轻微，法官采取的措施也相对比较缓和，如对矛盾的陈述不予采纳，或对当事人进行训诫、罚款等。书面的虚假陈述则隐蔽性更高，也更不容易判断。从实践中的情况来看，大部分类型的虚假诉讼都是以书面的虚假陈述为基础，如当事人恶意串通捏造莫须有的法律关系，在虚假的事实主张基础上提出虚假的诉讼请求等。书面的虚假陈述一旦被法官认定为虚假诉讼，当事人将面临更严厉的惩罚。此外，针对严重的虚假陈述行为，引进大陆法系立法例普遍确认的"虚假陈述侵权之诉"，在民事实体法上确认当事人针对虚假陈述行为本身提出民事损害赔偿的权利。要特别提出的是，私法上的负面评价是法官在诉讼过程中进行的判断，其判断标准依据的是主观真实标准。在司法实践中，法官对该行为的判断是即时形成的，没有客观具体的判断标准，全凭法官心证。法官如果认为当事人存在故意违反主张真实性义务进行陈述时，直接对该主张不予审酌即可。

　　第四，将虚假陈述的规制对象从当事人扩充到诉讼代理人。《德国民事诉讼法》第 138 条、我国台湾地区"民事诉讼法"第

195 条均明文规定，真实义务的主体是当事人。① 当事人包括原告、被告、第三人、共同诉讼中的多数当事人等，法定代理人作为诉讼能力欠缺的当事人的意思之延展，其地位等同于当事人，应负真实义务无疑问。问题在于诉讼代理人能否成为真实义务的主体？学者一般认为，诉讼代理人的行为效果及于其委托人（当事人），其诉讼活动都以维护当事人权利而开展，因此若当事人应负有真实义务，诉讼代理人自然也应负有真实义务。另外，诉讼代理人是法庭上的主要对话者，如果允许其在法庭上说谎，则诉讼真实义务的立法意旨恐难实现。但在实践中，如果诉讼代理人知悉对委托人不利的事实，在未得到委托人授权同意下，是否可以依照真实义务在法庭上陈述？有学者认为，当事人负有真实义务，所以应当将事实告知律师，律师可以径行陈述。但这一点是否与委托人对律师形成的信赖利益产生冲突，存在争议。从各国律师法的规定来看，对于律师公益性的职业角色之期待甚多。如《德国联邦律师法》第 43 条 a 第三项规定，律师不得于执业时有不客观公正（unsachlich）之行为，不客观公正特别系指关于明知不实事项之刻意传播的行为。可见，律师除了是当事人的代言人，还是诉讼诚信义务的主体，负有真实陈述和代理主张的义务。

第二节　司法层面的改进

一、规范主张约束规则下的审判行为

（一）法官应严格遵守辩论主义为基础的主张约束性规则

首先，法官在审理案件时应严格遵循当事人之间的证明责任的

---

① 《德国民事诉讼法》第 138 条规定："1. 当事人应就事实状况作出完全而真实的陈述。2. 当事人对于对方当事人所主张的事实，应作出陈述。……"参见丁启明：《德国民事诉讼法》，厦门大学出版社 2016 年版，第 36 页；我国台湾地区"民事诉讼法"第 195 条规定："当事人就其提出之事实，应为真实及完全之陈述。当事人对于他造提出之事实及证据应为陈述。"

分配规则，在事实真伪不明时才启用客观证明责任。其次，法官在对当事人的模糊主张进行阐明时需把握分寸，不可越界代为进行主张。最后也是最重要的一点，阐明的行使和客观证明责任的运用，都不应削弱主张约束性规则的基础性地位，即法官不得在当事人主张范围外认定事实，同时，当事人提出的事实主张，除非法定事由（如违反真实性义务或违反适时提出义务），法官都应进行审酌，不得无故遗漏和忽略。

（二）法官在审理过程中应当充分公开心证，以防免突袭裁判

心证公开是指在庭审过程和裁判结果中，法官就所有证据所形成的内心确信，以及对案件事实的认知，向当事人阐明，使其有所知悉、认识或理解。①《民事证据规定》第 97 条规定："人民法院应当在裁判文书中阐明证据是否采纳的理由。对当事人无争议的证据，是否采纳的理由可以不在裁判文书中表述。"上述法条对于心证公开的阶段和内容规定得并不明确，对于事实主张的取舍、法律观点的采纳、自认（包括拟制自认、自认的撤回）等的心证公开，也没有规定。在实践中，认为没必要心证公开或者心证公开有难度的法官也不在少数。在问卷调查中，回答"在庭审过程中，您会主动向当事人（律师）告知您认定事实的心证过程与结果么？"时，没有法官选择"主动告知"；有 19%的法官选择"如果当事人（律师）询问，会告知"；有 67%的法官选择"即便当事人（律师）询问，也不会告知"；14%的法官选择"视情况而定"。有法官选择 D 的理由是：心证历程不具告知可行性，全部可告知理由均在判决中写明，判决前法官不对案件做任何倾向性评价；判决前下结论不妥。可见，法官对于心证公开的认识存在误区。作者在调研的过程中发现，有的法官要么只在裁判文书中对证据与事实调查的心证进行公开，在审判过程中避而不谈，要么干脆在裁判文书中也不提及。

笔者认为，完善法官的心证公开应当包括以下三个方面：第一，完善庭审过程中法官的心证公开制度。目前我国民诉法中确立

---

① 参见韩红俊：《释明义务研究》，法律出版社 2008 年版，第 186 页。

的心证公开仍然是以裁判后的公开为主，此时当事人只能以上诉或再审来进行救济。将心证公开的阶段提前到庭审中，可以有效保障当事人针对法官的心证公开内容进行补充和辩论的程序利益。第二，完善裁判文书中的心证公开。2012 年修改后的《民事诉讼法》对裁判公开的内容进行了调整，将第 152 条第二项（原 138 条第二项）的内容从"判决认定的事实、理由和适用的法律依据"修改为"判决认定的事实和理由、适用的法律和理由"。笔者认为，裁判文书的心证公开还有很大的提升空间。裁判文书公开的内容不仅对本案当事人有重要意义，对于社会公众同样有宣示司法的重要作用。对于研习法律的人士而言，要充分了解法官在某一案件认定事实和适用法律的过程，还必须了解双方当事人的原始诉求以及庭审中的主要辩论情况。因此，在对 2012 年《民事诉讼法》修改进行讨论时就有律师提出，应当明确规定在判决书中写明律师的代理意见和双方当事人的陈述。① 如此，才能判断当事人的诉求是否得到法官应有的回应和足够的斟酌。第三，对于法官没有尽到心证公开责任的情况，情节严重造成诉讼突袭的，应当作为程序不合法的救济事由。第四，法官的心证公开内容应当更加丰富，不限于与证据和事实有关的事项，还应当包括法律见解的公开。比如，法官在对某一法律原则在具体案件中的适用进行价值补充，将不确定的法律概念具体化时，应当将理由叙说明确。事实上，德国在上世纪以斯徒加特模式为契机的诉讼改革中就提出，在诉讼程序的三个阶段，法官都有向当事人开示法律见解的机会。② 这一点在《德国民事诉讼法》第 139 条第 2 款中也有规定："如果当事人对某一法律观点明显忽略或者不仅是涉及附属请求的情况下，法院只有在向当事人指明存在这种忽略，并且给予当事人机会就此发表意见之后，才能将这一观点用作裁判的依据。这一规定同样适用于法院与双方当事

---

① 参见全国人大法工委民法室编：《民事诉讼法立法背景和观点全集》，法律出版社 2012 年版，第 119 页。

② 参见熊跃敏：《民事诉讼中法院的法律观点指出义务：法理、规则与判例——以德国民事诉讼为中心的考察》，载《中国法学》2008 年第 4 期。

人就一个观点的认知均不相同的情形。"① 值得注意的是，法官指出法律观点的范围要受当事人所提出的事实范围的限制。

二、适正行使法官阐明权

法院通过向当事人行使阐明权来促进事实陈述的具体化和明确化。我国《民事证据规定》第3条第1款、第8条第2款、第33条第1款、第35条构成了法官阐明制度的内容。总结为：法官对于举证的要求及法律后果、模糊的事实主张应当进行阐明；法官对于法律主张与法院认定不一致的情况，也应当进行阐明。但是在司法实践中，法官在进行阐明时仍然会有过于消极或过于积极的情况出现。笔者认为，完善法官行使阐明权应当遵循两点：

第一，在职权探知的范围内，法官的阐明权不发挥作用。如在家事诉讼、涉及国家利益和社会公共利益的诉讼中，法官对相关事项的事实调查适用职权探知主义，不受当事人主张和举证责任的限制，因此在该范围内，法官无需行使阐明权。对于法律适用是否属于法官阐明权的范围，学界存在争议。笔者认为，当事人就法律适用和法律观点有权进行主张，在法庭上就法律观点也应作必要的辩论。虽然对法律观点的主张于法院没有约束力，但由于法院有职责在生效法律范围内全面检索以确定正确的适用规则，也就理应将当事人主张的法律观点纳入检索范围并斟酌其理由。因此，法院就适用法律也应当履行阐明义务，以便使当事人对最终裁判所依据的法律观点形成合理预期。

第二，在辩论主义发挥作用的领域，法官行使阐明权必须把握

---

① 此处翻译与丁启明译《德国民事诉讼法》，厦门大学出版社 2016 年版第 36 页中的翻译有所不同。该法条原文为："（2）Auf einen Gesichtspunkt, den eine Partei erkennbar übersehen oder für unerheblich gehalten hat, darf das Gericht, soweit nicht nur eine Nebenforderung betroffen ist, seine Entscheidung nur stützen, wenn es darauf hingewiesen und Gelegenheit zur Äußerung dazu gegeben hat. Dasselbe gilt für einen Gesichtspunkt, den das Gericht anders beurteilt als beide Parteien."原文网址：http://www.gesetze-im-internet.de/zpo/BJNR005330950.html，最后访问时间：2018 年 12 月 29 日

合理的界限，适正地阐明可以有效防御主张突袭，但是过度阐明会损害法官的中立性。阐明制度的存在意义在于弥补当事人在主张和陈述上的缺陷，但法官的阐明只起到补充作用，不能越俎代庖取代当事人的主张自由，当事人在辩论主义下对自己的主张和举证仍有主导权和决定权。因此，法官适当行使阐明权意味着：其一，法院就超过当事人本意的范围外对无线索可寻的新的意思、新的事实进行阐明的行为应当谨慎。旧的学说认为，法院只能进行消极阐明，但是新近发展的学说认为，在民事诉讼程序划分事实审和法律审的国家（地区），事实审法院可以不受限制地尽可能地去进行阐明包括积极的阐明。且进一步认为，事实审法院就积极事项的阐明程度的深浅在法院的职权行使的适法范围内，只有当与不当的区分，不涉及程序上违法；但对消极阐明的事项，该阐明而未阐明的，以此为基础作出的判决则会被法律审法院认定为违反。① 其二，在阐明制度下，当事人的主张责任在一定程度下弱化，但是辩论主义的基础性地位并不会动摇，因此，当事人在法官阐明后仍坚持己见，法官也应以当事人原本的主张为基础进行裁判，不能基于其阐明的内容进行裁判。

三、有效运用案例指导制度

2015 年 6 月 2 日，最高人民法院公布《案例指导实施细则》。根据该规定，法院应当在审理类似案件时，检索指导性案例并参考其裁判要点，法院还可以依当事人的申请适用指导性案例。《案例指导实施细则》还规定，法院在裁判理由部分应当载明以下事项：参照的指导性案例的编号和裁判要点；是否参照当事人了作为控（诉）辩理由的指导性案例，以及说明采纳或不采纳的理由。

---

① 根据是否促使当事人提出新的诉讼资料，可以将阐明分为消极的阐明与积极的阐明。消极的阐明包括：1. 澄清不明了的阐明；2. 除去不当的阐明；3. 诉讼资料补充的阐明。积极的阐明是指新提出诉讼资料的阐明，即法院通过发问给予引出新的主张或者攻击方法的暗示，或者明确催促当事人提出这类内容时的阐明。参见骆永家等：《阐明权》，载民事诉讼法研究基金会：《民事诉讼法之研讨》（四），台湾三民书局 1993 年版，第 173 页。

　　从我国民诉法近年的修改来看，新的法律制度很多是对司法实践中已经出现的新情况和新问题的回应。立法相对社会生活的变化发展存在迟滞，制定法与司法实践之间难免存在不对接，案例指导制度可以在立法来不及作出回应的情况下，起到统一司法裁判规则的作用。但如果立法过于超前，又会遭遇与司法实践不匹配的困境。因此，案例指导制度在主张制度上的功能包括两方面：第一，司法功能。对于不宜在立法中进行明文规定的裁判规则，由法官运用法律补充方法创设新的裁判规则，并使含有新的裁判规则的判决成为今后类似案件应当遵循的判例。① 比如法官对违反主张真实性原则的处理。第二，立法功能。对于应当在立法中规定的新制度，通过案例指导制度及时总结审判经验，并以判例规则的形式予以保存，在司法实践中经过充分论证和考验，完善成熟后再上升为制定法，免除了动辄立法带来的弊端。比如关于主张失权的具体适用，目前在德国、日本等国家法律规定比较完善的情况下，在实践中处理具体案件时也常遇到分歧。在我国，主张失权的基础——适时提出的诉讼观念还未得到普遍认同时，通过指导性案例现行探索和积累审判经验显然更为合适。

---

　　① 参见刘成安著：《论裁判规则——以法官适用法律的方法为视角》，法律出版社 2012 年版，第 234~235 页。

结　语

　　民事诉讼主张，是民事诉讼法中非常常见的概念，国内学者关于诉讼主张的研究比较早，最初始于 80 年代初期由证明责任衍生出来的"谁主张，谁举证"一说。之后关于主张及主张权研究的内容和视角逐渐多元化起来，主要集中在：主张责任和证明责任中的适用；由辩论主义引申出主张的约束效力；事实主张等方面。最近几年，国内学界将主张作为独立当事人权利进行研究的较多，主要涉及权利主张与事实主张的划分、主张的证明等。但是纵观已有的成果，大多是对民事诉讼主张的某一项规则进行研究，研究的视角和方法也较为单一。2012 年我国《民事诉讼法》修改，2015 年《民诉法解释》和 2020 年《民事证据规定》施行，新增和修改的条文中，涉及主张的不在少数，另外，修法对一些和主张密切相关的制度，如证据失权、真实陈述义务、庭前的争点整理程序也给予了很高的关注。这提示我们，不仅应当加深对主张具体规则的研究，更应将民事诉讼主张作为一项制度，对其主体、对象、内容、基础理论进行系统化研究；不仅应当从微观上研究主张的内部构造，还应当从宏观上关注其运行的外部环境，思考如何与其他制度在保持不断发展的步调上融合对接；不仅应当从立法上增加或者修改相应的规定，还应当将现阶段入法时机还不成熟的规定，通过案例指导制度和法官阐明制度积累实践经验，避免出现类似旧证据失权制度此前在立法上的"冲动"和"回转"。

　　出于上述研究的初衷，本书对民事诉讼主张的性质、对象、功能、规则等基础进行了探讨。在我国民事诉讼制度框架内，立足现有的辩论主义、证据失权等规范，借鉴域外主张的相关立法较为成熟的国家和地区的经验和理论，对民事诉讼主张从"内部构造"到"外部环境"进行体系化研究，以期为我国民事诉讼主张制度的完善尽绵薄之力。

附　　录

调查区域：

问卷编号：

复核员：

《关于民事诉讼主张司法适用现状的调查问卷》

您好！首先请原谅耽误了您的时间。

为了了解我国民事诉讼主张的相关规定在司法实践中的适用现状，完善现有的民事诉讼主张规定，促进当事人主张行为的进一步规范，在法院系统组织了这次调查问卷。希望能够得到您的支持与协助，谢谢！

专门选请各位填答问卷，完全是依照抽样技术方法而随机确定的，并无其他用意，本次调查采取匿名方式，只做理论研究，不做他用。再此感谢您的支持和协作，并向工作在司法第一线的法官致以崇高的敬意！

注意事项：

★请您先阅读每一组的说明，并按照问卷的提问顺序逐一填答，以免漏答。

★除特别说明外，每个题目均请选择一个答案。

★没有给出选项的，请您在空白处填写。

★有不理解或不清楚之处，请向调查员询问。

调查员：

调查时间：

调查地点：

1. 在您办理的案件中，如果当事人在庭审过程中提出在起诉状中没有主张的新事实，您是否允许？　　　　　　（　　）

　　A. 一般都允许，并进行审查

　　B. 一般都不允许，不予审查

　　C. 在要求其说明理由后，视情况决定是否允许

2. 您觉得，是否有必要通过法律规定，要求当事人应当在审前阶段将自己主张的主要事实全部提出，且没有特别情况，在之后的庭审阶段不得再提出新的主张？　　　　　　（　　）

　　A. 有必要

　　B. 没有必要

理由：＿＿＿＿＿＿＿＿＿＿＿＿＿＿＿

3. 您办理的案件中，在开庭之前，被告不提交答辩状的情况是：　　　　　　（　　）

　　A. 一般都会提交，少数被告不提交

　　B. 不提交答辩状的情况偏多

　　C. 提交答辩状的情况偏多

　　D. 一般都不提交，少数被告提交

4. 您办理的案件中，在开庭之后，如果被告提出答辩状记载事项之外的其他答辩事由，您是否会作为审判对象？　（　　）

　　A. 会

　　B. 不会

　　C. 如果该答辩事由对案件审判有重大影响则考虑，否则不考虑

　　D. 其他：

5. 您办理的案件中，在哪个诉讼阶段感到可以掌握案件的基本争议焦点？　　　　　　（　　）

　　A. 见到诉讼材料（起诉状、答辩状）之后，证据交换之前

　　B. 证据交换之后，开庭审理之前

　　C. 庭审调查辩论阶段

6. 您办理的案件中，是否会有当事人含糊地在起诉状中说明事实，使得被告不能展开有针对性的答辩，之后在庭审中，原告再

将主张具体化的情况？　　　　　　　　　　　　　　（　　）

　　A. 经常会有这样的情况出现

　　B. 有这样的情况，但不算多

　　C. 基本没有这样的情况出现

7. 您认为，目前我国《民事诉讼法司法解释》中规定的"庭前会议"与以前的审前程序相比，在交换证据和归纳争议焦点上的改善作用如何？　　　　　　　　　　　　　　　（　　）

　　A. 相比作用非常明显

　　B. 相比有作用，但不是很明显

　　C. 相比没有很大的作用

　　D. 不太了解"庭前会议"的规定

　　E. 其他：＿＿＿＿＿＿＿＿＿＿＿＿

8. 某民间借贷纠纷中，案件开始审理后，原告甲提出借条，被告乙否认借条的真实性。当法院对借条认定为真时，乙突然提出这笔钱已经还清。当法院认定并未还清时，乙又提出新的事实，指出借条实为赌债。如果您是本案的主审法官，您会如何处理：

　　　　　　　　　　　　　　　　　　　　　　　（　　）

　　A. 对新事实进行审查，并责令当事人一次性提出的所有事实主张

　　B. 对新事实进行审查，但对乙进行训诫或其他处罚

　　C. 对新事实不予审查

　　D. 其他：＿＿＿＿＿＿＿＿＿＿＿＿

9. 在庭审过程中，您会主动向当事人（律师）告知您认定事实的心证过程与结果么？　　　　　　　　　　　　　（　　）

　　A. 会主动告知

　　B. 如果当事人（律师）询问，会告知

　　C. 即便当事人（律师）询问，也不会告知，法官没有该项义务

　　D. 视情况而定：＿＿＿＿＿＿＿＿＿＿＿＿

10. 您在庭审中，如果当事人（律师）与您在法律适用或者法

律观点上有不同的认识，您会如何处理？　　　　　　　　　（　　）

    A. 庭审中不做说明和交流，会在判决书中进行说明

    B. 庭审中会向当事人（律师）表明观点

    C. 在法庭下（如休庭时）向当事人（律师）表明观点

    D. 其他：_____

11. 在民事诉讼中，当事人逾期提出证据，且无正当理由的，您会如何处理？　　　　　　　　　　　　　　　　　　　（　　）

    A. 一概不采纳

    B. 一概采纳

    C. 如果对案件事实有重大影响的情况下，都会组织质证

    D. 其他：_____

12. 当事人逾期提出证据且无正当理由的，在合议庭采纳的情况下，对方当事人不同意质证时，您认为应当如何处理？（　　）

    A. 不采纳

    B. 直接认定

    C. 向当事人释明不质证的后果，再进行认定

    D. 其他：_____

13. 当事人逾期提出证据且无正当理由的，在合议庭采纳的情况下，是否会予以训诫或罚款？　　　　　　　　　（　　）

    A. 会训诫

    B. 会罚款

    C. 会训诫且罚款

    D. 都不会

    E. 其他：_____

14. 您认为，是否有必要在法律中规定，当事人应当在诉讼阶段中尽可能早地提出所有主要事实，如果当事人故意拖延或突袭，应当承担不利后果？　　　　　　　　　　　　　（　　）

    A. 应当作此规定

    B. 没有必要

    理由：_____

15. 假设某个商事案件（不涉及国家和公共利益，不属于职权调查的范围）中，原告和被告对于一项事实均没有提到，但是在法庭调查的过程中，证人在作证时谈及该事实，您会如何处理　　　　（　　）

　　A. 当事人没有主张，因此不予考虑，视同不知道此事

　　B. 当事人未主张也会调查清楚

　　C. 向当事人释明是否要主张该项事实后，再做处理

　　D. 其他：_____

16. 当事人如果在庭审中先主张一个 A 事实，之后又反悔，主张与 A 事实矛盾的 B 事实，您会如何处理？　　　　（　　）

　　A. 只审查 A 事实，不审查 B 事实

　　B. 只审查 B 事实，不审查 A 事实

　　C. 两个事实都审查

　　D. 两个事实都审查，但认为当事人违反诚信原则和法庭规则，对其进行训诫或其他处罚

17. 您认为，由于当事人主张事实的随意性，而导致诉讼拖延的情况在实践中有多少？　　　　（　　）

　　A. 经常会有这样的情况出现

　　B. 有这样的情况，但不算多

　　C. 基本没有这样的情况出现

18. 您认为，不负证明责任的当事人对于自己所知晓的案件事实是否有义务进行陈述？　　　　（　　）

　　A. 有义务

　　B. 没有义务

　　C. 如果负证明责任一方对该事实掌握确有困难，而对方当事人对该事实可能知晓，会要求其进行陈述

　　D. 其他：_____

19. 您觉得，在司法实践中，有关于当事人的事实主张，以及在审查和认定事实时，最突出的问题或困难是什么？

　　此次问卷发出 110 份，回收 102 份（无废卷）。统计后的回答

情况如下表：

	A 选项	B 选项	C 选项	D 选项	E 选项
第 1 题	38	6	58		
第 2 题	64	38			
第 3 题	2	57	6	37	
第 4 题	50	22	25	5	
第 5 题	20	48	34		
第 6 题	25	69	8		
第 7 题	12	43	32	15	
第 8 题	58	38	5	1	
第 9 题	0	20	68	14	
第 10 题	77	12	12	1	
第 11 题	14	3	85	0	
第 12 题	10	26	64	2	
第 13 题	45	6	26	23	2
第 14 题	94	8			
第 15 题	2	59	40	1	
第 16 题	0	9	21	72	
第 17 题	56	40	6		
第 18 题	26	12	60	4	

参 考 文 献

一、著作

[1] 曹伟修. 民事诉讼法释论 [M]. 台北：台湾金山图书公司，1978.

[2] 姚瑞光. 民事诉讼法论 [M]. 台北：大中国图书出版公司，1981.

[3] 杨建华. 海峡两岸民事程序法 [M]. 台北：月旦出版股份有限公司，1997.

[4] 杨建华. 问题研析民事诉讼法（二）[M]. 台北：三民书局有限公司，1999.

[5] 邱联恭. 司法之现代化与程序法 [M]. 台北：三民书局，1997.

[6] 江伟. 中国民事诉讼法专论 [M]. 北京：中国人民大学出版社，1998.

[7] 江伟. 民事诉讼法学原理 [M]. 北京：中国人民大学出版社，1999.

[8] 骆永家. 既判力之研究 [M]. 台北：三民书局，1999.

[9] 肖建国. 民事诉讼程序价值论 [M]. 北京：中国人民大学出版社，2000.

[10] 吴庚、苏俊雄、王仁宏、谢在全. 月旦六法全书 [M]. 台北：元照出版有限公司，2001.

[11] 陈刚. 比较民事诉讼法（2000 年卷）[C]. 北京：中国人民大学出版社，2001.

[12] 邱联恭. 争点整理方法论 [M]. 台北：三民书局，2001.

[13] 陈计男．民事诉讼法论（上）［M］．台北：三民书局股份有限公司，1999.

[14] 王亚新．对抗与判定——日本民事诉讼的基本结构［M］．北京：清华大学出版社，2002.

[15] 王甲乙，杨建华，郑健才．民事诉讼法新论［M］．台北：三民书局，2002.

[16] 常怡．比较民事诉讼法［M］．北京：中国政法大学出版社，2002.

[17] 姜世明．民事程序法之发展与宪法原则［Z］．台北：元照出版有限公司，2003.

[18] 李浩．民事证明责任研究［M］．北京：法律出版社，2003.

[19] 罗玉珍，高委．民事证明制度与理论［M］．北京：法律出版社，2003.

[20] 谭兵．民事诉讼法学［M］．北京：法律出版社，2004.

[21] 黄国昌．民事诉讼理论之新开展［M］．北京：北京大学出版社，2008.

[22] 邱联恭．程序利益保护论［M］．台北：三民书局，2005.

[23] 姜世明．民事诉讼法基础［C］．台北：元照出版公司，2006.

[24] 赵钢．民事诉讼法学专题研究（一）［M］．北京：中国政法大学出版社，2006.

[25] 全国人大常委会法制工作委员会民法室．中华人民共和国民事诉讼法条文说明、立法理由及相关规定［M］．北京：北京大学出版社，2006.

[26] 李浩．民事诉讼法学［M］．北京：高等教育出版社，2007.

[27] 刘学在．民事诉讼辩论原则研究［M］．武汉：武汉大学出版社，2007.

[28] 吴宏耀．诉讼认识论纲——以司法裁判中的事实认定为中心［M］．北京：北京大学出版社，2007.

[29] 陈荣宗、林庆苗．民事诉讼法（修订七版）［M］．台北：三民书局，2008.

[30] 江伟．民事诉讼法典专家修改建议稿及立法理由［M］．北

京：法律出版社，2008.

[31] 沈冠伶．诉讼权保障与裁判外纷争处理［M］．北京：北京大学出版社，2008.

[32] 吕太郎．民事诉讼之基本理论（二）［M］．台北：元照出版社，2009.

[33] 姜世明．任意诉讼及部分程序争议问题［M］．台北：元照出版社，2009.

[34] 占善刚．民事证据法研究［M］．武汉：武汉大学出版社，2009.

[35] 姜世明．新民事证据法论［M］．台北：新学林出版股份有限公司，2009.

[36] 许可．民事审判方法——要件事实引论［M］．北京：法律出版社，2009.

[37] 占善刚．证据协力义务之比较法研究［M］．北京：中国社会科学出版社，2009．陈文曲．民事诉讼当事人陈述理论重构［M］．北京：法律出版社，2010.

[38] 郭翔．民事争点效力理论研究［M］．北京：北京师范大学出版社，2010.

[39] 邹碧华．案件审判九步法［M］．北京：法律出版社，2010.

[40] 赵钢、占善刚、刘学在．民事诉讼法［M］．武汉：武汉大学出版社，2010.

[41] 许士宦、姜炳俊．新民事诉讼法实务研究（一）［M］．台北：新学林出版社，2010.

[42] 李木贵．民事诉讼法（第三版）上［M］．台北：月旦出版社，2010.

[43] 李木贵．民事诉讼法（第三版）下［M］．台北：月旦出版社，2010.

[44] 杜丹．诉讼诚信论［M］．北京：法律出版社，2010.

[45] 许士宦．新民事诉讼法实务研究（一）［M］．台北：新学林出版社，2010.

[46] 骆永家．新民事诉讼法［M］．台北：三民书局，2011.

［47］许世宦．诉讼理论与审判实务［M］．台北：三民书局，2011.

［48］沈冠伶．程序保障与当事人［M］．台北：元照法律出版社，2012.

［49］许士宦．新民事诉讼法［M］．北京：北京大学出版社，2013.

［50］闫庆霞．当事人民事诉讼主张研究［M］．北京：法律出版社，2013.

［51］姜世明．民事诉讼法（上册）（修订第二版）［M］．台北：新学林出版股份有限公司，2013.

［52］段文波．要件事实理论视野下民事案件证明责任分配实证分析［M］．厦门：厦门大学出版社，2013.

［53］吴明轩．民事诉讼法（修订10版）［M］．台北：元照法律出版社，2013.

［54］刘显鹏．民事诉讼当事人失权制度研究［M］．武汉：武汉大学出版社，2013.

［55］姜必新．新民事诉讼法司法解释修改要点及争议问题解读［M］．北京：中国法制出版社，2013.

［56］江必新．新民事诉讼司法解释修改要点及争议问题解读［M］．北京：中国法制出版社，2015.

［57］胡学军．具体举证责任论［M］．北京：法律出版社，2015.

［58］赵万一，郑佳宁．〈月旦法学〉民事法判例研究汇编［M］．北京：北京大学出版社，2016.

［59］姜世明．举证责任与证明度［M］．厦门：厦门大学出版社，2017.

［60］姜世明．举证责任与真实义务［M］．厦门：厦门大学出版社，2017.

［61］姜世明．证明评价论［M］．厦门：厦门大学出版社，2017.

［62］最高人民法院民事审判第一庭．最高人民法院新民事诉讼证据规定理解与适用（上）（下）［M］．北京：人民法院出版社，2020.

［63］杨立新．中华人民共和国民法典条文精释与实案全析（上）
　　　［M］．北京：中国人民大学出版社，2020.

［64］［日］三月章．日本民事诉讼法［M］．汪一凡译．台北：五
　　　南图书出版公司，1998.

［65］［美］布莱克法律词典［M］．北京：图书进出口有限公司，
　　　1999.

［66］［日］日本新民事诉讼法［M］．白绿铉译．北京：中国法制
　　　出版社，2000.

［67］［德］狄特·克罗林庚．德国民事诉讼法律与实务［M］．刘
　　　汉富译．北京：法律出版社，2000.

［68］［日］中村英郎．新民事诉讼法讲义［M］．陈刚、林剑锋、
　　　郭美松译．北京：法律出版社，2001.

［69］［法］让·文森、塞尔日·金沙尔．法国民事诉讼法要义
　　　［M］．罗结珍译．北京：中国法制出版社，2001.

［70］［英］英国民事诉讼规则［M］．徐昕译．北京：中国法制出
　　　版社，2001.

［71］［美］H·W·埃尔曼．比较法律文化［M］．贺卫方、高鸿钧
　　　译．北京：清华大学出版社，2002.

［72］［德］德意志联邦共和国民事诉讼法［M］．谢怀栻译．北
　　　京：中国法制出版社，2002.

［73］［美］史蒂文·苏本、玛格瑞特（绮剑）·伍．美国民事诉
　　　讼的真谛——从历史、文化、实务的视角［M］．蔡彦敏、徐
　　　卉译．北京：法律出版社，2002.

［74］［德］莱奥·罗森贝克．证明责任论［M］．庄敬华译．北京：
　　　中国法制出版社，2002.

［75］［美］杰克·H. 弗兰德泰尔、玛丽·凯·凯恩、阿瑟·R·
　　　米勒．民事诉讼法（第三版）［M］．夏登峻、黄娟、唐前
　　　宏、王衡译．北京：中国政法大学出版社，2002.

［76］［德］奥特马·尧厄尼希．民事诉讼法［M］．周翠译．北京：
　　　法律出版社，2003.

［77］［德］汉斯·普维庭．现代证明责任问题［M］．吴越译．北

京：法律出版社，2006.

［78］［日］高桥宏志. 重点讲义民事诉讼法［M］. 张卫平、许可译. 北京：法律出版社，2007.

［79］［德］罗森贝克、施瓦布、戈特瓦尔德. 德国民事诉讼法（上、下）［M］. 李大雪译. 北京：中国法制出版社，2007.

［80］［法］法国新民事诉讼法典（附判例解释）［M］. 罗结珍译. 北京：法律出版社，2008.

［81］［日］新堂幸司. 新民事诉讼法［M］. 林剑锋译. 北京：法律出版社，2008.

［82］［英］J. A. 乔罗威茨. 民事诉讼程序研究［M］. 吴泽勇译. 北京：中国政法大学出版社，2008.

［83］［日］兼子一、竹下守夫. 民事诉讼法［M］. 白绿铉译. 北京：法律出版社，2015.

［84］［日］小岛武司：《要论民事诉讼法》，中央大学出版部 1977 年版。

［85］［日］雉本朗造：《民事诉讼法诸问题》，有斐阁 1985 年版。

［86］［日］小山昇：《訴訟行為・立証責任・訴訟要件の研究》（小山昇著作集第 3 卷），信山社 1994 年版。

［87］［美］Mary Kay Kane. Civil Procedure［M］. West Group，1996.

［88］［德］Musielak，GrundkursZPO［M］. 5Aufl，Mohr，Tübingen，1997.

［89］［德］Zeiss，Zivilp rozessrecht［M］. 9Aufl，Mohr，Tübingen，1997.

［90］［美］Richard D Freer，Wendy Collins Perdue，Civil Procedure Cases，Materials，and Questions Second Edition［M］. Anderson Publishing Co，1997.

［91］［美］Jack H. Friedenthal，Mary Kay Kane，Arthur R. Miller Civil Procedure Third Edition［M］. West Group St. Paul，Minn，1999.

［92］［德］Gehrlein，Zivilp rozessrecht Nach der ZPO-Reform 2002，［M］. Beck，München，2001.

［93］［日］石川明．民事诉讼法［M］．东京：青林书院，2002．

［94］［日］小室直人．新民事诉讼法（Ⅱ）［M］．东京：日本评论社，2003．

［95］［美］Thomas A. Mauet, Pretrial［M］．北京：中信出版社，2003．

［96］［日］中野贞一郎、松浦馨、铃木正裕．新民事诉讼法讲义（第2版）［M］．东京：有斐阁，2004．

［97］［日］松本博之、上野泰男．民事诉讼法（第4版）［M］．东京：弘文堂，2005．

［98］［日］三木浩一、山本和彦．ロースクール民事诉讼法［M］．东京：有斐阁，2005．

［99］［日］小岛武司、小林学．基本讲义民事诉讼法［M］．东京：信山社，2006．

［100］［日］高桥宏志、高田裕成、畑瑞穗．民事诉讼法判例百选（第四版）［M］．东京：有斐阁2010．

二、期刊论文

［1］江伟．民事诉讼中当事人与法院的作用分担——兼论民事诉讼模式［J］．法学家，1999．3．

［2］张继成．事实、命题与证据［J］．中国社会科学，2001．5．

［3］占善刚．附理由的否认及其义务化研究［J］．中国法学，2003．1．

［4］何曦．从一个案例看有异议抵销主张的受理程序问题［J］．福建法学，2003．3．

［5］张永泉．递进主张事实的证明责任分配从个案分析入手［J］．法律适用，2005．8．

［6］章恒筑．试论民事诉讼攻击防御理论综述——基于大陆法系法学范式的视角［J］．南京社会科学，2005．7．

［7］占善刚、刘显鹏．当事人陈述探微［J］．华中科技大学学报（社会科学版），2005．4．

［8］章恒筑．试论民事诉讼攻击防御理论综述——基于大陆法系

法学范式的视角［J］. 南京社会科学, 2005. 7.

［9］段文波. 要件事实理论下的主张责任［J］. 法学评论,
2006. 5.

［10］任文松. 要件事实与主张责任［J］. 学海, 2006. 5.

［11］翁晓斌. 论已决事实的预决效力［J］. 中国法学, 2006. 4.

［12］张保生. 法律推理中的法律理由和正当理由［J］. 法学研究,
2006. 6.

［13］闫庆霞. 论诉讼主张的证明——民事诉讼证明对象探讨［J］.
法制与经济, 2007. 7.

［14］葛建平、练柱才. 论法律中的主张和否认［J］. 决策探索,
2007. 9.

［15］龙云辉、段文波. 略论证明责任与主张责任的相互关系［J］.
法学评论, 2008. 3.

［16］占善刚. 当事人讯问之比较研究［J］. 法学评论, 2008. 6.

［17］周成泓. 论民事诉讼中的摸索证明［J］. 法律科学, 2008. 4.

［18］熊跃敏. 民事诉讼中法院的法律观点指出义务: 法理、规则
与判例——以德国民事诉讼为中心的考察［J］. 中国法学,
2008. 4.

［19］杨代雄. 我国民法典中权利复原请求权的立法构想——以权
利救济制度二元结构的确立为主旨［J］. 法学评论, 2009. 2.

［20］刘显鹏. 不知的陈述［J］. 社科纵横, 2009. 5.

［21］柯阳友、孔春潮. 论民事诉讼中的攻击防御方法——以日本
普通诉讼程序为视角［J］. 北京科技大学学报, 2009. 4.

［22］段文波. 日本口头审理方式的历史变迁［J］. 宁夏社会科学,
2009. 1.

［23］鲁杰、曹福来. 论证明对象的范围是诉辩双方的诉讼主张
［J］. 政治与法律, 2009. 1.

［24］占善刚. 民事诉讼中的抗辩论析［J］. 烟台大学学报（哲学
社会科学版）, 2010. 3.

［25］占善刚. 主张的具体化研究［J］. 法学研究, 2010. 2.

［26］周成泓. 走向动态: 民事诉讼当事人的具体化义务［J］. 华

南农业大学学报（社会科学版），2010.2.

[27] 胡晓霞、段文波．主张证明责任视角下的民法——以不当得利为切入点［J］．暨南学报（哲学社会科学版），2011.3.

[28] 杨艺红．诉讼突袭——一个问题的初步展开［J］．河北法学，2011.12.

[29] 周晓霞．论民事判决理由中判断之拘束力［J］．合肥工业大学学报，2012.5.

[30] 周翠．现代民事诉讼义务体系的构建——以法官与当事人在事实阐明上的责任承担为中心［J］．法学家，2012.3.

[31] 孙光宁．判决理由的详略之辩——基于判决的可接受性［J］．广西社会科学，2012.6.

[32] 王聪、郑则川．有序与效率：当事人主张的具体化义务研究——以民事诉讼为视角［J］．西南政法大学学报，2012.1.

[33] 闫庆霞．论民事诉讼当事人的事实主张［J］．法治论坛，2012.4.

[34] 段文波．要件事实理论下的攻击防御体系——兼论民事法学教育［J］．河南财经政法大学学报，2012.4.

[35] 占善刚．民事诉讼中的证据共通原则研究［J］．法学评论，2012.5.

[36] 毕玉谦．对我国民事诉讼审前程序与审理程序对接的功能性反思与建构［J］．比较法研究，2012.5.

[37] 宗志翔．论未上升为民事权利的法益［J］．江西社会科学，2012.6.

[38] 占善刚．言辞辩论的全部意旨研究——德国、日本的判例，学说之考察及其启示［J］．现代法学，2012.2.

[39] 杨艺红．诉讼突袭——比较法视野中的解读［J］．河北法学，2012.9.

[40] 孙蕾．诉讼契约的合法性效力及其对人民法院的拘束力［J］．学术探索，2013.10.

[41] 林轲亮．论民事证据声请中的当事人具体化义务［J］．社科纵横，2013.5.

［42］胡亚球．论民事诉讼当事人具体化义务的中国路径［J］．清华法学，2013.4.

［43］魏庆玉．摸索证明论［J］．当代法学，2013.2.

［44］吴如巧．摸索证明与民事诉讼证据收集开示的协作［J］．西南政法大学学报，2013.6.

［45］占善刚．不知的陈述之容许性研究［J］．法学评论，2014.3.

［46］纪格非．民事诉讼禁反言原则的中国语境与困境［J］．华东政法大学学报，2014.5.

［47］杨艺红．诉讼突袭——一个问题的成因解析［J］．西部法学评论，2014.6.

［48］黄泽敏．指导性案例援引方式之规范研究［J］．法商研究，2014.4.

［49］刁芳远．新型权利主张及其法定化的条件——以我国社会转型为背景［J］．北京行政学院学报，2015.3.

［50］蔡虹、李棠洁．民事立案登记制度之反思——写在立案登记制度实施之后［J］．湖南社会科学，2016.1.

［51］蔡虹、夏先华．我国裁判文书上网的问题研究与对策分析［J］．公民与法，2016.2.

［52］胡学军．证明责任"规范说"理论重述［J］．法学家，2017.1.

［53］石春雷．前诉裁判确认事实对后诉的预决效力［J］．政治与法律，2017.9.

［54］胡学军．为"事实真伪不明"命题辩护［J］．法商研究，2018.2.

［55］吴泽勇．不负证明责任当事人的事案解明义务［J］．中外法学，2018.5.

［56］陈杭平．"事案解明义务"一般化之辨——以美国"事证开示义务"为视角［J］．现代法学，2018.5.

［57］孙晨曦．论民事诉讼当事人证据收集手段之扩充［J］．社会科学家，2019.4.

［58］胡东海．"谁主张谁举证"规则的法律适用［J］．法学，

2019. 3.

［59］董坤．构成要件与诉讼证明关系论纲［J］．法律科学，2020. 1.

［60］段文波．民事证明责任分配规范的法教义学新释［J］．政法论坛，2020. 3.

［61］江必新．关于理解和适用新民事证据规定的若干问题［J］．法律适用，2020. 13.

［62］毕玉谦．新民事证据规则架构下体系化的结构与逻辑［J］．法律适用，2020. 13.

后　记

本书在我的博士学位论文基础上修订而成，跨越了我人生中很重要的两个阶段。

我的博士论文从 2013 年开题到 2017 年答辩，经历了四年时间。在这不算短的"战线"里，我边工作边读博，时常会有力不从心的感觉。每当我觉得身心俱疲想要放弃时，我的导师占善刚教授总会给予我最大的鼓励；当我遇到瓶颈，写作无法推进时，占老师也会全力给予我专业上的帮助。老师的支持和敦促，如春风般和煦，化解了我的畏难情绪，让我的论文最终得以完成。意外且幸运的是，该文在送教育部盲审时全优通过，在论文答辩中也是全优通过，算是给我的博士生涯画上了一个圆满的句点。

2017 年博士毕业以后，我继续在高校工作，从事民事诉讼法的教学和科研。2018 年初，占老师主编的"司法改革背景下我国民事诉讼运行机制完善研究丛书"获得湖北省学术著作出版专项资助，我的博士论文也有幸加入丛书。2020 年上半年在长达 9 个月的居家办公模式下，我重新将文章进行修改和完善，最后形成本书。

本书从成稿到出版，见证了我跟随占老师研习民诉法，从业余选手到专业选手质变的过程。占老师以其言行示范了何为"端品为先，学高为师，身正为范"，为我树立了一辈子学习的典范，亦是我未来在学术之路上前行的明灯。

感谢我的师兄武汉大学出版社张欣编辑策划了这套丛书；感谢我的好友杨瑜娴和刘芳在我处于低谷期时给予的安慰；感谢刘显鹏师兄对我亦兄亦友的帮助。他们的理解在很大程度上缓解了我的焦虑和疲惫，让我在认清生活真相的同时，仍然对生活抱以最大的热爱。

　　感谢广州市中院的罗毅法官和任慧法官、武汉市中院的王薇法官、深圳市南山区法院的邱靖芳法官为本书实证部分提供的帮助。这里有我的本科同学和博士同学，有些同学多年未见，电话里声音仍旧亲切。感谢他们的同时，也向这些在司法第一线的法官说句："辛苦了"。

　　感谢家人的付出，让我在"母亲""妻子"身份之外，能用另一种方式来实现更强的自我认同。

　　本书对我来说是漫漫学术路上的重要站点，但一定不会是终点。是以为记。

2021 年 1 月 5 日

于武汉